점수를
확 올려주는

JPT 600 단번에 공략하기

모의테스트
2회
+
해설

저자 서경원

시사일본어사

머리말

취업의 문이 점점 좁아지고 있는 요즘, 취업에 도움이 되는 자격증이나 시험이 인기를 모으고 있다고 합니다. 이에 발맞추어 JPT 시험도 현존하는 일본어 시험 중에서 가장 객관적으로 일본어능력을 측정할 수 있다는 점에서 최근에 한층 더 각광을 받고 있습니다. 하지만 수요가 많음에도 불구하고 아직 JPT 교재 중에서 점수대별 공략집은 다소 부족한 게 사실입니다.

점수는 높으면 높을수록 좋겠지만, 모든 학습자들이 지금 당장 900점 이상의 고득점이 필요한 것은 아닐 것입니다. 승진이나 입사 지원을 위해서 어느 정도의 점수만 필요한 학습자도 분명히 있을 터입니다. 여기서 정도라는 것은 개인에 따라 차이가 있겠지만, 저는 보통 600점 수준을 말한다고 생각합니다. 990점 만점에 600점이라는 점수는 낮은 점수인 것처럼 보일 수 있지만, 실제 시험을 응시한 분들이라면 그렇게 만만한 점수가 아니라는 것을 느껴 보셨을 겁니다. JPT 시험에서 600점대 점수를 받았다면 일단 기본적인 일본어 실력을 갖췄다고 보기에는 충분한 점수라고 생각합니다. 왜냐하면 일상적인 대화의 청취 능력이나 어휘력 없이는 600점이라는 점수가 불가능하기 때문입니다.

이 교재는 모의테스트 2회분, 총 400문제로 구성되어 있습니다. JPT 시험에서 각 파트마다 요구하는 기본적인 문제가 모두 수록되어 있으므로, 출제 유형을 철저하게 파악할 수 있습니다. 그리고 문제 난이도는 실제 시험과 동일하게 뒷부분으로 갈수록 높게 만들어 600점을 넘어 700점으로 가는 디딤돌 역할까지 가능하도록 구성하였습니다.

응시자들 중에서 가장 많은 점수 분포를 보이는 점수대가 500점대라고 합니다. 제대로 된 방법을 알고 조금만 노력하면 600점 이상의 점수가 가능할 텐데, 많은 분들이 이 점수대에서 좌절하는 것을 종종 보게 됩니다. 하지만 앞에서도 말씀드렸듯이 이 교재에는 실제 시험에서 요구하는 문제 형식이 총망라되어 있으므로, 이 교재에 있는 문제를 통해 출제 유형을 완벽하게 숙지하시고 시험에 응시하시면 더는 JPT 시험이 두렵지만은 않을 것입니다. JPT 시험 600점대를 목표로 공부하는 모든 학습자에게 좋은 성적이 있기를 진심으로 바랍니다.

끝으로 이 교재가 나오기까지 고생하신 (주)시사일본어사 출판사 관계자 분들에게 감사의 말씀을 드립니다.

저자 **서경원**

차 례

1. 매달 JPT 시험을 응시하는 저자가 직접 쓴 책이다.

이 책의 저자는 매달 JPT 시험을 응시하고 있으며, 국내 최다 응시 기록을 가지고 있습니다. 수험용 교재는 그 시험에 대해서 얼마나 잘 이해하고 분석했느냐가 가장 중요할 것입니다. 그런 면에서 이 책을 통해 여러분은 저자의 응시 경험을 고스란히 전수받을 수 있습니다.

2. 실제 시험과 동일한 문제 형식으로 600점대 눈높이의 맞춤 문제를 풀어볼 수 있다.

이 책의 문제는 실제 시험과 동일한 형태로 구성되어 있습니다. 또한 문제 난이도는 600점대의 실제 시험에서 치뤄지는 수준과 동일하여 뒤로 갈수록 높아집니다. 이렇게 실제 시험에 딱 맞춘 문제를 많이 풀어 보시면, 실제 시험에서 어떤 식으로 응용되어 나오더라도 충분한 대응이 가능합니다. 따라서 한 문제 한 문제 소홀히 풀지 마시고, 꼼꼼하게 정리해 두시기 바랍니다.

3. 완벽한 해설로 핵심 출제 유형을 알 수 있다.

시중에 수많은 JPT 교재가 있고 지금 현재에도 계속 출판되고 있지만, 아직까지도 정답과 청해 스크립트 정도만 제시되어 있을 뿐 제대로 된 해설이 없는 교재가 많이 있습니다. 이런 교재로 공부를 한다면 자신이 틀린 문제를 이해하고 넘어가기가 상당히 힘들 것입니다. 하지만 이 교재의 모든 문제에는 명쾌하고 완벽한 해설이 달려 있어, 틀린 부분에 대한 충분한 학습이 가능합니다.

4. 이해가 안 되는 문제는 언제든지 문의가 가능하다.

나름대로 열심히 공부를 하고 해설을 읽어도 이해가 안 되는 문제가 있을 수 있습니다. 그러한 학습자를 위해 저자에게 문의하는 공간을 마련해 두었습니다. 저자에게 직접 의문점을 문의하시면 최대한 빠른 시간 내에 답변해 드릴 것을 약속합니다.

메일 : agaru1004@hanmail.net

홈페이지 : http://cafe.daum.net/aisiau

JPT600

단번에 공략하기

次の質問1番から100番までは聞き取りの問題です。
どの問題も1回しか言いませんから、よく聞いて答えを(A)から(D)の中から一つ選びなさい。
答えを選んだら、それに当たる答案用紙の記号を黒くぬりつぶしなさい。

1. 次の写真を見て、その内容に合っている表現を(A)から(D)の中で一つ選びなさい。

例)

(A) ここは銀行です。
(B) ここは郵便局です。
(C) ここは病院です。
(D) ここは図書館です。

答 (A) (●) (C) (D)

(1)

(2)

(3)

(4)

(5)

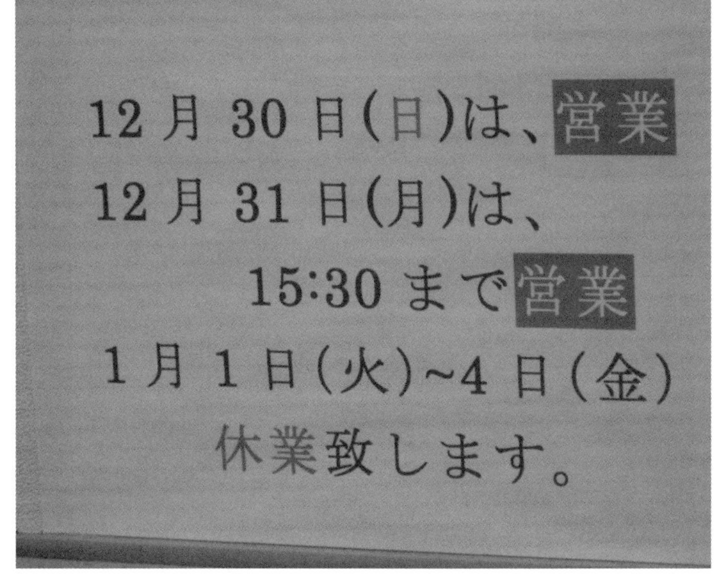

12 月 30 日（日）は、営業
12 月 31 日（月）は、
　　　15:30 まで営業
1 月 1 日（火）~4 日（金）
休業致します。

(6)

J-WESTカードで！
東京ー博多スタート

次のページに続く　

(7)

(8)

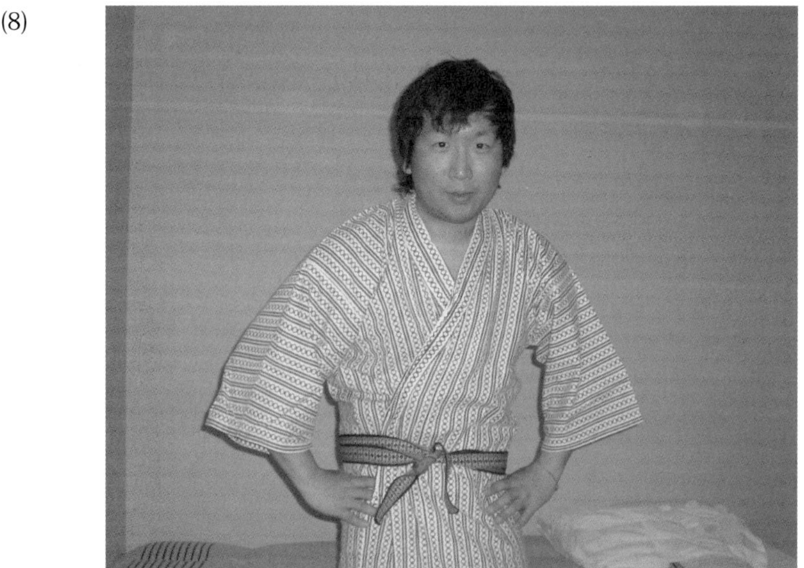

(9)

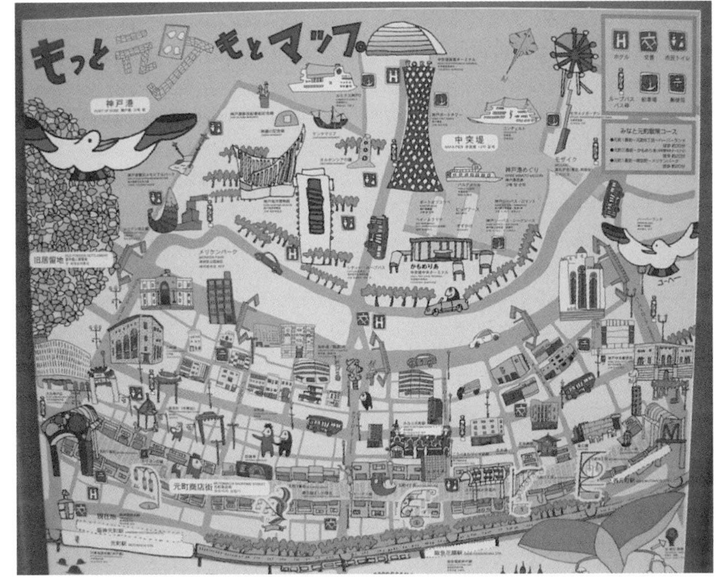

(10)

(11)

(12)

(13)

(14)

次のページに続く

(15)

(16)

(17)

(18)

次のページに続く

(19)

(20)

2. 次の言葉の返事として、もっとも適したものを(A)から(D)の中で一つ選びなさい。

例) 明日は何をしますか。
(A) 公園に行きました。
(B) 金曜日です。
(C) 運動をしました。
(D) 友達の家に遊びに行きます。

答 (A) (B) (C) (●)

(21) 答えを答案用紙に書き入れなさい。
(22) 答えを答案用紙に書き入れなさい。
(23) 答えを答案用紙に書き入れなさい。
(24) 答えを答案用紙に書き入れなさい。
(25) 答えを答案用紙に書き入れなさい。
(26) 答えを答案用紙に書き入れなさい。
(27) 答えを答案用紙に書き入れなさい。
(28) 答えを答案用紙に書き入れなさい。
(29) 答えを答案用紙に書き入れなさい。
(30) 答えを答案用紙に書き入れなさい。
(31) 答えを答案用紙に書き入れなさい。
(32) 答えを答案用紙に書き入れなさい。
(33) 答えを答案用紙に書き入れなさい。
(34) 答えを答案用紙に書き入れなさい。
(35) 答えを答案用紙に書き入れなさい。

(36) 答えを答案用紙に書き入れなさい。
(37) 答えを答案用紙に書き入れなさい。
(38) 答えを答案用紙に書き入れなさい。
(39) 答えを答案用紙に書き入れなさい。
(40) 答えを答案用紙に書き入れなさい。
(41) 答えを答案用紙に書き入れなさい。
(42) 答えを答案用紙に書き入れなさい。
(43) 答えを答案用紙に書き入れなさい。
(44) 答えを答案用紙に書き入れなさい。
(45) 答えを答案用紙に書き入れなさい。
(46) 答えを答案用紙に書き入れなさい。
(47) 答えを答案用紙に書き入れなさい。
(48) 答えを答案用紙に書き入れなさい。
(49) 答えを答案用紙に書き入れなさい。
(50) 答えを答案用紙に書き入れなさい。

3. 次の会話をよく聞いて、後の問いにもっとも適したものを(A)から(D)の中で一つ選びなさい。

例) 女：昨日、友達の家に行きました。
　　男：何をしましたか。
　　女：音楽を聞いたり話したりしました。
　　男：そうですか。私は昨日家でテレビを見ました。

　　男の人は昨日何をしましたか。
　　(A) 音楽を聞いた。
　　(B) 友達と話した。
　　(C) 家でテレビを見た。
　　(D) 勉強をした。

答 (A) (B) (●) (D)

(51) 今は何時ですか。
(A) 9時55分
(B) 10時
(C) 10時5分
(D) 10時10分

(52) 女の人はいくら払いますか。
(A) 4万円
(B) 5万5千円
(C) 6万5千円
(D) 7万円

(53) 薬局はどこにありますか。
(A) 銀行の隣
(B) 本屋の隣
(C) 銀行の後ろ
(D) 本屋の後ろ

(54) 女の人はいつ出掛けますか。
(A) 男の人と一緒に今すぐ
(B) 男の人が散歩に行く前に
(C) 男の人が散歩から帰ってから
(D) 男の人がデパートから帰ってきてから

(55) 男の人はいつコーヒーを飲みますか。
(A) 食事の前
(B) 食事をしながら
(C) 食事が終わってからすぐ
(D) 今日は飲まない

(56) 男の人は結婚して何年目ですか。
(A) 4年
(B) 7年
(C) 9年
(D) 17年

(57) 男の人は鈴木さんにどんなビデオを借り
ましたか。
(A) サッカーのビデオ
(B) 野球のビデオ
(C) 映画のビデオ
(D) コンサートのビデオ

(58) これから男の人はどうしますか。
(A) ここで河村さんを待つ。
(B) 階段で三階に行く。
(C) エスカレーターで三階に行く。
(D) エレベーターで三階に行く。

(59) どうして男の人からの資料がまだ届いて
いないのですか。
(A) まだ資料ができていないから
(B) 男の人が送るのを忘れていたから
(C) 男の人が古い住所に送ってしまったから
(D) 男の人が新しい住所に送ってしまったから

(60) 男の人は公園までどうやって行くことに
しましたか。
(A) 地下鉄で行くことにした。
(B) タクシーで行くことにした。
(C) バスで行くことにした。
(D) 歩いて行くことにした。

(61) 女の人は何を持って行きますか。
(A) 書類
(B) 書類とファイル
(C) 書類と地図
(D) ファイルと地図

(62) 男の人は本を借りたい時、どうしますか。
(A) 会社のそばにある図書館に行く。
(B) 家の近くにある図書館に行く。
(C) 駅のそばにある図書館に行く。
(D) 広場の近くにある図書館に行く。

(63) 男の人は会議室の鍵をどうしますか。
(A) 午前中上田さんに返す。
(B) 午前中鈴木さんに返す。
(C) 午後上田さんに返す。
(D) 午後鈴木さんに返す。

(64) 鈴木さんはどうして入院しましたか。
(A) 交通事故に遭ったから
(B) ひどい風邪を引いてしまったから
(C) 転んで怪我をしたから
(D) 残業続きで体を壊したから

(65) 写真の中の男の人は昔どんな姿をして
いますか。
(A) 髪が短くて眼鏡をかけている。
(B) 髪が短くて帽子を被っている。
(C) 髪が長くて眼鏡をかけている。
(D) 髪が長くて帽子を被っている。

(66) 女の人はどんなシャツを買いますか。
(A) 白のシャツ
(B) 青のシャツ
(C) 赤のシャツ
(D) 青と赤のシャツ

(67) 二人は何を買おうとしていますか。
(A) ズボン
(B) セーター
(C) スーツ
(D) ジャケット

(68) 女の人は受付にどんな封筒を持って行き
ますか。
(A) 白くて小さい封筒
(B) 白くて大きい封筒
(C) 黄色くて小さい封筒
(D) 黄色くて大きい封筒

次のページに続く

(69) 女の人は男の人にいつ相談をしますか。
(A) 今すぐ
(B) 男の人が社長に会ってから
(C) 今日の夕方
(D) 明日の朝

(70) 男の人についての説明の中で、正しいもの
はどれですか。
(A) 仕事関係で渡辺さんとよく会った。
(B) この会社で渡辺さんと一緒に働いたことが
　　ある。
(C) 昔、渡辺さんの会社で働いたことがある。
(D) 他の会社で渡辺さんと一緒に働いたことが
　　ある。

(71) 女の人はどうすることにしましたか。
(A) 約束通り木曜日小野さんに会う。
(B) 約束通り木曜日木下さんに会う。
(C) 小野さんとの約束を来週に後回しする。
(D) 木下さんとの約束を来週に後回しする。

(72) 女の人の家族の中で、一番背が高いのは
誰ですか。
(A) 女の人
(B) 女の人の主人
(C) 女の人の息子
(D) 女の人の娘

(73) 二人はこれからどうしますか。
(A) 駅前のレストランで食事をする。
(B) 駅前の喫茶店で冷たい物を飲む。
(C) 駅前の公園で一息入れる。
(D) 駅前の弁当屋で弁当を買う。

(74) 女の人についての説明の中で、正しくない
ものはどれですか。
(A) 今年の夏に結婚することになっている。
(B) 仕事はあまり続けたくないと思っている。
(C) 最初女の人の両親は結婚を猛反対した。
(D) 仕事を辞めて夫とアメリカに行くことになって
　　いる。

(75) 男の人はどうして日本語で吹き替えした
映画は駄目だと言っていますか。
(A) 日本語で吹き替えるとわかりやすくなるから
(B) 日本の声優の声が気に入らないから
(C) もともとアメリカの映画で、英語で聞きたい
　　から
(D) もとの音声である英語の方が勉強になるから

(76) 二人の会話の内容と合っているものはどれ
ですか。
(A) 女の人は傘を持っていく。
(B) 女の人が先に家を出る。
(C) 男の人は傘は持っていかなくてもいいと思っ
　　ている。
(D) 女の人は旅行先で雨が降ったら、近くの店で
　　傘を買うつもりだ。

(77) 男の人は食べ終わった食器の返し方をどう
やって知りましたか。
(A) 周りの人を見たから
(B) 店員に聞いてみたから
(C) 本で覚えておいたから
(D) 隣の人に聞いてみたから

(78) 二人の会話でどんなことがわかりますか。

(A) 来月から資源ゴミの数が大幅に減る。

(B) 来月から燃やせるゴミの数が増える。

(C) 来月から瓶や缶は資源ゴミから排除される。

(D) 来月からカップ麺類の容器やビニールは燃や
せないゴミに変わる。

(79) 昨日の女の人の試験はどうでしたか。

(A) 面接で緊張してしまった。

(B) ペーパーテストがとても難しかった。

(C) 専門的な知識の問題は意外に易しかった。

(D) 専門的な知識の問題以外は何とかできた。

(80) 二人はコンピューターをどうしますか。

(A) 床に直接置く。

(B) 当分の間は設置しない。

(C) 食事用のテーブルの上に置く。

(D) カーテンを変えて窓際の机の上に置く。

次のページに続く

4. 次の文章をよく聞いて、後の問いにもっとも適したものを(A)から(D)の中で一つ選びなさい。

例) ご来店のお客様にお知らせを申し上げます。千代田区からお越しの鈴木様、鈴木様、至急ご自宅にお電話をおかけください。続きまして、お客様のお呼び出しを申し上げます。大阪からお越しの山田様、山田様、奥様がお待ちですので、2階の婦人服売り場までお越しください。

(1) ここはどこですか。
(A) デパート
(B) 図書館
(C) 病院
(D) コンビニ

(2) 山田さんはどうすればいいですか。
(A) 自宅に電話する。
(B) 2階に行く。
(C) 鈴木さんに電話する。
(D) 大阪に行く。

答 (●) (B) (C) (D)
答 (A) (●) (C) (D)

(81) 昨日、この人は何人で食事をしましたか。
(A) 二人
(B) 三人
(C) 四人
(D) 五人

(82) 昨日、この人は何を食べましたか。
(A) 日本料理
(B) アメリカ料理
(C) フランス料理
(D) イタリア料理

(83) この人は母に何をプレゼントしましたか。
(A) 花
(B) ネックレス
(C) 白くて小さな鞄
(D) 黒くて小さな鞄

(84) この人の母は家に帰ってから何をしましたか。
(A) 家族みんなで色々話した。
(B) アメリカにいる夫に電話をした。
(C) もらったプレゼントを開けてみた。
(D) アメリカにいる夫に手紙を書いた。

(85) この人はどうして家に友達をあまり呼べま
せんでしたか。
(A) 古い家が恥ずかしかったから
(B) 親しい友達がいなかったから
(C) 友達と遊べるところがなかったから
(D) 両親が友達が家に来るのを嫌がっていたから

(86) この人はどうして桜が咲いている間は嬉し
かったですか。
(A) 古い家が明るくなったから
(B) 桜が大好きだったから
(C) 友達と遊べる時間ができたから
(D) 桜の写真を撮るのが趣味だから

(87) この人はいつだけ友達を家に呼びましたか。
(A) 休日や祝日だけ
(B) 桜が散った時だけ
(C) 家に誰もいない時だけ
(D) 桜が咲いている時だけ

(88) この人は何が少し寂しいと言っていますか。
(A) 親しかった友達に会えないこと
(B) 親しかった友達と仲が悪くなったこと
(C) 友達と撮った写真を忘れてしまったこと
(D) 桜の木があったところに何もないこと

(89) 今年、この人が住んでいる街にあまり人が
来なかったのはどうしてですか。
(A) とても寒すぎたから
(B) 見所があまりなかったから
(C) 雪があまり降らなかったから
(D) 景気があまりよくなかったから

(90) 今年、ホテルやお店の人はどうして困って
いましたか。
(A) 大雪が降ったから
(B) お客さんが減ったから
(C) お客さんが急増したから
(D) 夏にあまりにも暑かったから

(91) この人は来年何がしたいですか。
(A) 専門家にスキーを習いたい。
(B) スキー用品を整えておきたい。
(C) 働いている小学校の子供たちにスキーを教え
　　たい。
(D) 働いている小学校の子供たちとたくさんスキー
　　がしたい。

次のページに続く　　

(92) 忘れた物が見つかった場合、この人はどう
しなければなりませんか。
(A) 降りた駅まで取りに行かなければならない。
(B) 東京駅まで取りに行かなければならない。
(C) 乗った駅まで取りに行かなければならない。
(D) 上野駅まで取りに行かなければならない。

(93) この人が忘れた紙袋の中にない物はどれ
ですか。
(A) 雑誌
(B) 書類
(C) ビデオテープ
(D) 黄色いマフラー

(94) この人が忘れた物が届いた場合、事務室
ではどうしてくれますか。
(A) 電話してくれる。
(B) 郵送してくれる。
(C) 直接この人に渡してくれる。
(D) 直接家まで送ってくれる。

(95) 今日の会議は何時から何時までですか。
(A) 8時から10時まで
(B) 8時半から10時まで
(C) 8時から10時半まで
(D) 8時半から10時半まで

(96) 山田社長へのプレゼントは誰がどうしま
したか。
(A) 課長が白ワインを用意した。
(B) 課長が赤ワインを用意した。
(C) この人が白ワインを用意した。
(D) この人が赤ワインを用意した。

(97) パーティーの後は何がありますか。
(A) 新しい工場の見学会
(B) 新しい工場の人との夕食
(C) 新しい工場の人との面談
(D) 新しい工場の人とのミーティング

(98) 女の人はどうして鈴木君に渡辺部長の案内
を頼みましたか。
(A) 彼が一番暇だから
(B) 彼が一番頼もしいと思ったから
(C) 急用ができて自分が行けなくなったから
(D) 最初頼んだ山田君が怪我をして入院したから

(99) どうして鈴木君は渡辺部長に野球の話を
してはいけないのですか。
(A) スポーツの話があまり好きではないから
(B) 話題が枝葉に落ちるおそれがあるから
(C) 野球についてよくない思い出があるから
(D) 部長の好きなチームがよく負けているから

(100) 渡辺部長についての説明の中で、正しく
ないものはどれですか。
(A) 勤務先は大阪である。
(B) 時間にルーズな人である。
(C) 服装にうるさい人である。
(D) スポーツは何でも好きな人である。

次のページに続く

5. 下の______線の言葉の正しい表現、または同じ意味のはたらきをしている言葉を(A)から(D)の中で一つ選びなさい。

(101) 財布を落としたって? 早く<u>交番</u>に届けた方がいいよ。
(A) こばん
(B) ごばん
(C) こうばん
(D) ごうばん

(102) 天気も暖かくなり、もう<u>大分</u><u>鮮</u>やかな緑の季節になった。
(A) あざやか
(B) なごやか
(C) はなやか
(D) おだやか

(103) 彼は経験が<u>浅い</u>から、今度の仕事には向かないと思う。
(A) くさい
(B) あさい
(C) にぶい
(D) のろい

(104) 買いたい物はたくさんあったけど、何とか<u>衝動</u>買いせずに済んだ。
(A) しょどう
(B) しょうどう
(C) じょどう
(D) じょうどう

(105) 選手たちは皆北京オリンピックでの金メダルを<u>目指して</u>頑張っている。
(A) もくさして
(B) もくざして
(C) めさして
(D) めざして

(106) 今度のことで韓国と中国の貿易<u>摩擦</u>が起きるかもしれない。
(A) まさつ
(B) ましつ
(C) ばさつ
(D) ばしつ

(107) まだ返事が来なかったの? じゃ、もう一度<u>催促</u>してみたら?
(A) さいさく
(B) さいちょく
(C) さいそく
(D) さいちく

(108) 喉が<u>かわいた</u>ので、水を飲んだ。
(A) 乾いた
(B) 足いた
(C) 干いた
(D) 渇いた

(109) 会議の結果、個人情報の保護に関する社内規定を<u>もうける</u>ことにした。
(A) 儲ける
(B) 設ける
(C) 備ける
(D) 補ける

(110) この問題は両者が一刻も早く<u>互い</u>に<u>せっしょう</u>して妥協点を探るべきだと思う。
(A) 切衝
(B) 切衡
(C) 折衝
(D) 折衡

(111) <u>私が先生の荷物をお持ちします。</u>
(A) 先生の荷物は私が持ちます。
(B) 先生が私に荷物を持たせます。
(C) 私は先生に荷物を持たれます。
(D) 先生に私の荷物を持っていただきます。

(112) 私はいつも朝起きて30分ぐらい<u>ジョギング</u>
<u>をしてから</u>出勤の準備をしています。
(A) ジョギングした後
(B) ジョギングする前に
(C) ジョギングして以来
(D) ジョギングするうちに

(113) 彼の無茶な発言にみんな<u>びっくりした。</u>
(A) おどろいた
(B) あきらめた
(C) ないた
(D) あわてた

(114) 駅に<u>着き次第</u>、連絡してください。
(A) 着いても
(B) 着きながら
(C) 着いたきり
(D) 着いたら直ちに

(115) いくら小さい<u>子供とはいえ</u>、そんなことは
絶対に許されまい。
(A) 子供なのに
(B) 子供ながら
(C) 子供において
(D) 子供といえども

(116) 彼の指摘は実に的を射ていて<u>ぐうの音も</u>
<u>出なかった。</u>
(A) 怒らずにはいられなかった
(B) 文句を言わざるを得なかった
(C) 口を出したくて仕方がなかった
(D) 反論することが全くできなかった

(117) どうぞ、こちらにおかけになってお待ち
<u>ください</u>。
(A) 遠慮なくお上がり<u>ください</u>。
(B) きれいなバラを一本<u>ください</u>。
(C) 読み終わったら、木村君に渡して<u>ください</u>。
(D) よくわからないので、もう一度説明して<u>くだ</u>
<u>さい</u>。

(118) 彼は莫大な金を持ってい<u>ながら</u>、生活は
至って質素だ。
(A) いつも音楽を聞き<u>ながら</u>勉強している。
(B) あの家では兄弟3人<u>ながら</u>医者である。
(C) 京都には昔<u>ながら</u>の建物がたくさん残って
いる。
(D) 彼はいい腕を持ってい<u>ながら</u>、一向にそれを
生かそうとしない。

(119) 一度壊れてしまった物はもう<u>もと</u>には戻ら
ない。
(A) この服の<u>もと</u>の色は黒だったそうだ。
(B) 彼は風邪が<u>もと</u>で寝込んでしまった。
(C) もう君も親の<u>もと</u>を離れる必要があると思う。
(D) 暗くてよく見えないから、足<u>もと</u>に気を付け
てね。

(120) もう先生の<u>お</u>考えは変わらないと思います。
(A) これからもどうぞよろしく<u>お</u>願い致します。
(B) この記事、社長も<u>お</u>読みになりましたか。
(C) では、こちらから直ちに<u>お</u>手紙を差し上げます。
(D) 合格できたのはすべて山田先生の<u>お</u>かげです。

6. 下の＿＿＿＿＿＿ 線のA、B、C、Dの中で正しくない言葉を一つ選びなさい。

(121) 高い山に登った時、いつも気になるのは山の気温です。
     (A)   (B)   (C)   (D)

(122) 寝ている私たちのそばの大きくて黒い犬が一匹やってきた。
     (A)   (B)   (C)   (D)

(123) 昨日久しぶりに本屋に行って、ボールペン3本と本2枚を買いました。
     (A)   (B)   (C)   (D)

(124) 彼のかばんの中では、たくさんの本とノートがぎっしりと詰まっていた。
     (A)   (B)   (C)   (D)

(125) 当ホームページの内容の一部、または全部を無断で複製、転載するを禁じます。
     (A)   (B)   (C)   (D)

(126) 最近、朝ご飯を食べなくて出勤する社会人が意外と多いそうだ。
     (A)   (B)   (C)   (D)

(127) 今朝に起きてテレビをつけると、イラクでまたもや日本人が拘束されたという衝撃的な
     (A)   (B)   (C)

ニュースが飛び込んできた。
     (D)

(128) 現在マイホームを建築中で、工事が順調にいけば、12月中には完了するみどころだ。
     (A)   (B)   (C)   (D)

(129) 駅前に私の行き帰りのいい店があるから、時間があったら一緒に食べに行きましょう。
     (A)   (B)   (C)   (D)

(130) 今年の作物の生育はおおむね順調であったが、今度の台風による強風の影響で大きな障害を
     (A)   (B)   (C)   (D)

受けた。

(131) 最近、韓国では改良韓服が作られて若者の間でもおしゃれな服として脚光を集めている。
　　　　　　　　　　　　　　(A)　　　　　　　(B)　　　　　　　　　(C)　　　　　(D)

(132) 日本から遠いヨーロッパでの出来事は、私たちにはほとんど馴染みがなく、想像だにつくもの
　　　　　　(A)　　　　　　　　　(B)　　　　　　　　　　　　　(C)　　　　　　(D)
ばかりだった。

(133) 子供でも大人と同じように、もう取り返しがつくと思うことはあるはずだ。
　　　(A)　(B)　　　　　　　(C)　　　　　　　　　　　(D)

(134) 地球の表面積の半分は海であり、その海底には石油や天然ガスなどの資源が寝ている。
　　　　　　　(A)　　　　　　　　　(B)　　(C)　　　　　　　　　(D)

(135) 今度の実験はみんなの予想に反して 思いもよらない結果がかかった。
　　　　(A)　　　　　　(B)　　(C)　　　　　　(D)

(136) 十分にできる能力を持っていながら、そこまでの実力しか出せなかったことが悔しくてなれない。
　　　　(A)　　　　　　(B)　　　　　　　　　　(C)　　　　　　　(D)

(137) ぺらぺら文句ばかり言っていないで、ちょっと見方を変えればすごく楽しくなる事だってあるのに。
　　　(A)　　　　　　　　(B)　　　　(C)　　　　　　　　(D)

(138) 彼は専門性を高めるための努力をさぼらず、日々の仕事に斬新な発想を活かそうとする人である。
　　　　　　　(A)　　　　　(B)　　　　　　　(C)　　　(D)

(139) このタイヤは乗車感がよい反面、作業現場に落ちている金属片などによってパンクするおそれが
　　　　　　(A)　　(B)　　　　　　(C)　　　　　　　　　　　　　　(D)
あります。

(140) 電気の価格が上がっていることは、需要が伸びつづけて、原子力発電による発電余力がなくなり
　　　　　　　(A)　　　(B)　　　　　(C)
つつあるからです。
　　(D)

7. 下の ________ 線に入る適当な言葉を(A)から(D)の中で一つ選びなさい。

(141) 彼は世田谷区の高級住宅街 ________ 住んでいます。
    (A) に
    (B) で
    (C) を
    (D) の

(142) 鈴木さんは貿易会社で働いていたが、すぐ辞めて今は銀行 ________ 勤めています。
    (A) で
    (B) に
    (C) が
    (D) を

(143) 講演が始まるまでにはまだ一時間も残っていたのに、駐車場はもう車 ________ いっぱいでした。
    (A) に
    (B) で
    (C) を
    (D) から

(144) スケジュールを ________ して旅行に参加することにした。
    (A) 修理
    (B) 合理
    (C) 調整
    (D) 変心

(145) できる ________ わかりませんが、最後まで全力を尽くしてやります。
    (A) のに
    (B) つつも
    (C) かどうか
    (D) ながらも

(146) 昨日、友達が ________ お菓子は甘くてとても美味しかった。
    (A) くれた
    (B) あげた
    (C) くださった
    (D) いただいた

(147) 申し訳ありませんが、只今 ________ しまいました。
(A) 売り切れる
(B) 売り切れて
(C) 売り切れた
(D) 売り切れよう

(148) もうこんな時間! ________ 出発しましょうか。
(A) どんどん
(B) はらはら
(C) そろそろ
(D) くらくら

(149) 私は毎年正月には神社に行くのが ________ です。
(A) 規則
(B) 約束
(C) 習慣
(D) 用事

(150) 二人は昨日結婚を ________ ばかりです。
(A) 申し込む
(B) 別れる
(C) 入れた
(D) 決めた

(151) 今日ボーナスも出たし、いつもご馳走になっているので、今日は私に ________ ください。
(A) おごって
(B) おごらせて
(C) おごらされて
(D) おごりになって

(152) うちの犬は ________ 噛んだり吠えたりしないから、触ってもいいですよ。
(A) 大人しくて
(B) 怪しくて
(C) 大きくて
(D) 親しくて

(153) もしもし、片岡さん ________。
(A) でございますか
(B) でいらっしゃいますか
(C) になりますか
(D) におありですか

(154) 今度の出来事について先生は何と ________。
(A) なさいましたか
(B) おいでになりましたか
(C) おっしゃいましたか
(D) ご覧になりましたか

(155) 今考えてみても、当時 ________ 日本に留学してよかったと思う。
(A) おもいきって
(B) いくら
(C) いっこうに
(D) せめて

(156) 今度の事件を ________ に新しい法律が作られようとしている。
(A) 舞台
(B) 契機
(C) 根本
(D) 困惑

(157) 鈴木君、英語がぺらぺらなんだって。 ________、ドイツ語もできるそうよ。
(A) すると
(B) それに
(C) それで
(D) しかし

(158) 彼の料理の ________ はプロ並みだ。
(A) て
(B) かたち
(C) かて
(D) うでまえ

(159) 夜のパーティーだから、今日はちょっと ________ の服を着てみよう。

    (A) 派手め

    (B) 派手だ

    (C) 派手で

    (D) 派手っぽい

(160) 朝から何も食べなくてお腹が ________ です。

    (A) ぺこぺこ

    (B) ぶかぶか

    (C) まごまご

    (D) ひしひし

(161) きれい ________ 、必ずしも性格がいいとは限らない。

    (A) だからといって

    (B) はさておいて

    (C) もさることながら

    (D) にもまして

(162) 山田先生の授業は難しくてちょっと ________ にくい。

    (A) わかる

    (B) わかり

    (C) わから

    (D) わかろう

(163) ________ 不況で倒産する企業が続出しているそうだ。

    (A) 長引く

    (B) 遅延する

    (C) 急増する

    (D) 縮める

(164) つまらないことで、先生の ________ をつぶしてしまい、本当に申し訳ありません。

    (A) 体

    (B) 頭

    (C) 口

    (D) 顔

(165) 鉄は長い間空気に触れていると、＿＿＿＿＿＿＿＿ ものだ。
　　　(A) よじる
　　　(B) わびる
　　　(C) さびる
　　　(D) とける

(166) 勝敗は ＿＿＿＿＿＿＿＿ 、最後まで最善を尽くして戦いたい。
　　　(A) ともかく
　　　(B) おろか
　　　(C) ともに
　　　(D) めぐって

(167) 体の弱かった娘が試合で優勝するなんて、＿＿＿＿＿＿＿＿ だ。
　　　(A) 感無量
　　　(B) 感嘆
　　　(C) 感懐
　　　(D) 感激

(168) 子供 ＿＿＿＿＿＿＿＿ 、まだ親の脛をかじっているなんて、本当に情けない。
　　　(A) において
　　　(B) じゃあるまいし
　　　(C) ときたら
　　　(D) どころか

(169) その企業は諸般の事情により、欧米市場からの撤退 ＿＿＿＿＿＿＿＿ 。
　　　(A) しても差し支えなかった
　　　(B) を余儀なくされた
　　　(C) とは言い難かった
　　　(D) ばかりしていた

(170) 新しく就任した社長は、傾いた会社を再建すべく、＿＿＿＿＿＿＿＿ 決意を示した。
　　　(A) とんちんかんの
　　　(B) ちやほやされる
　　　(C) 並々ならぬ
　　　(D) めきめきと

8. 下の文を読んで、後の問いにもっとも適した答えを(A)から(D)の中で一つ選びなさい。

(171 〜 174)

　私は一昨年このアパートに引っ越してきた。このアパートは会社が提供する5階建ての建物で、1年以上勤務した人および独身の人だけが住むことができる。うちの会社は友達の会社に比べたら、ちょっと遅く終わるが、基本的に残業はないし、それに週末に会社に行くこともない。なぜなら、社長が週末は何があってもゆっくり休まなければならないと思っているからだ。こんな私を友達はいつも羨ましがっている。彼は結婚して子供もいるが、週末にも会社に行かなければならないので、子供と一緒に遊んであげられないのがとても残念だそうだ。

(171) この人は今のアパートにどのぐらい住んでいますか。
　　　(A) ちょうど1年住んでいる。
　　　(B) 1年以上住んでいる。
　　　(C) 3年以上住んでいる。
　　　(D) まだ6ヶ月も住んでいない。

(172) この人が勤めている会社についての説明の中で、正しいものはどれですか。
　　　(A) いつも残業が多くて大変だ。
　　　(B) 友達の会社に比べて早く終わる。
　　　(C) 週末は会社に行かなくてもいい。
　　　(D) 独身の人だけ勤めることができる。

(173) この人が住んでいるアパートについての説明の中で、正しくないものはどれですか。
　　　(A) 5階建ての建物である。
　　　(B) 独身の人だけ住むことができる。
　　　(C) 1年以上勤めないと住めない。
　　　(D) 結婚した人は子供がいる人に限って住むことができる。

(174) この人の友達は何がとても残念だと思っていますか。
　　　(A) 会社の給料が低いこと
　　　(B) 結婚して自由時間が少ないこと
　　　(C) 会社の福祉施設が足りないこと
　　　(D) 週末に子供と一緒に遊んであげられないこと

(175 ～ 178)

　母がジョギングを始めました。母はもともと運動が好きでしたが、最近ちょっと太り気味で、医者から適度な運動が必要だと言われたからです。運動を始めてから一週間後、母は「やっぱり一人で運動するのは嫌だわ」と言って、私に「一緒にしよう」と声をかけました。それで、一緒に運動することにしましたが、母は急に足が痛くなって当分の間ジョギングができなくなってしまいました。それに、私も仕事の都合で朝はつらかったから、夜一人でジョギングをすることにしました。夜の公園は人が少なくて暗いから、恐いだろうと思っていましたが、照明が多くて大勢の人々が運動をしていて、意外と活気に溢れていました。それで、今はつらい朝より気楽な夜のジョギングをしています。先週一人でジョギングをしていたら、大学時代の友達に偶然会いました。彼女とは大学時代に同じ授業に出ていましたが、話をしたことはありませんでした。でも、ジョギングをきっかけにずいぶん親しくなって、今は夜時々会って一緒に走ったり話したりしています。

(175) この人のお母さんがジョギングを始めた理由として正しくないものはどれですか。
　　(A) もともと運動が好きだったから
　　(B) 最近少し太り気味だったから
　　(C) 家にいるのが退屈だったから
　　(D) 医者から適当な運動が必要だと言われたから

(176) この人がお母さんと一緒に運動することにした理由はどれですか。
　　(A) 自分も少し太り気味だったから
　　(B) 体力が衰えて運動が必要だと思ったから
　　(C) 早起きして朝の時間を活用したかったから
　　(D) お母さんが一人で運動するのを寂しがっていたから

(177) この人が運動している夜の公園はどうでしたか。
　　(A) 暗くて人影が見えなかった。
　　(B) 朝とあまり変わらず、とても静かだった。
　　(C) 照明は明るいが、人はあまり見えなかった。
　　(D) 明るい照明や大勢の人々で賑やかだった。

(178) この人についての説明の中で、正しくないものはどれですか。
　　(A) 今は夜よくジョギングをしている。
　　(B) 朝は時間の余裕があまりない。
　　(C) 夜の公園が気に入ったようだ。
　　(D) 時々一緒にジョギングをする友達とは大学時代とても親しかった。

(179 〜 182)

鈴木さんへ

　日増しに寒くなっておりますが、お変わりございませんか。毎年の冬ごとに鈴木さんのお宅で色々お世話になりました。本当にありがとうございました。鈴木さんのおかげで、スキーが嫌いだった息子も今は大分上手になって家族みんなで楽しい冬を過ごすことができました。実は今年も家族みんなで行こうと思いましたが、息子は友達と二人で行きたいと言って、(1) ＿＿＿＿＿＿ 今年の冬は家族旅行は諦めることにしました。それで、来年の春、妻と一緒に車で北海道のきれいな花を見ながらあちらこちらを回ってみようと思っております。その時にまたお世話になると思いますので、なにとぞよろしくお願いします。では、風邪を引かないようにお体にお気を付けください。

木村和夫

(179) この人にとって鈴木さんはどんな人ですか。
　　　(A) スキーを教えてくれた人
　　　(B) 息子の世話を見てくれる人
　　　(C) 息子にスキーを教えてくれた人
　　　(D) 毎年の冬にお世話になっている人

(180) この人はどうして今年家族旅行を諦めましたか。
　　　(A) 妻の体の調子が悪いから
　　　(B) 忙しくて時間が取れないから
　　　(C) 息子が友達と二人で行きたいと言ったから
　　　(D) 息子はまだスキーが嫌いで行きたがっていないから

(181) 本文の内容からみて、(1) ＿＿＿＿＿＿ に入るもっとも適当な言葉はどれですか。
　　　(A) 残念ながら
　　　(B) 幸いなことに
　　　(C) もしかしたら
　　　(D) よりによって

(182) この人は来年どんな旅行を計画していますか。
　　　(A) 初めての海外旅行
　　　(B) 妻と二人だけでドライブをする旅行
　　　(C) 家族みんなでスキーを楽しむ旅行
　　　(D) 妻と二人だけでスキーを楽しむ旅行

(183 〜 186)

　　先日、神奈川県のあるタクシー会社が「救急タクシーサービス」というのを実施することにした。救急タクシーサービスとは非常時に救急車が来るまでは少なくとも5分ぐらいはかかるが、このタクシー会社に電話をすれば3分以内にタクシーが来るというシステムのことである。この会社のすべてのタクシーは電話で繋がっていて、患者から一番近くにあるタクシーがすぐ駆け付けられる仕組みだそうだ。なお、運転手は専門的な救助活動まではできなくても、基本的で簡単な応急措置は教育を受けたので、全員できるそうだ。普通のタクシーと値段も同じで、病院の救急車より早く患者の元に到着するという点からこのサービスを実施するタクシー会社は今後もますます拡大する見込みである。

(183) 救急タクシー運転手の特徴として正しいものはどれですか。
　　(A) 外国語が流暢である。
　　(B) 専門的な救助活動ができる。
　　(C) 基本的で簡単な応急措置ができる。
　　(D) 救急車が来るまで適切な手当をしてくれる。

(184) 救急タクシーサービスが可能になった理由として正しいものはどれですか。
　　(A) 会社のタクシー保有台数が多いから
　　(B) 救急患者に限って無料で病院まで行けるから
　　(C) すべてのタクシーが電話で繋がっているから
　　(D) 運転手のほとんどがもと病院に勤めていた人たちだから

(185) 救急タクシーサービスについての説明の中で、合っているものはどれですか。
　　(A) 普通のタクシーと同じ料金である。
　　(B) 患者のところまで5分ぐらいで行ける。
　　(C) 病院の救急車よりはやや遅く到着する。
　　(D) 専門的な救助活動までできるように教育している。

(186) 救急タクシーサービスは今後、どうなる見込みですか。
　　(A) ますます縮小する見込みだ。
　　(B) ますます拡大する見込みだ。
　　(C) 当分の間は今の状態が続く見込みだ。
　　(D) 今の段階では何とも言えない。

> 　NHK問題と言えば、未だにこれといった改善策もなく漫然と続けられている受信料の集金問題が外せない。集金率が低い理由は色々あると思うが、一番大きいのは高い受信料にあると思う。一世帯(1) ＿＿＿＿＿ の受信料を年間で計算してみると、決して(2) ＿＿＿＿＿ 。つまり、受信料に見合うだけの情報をNHKから得ていないのに、受信料は高いからどうしても払いたくないという気持ちになってしまうのだ。しかし、それはもう一度考えてみる必要がある。都心部はさておいて、僻地であればNHKしか映らないところが多い。だから、NHKの貢献度を一概に低いとは言えないのである。国民一人一人が公共の利益を考え、受信料の集金に協力的になってほしいものである。

(187) 本文の内容からみて、(1) ＿＿＿＿＿ に入るもっとも適当な表現はどれですか。

    (A) 当たり

    (B) によって

    (C) をよそに

    (D) にもまして

(188) 本文の内容からみて、(2) ＿＿＿＿＿ に入るもっとも適当な表現はどれですか。

    (A) ばかにできない

    (B) 軌道に乗っている

    (C) 腑に落ちない

    (D) 決着を付けない

(189) どうして一般市民たちはNHKの受信料をちゃんと払わないのですか。

    (A) 経済的に困っている家庭が多いから

    (B) 支払い方法が複雑で面倒くさいから

    (C) 受信料が安いだけあって、放送の質も低いから

    (D) 受信料に見合うだけの情報をNHKから得ていないのに、受信料は高いから

> 　寿司ブームが欧米、そして中国にも拡大するに連れ、地中海の象徴とも言えるクロマグロが資源枯渇するリスクが高まっている。ギリシャローマ時代から、最大で900キロという (1) ＿＿＿＿＿＿＿とした体躯が愛でられてきたこのマグロについて、国際環境保護団体グリーンピースや世界自然保護基金に論文を寄稿したこともあるスペインのある専門家は、「日本人の消費だけでも脅威だが、欧州における寿司バーの人気に加えて、中国のマグロ消費量が伸び続けると、地中海にクロマグロがいなくなるかもしれない」と指摘する。寿司の人気は1990年代に欧米に広がった。中国でも寿司ブームが起こりつつあり、中国のマグロ消費量はこの6年で急激に伸びているという。だが、地中海で捕獲されるクロマグロの圧倒的多数を消費するのは (2) ＿＿＿＿＿＿＿日本だと、フランス国立海洋研究所の研究員、フロマンタン氏は指摘する。実に、捕獲量の80〜85％が日本に輸出されるという。

(190) 本文の内容の流れからみて、(1) ＿＿＿＿＿＿＿に入るもっとも適当な言葉はどれですか。
　　(A) 順風満帆
　　(B) 威風堂々
　　(C) 言語道断
　　(D) 馬耳東風

(191) 本文の内容の流れからみて、(2) ＿＿＿＿＿＿＿に入るもっとも適当な言葉はどれですか。
　　(A) 依然として
　　(B) 平然として
　　(C) 呆然として
　　(D) 唖然として

(192) クロマグロが資源枯渇するリスクが高まっている理由として本文に出ていないものはどれですか。
　　(A) 日本の消費量が依然として多い。
　　(B) 中国の消費量が急激に伸び続けている。
　　(C) 地中海での捕獲が完全に禁止された。
　　(D) 寿司ブームで欧米での需要が拡大した。

(193 ～ 196)

　うちの会社は何回か倒産の危機に(1) ＿＿＿＿＿＿＿＿ こともあるが、その度に何とかうまく乗り越えることができた。その秘訣は雇用安定と社員たちの業務能力にあると思う。うちの会社では、既存の社員の徹底的な雇用安定の保障と同時に、業務能力向上に(2) ＿＿＿＿＿＿＿＿ いる。それに、他の企業から退職した能力のある方たちも積極的に再雇用している。その結果、売り上げはだんだん伸び、安定的に会社運営ができるようになったのだ。現在、ほとんどの日本企業は雇用が不安定で、専門技術を引き継ぐ人があまりいない状況である。そのためか、企業の競争力はだんだん落ち、売り上げも伸び悩んでいる企業が多い。遠い話かもしれないが、企業側が一刻も早く雇用の安定を保障し、社員たちが最大限の能力を発揮できる場を作ってほしいものだ。

(193) 本文の内容からみて、(1) ＿＿＿＿＿＿＿＿ に入るもっとも適当な言葉はどれですか。

    (A) 追い込まれた

    (B) 立て替えられた

    (C) 取り替えられた

    (D) 巻き起こされた

(194) この人の会社が倒産の危機を乗り越えることができた秘訣は何ですか。

    (A) 流動的な資金調達

    (B) 工場設備の全面的な自動化

    (C) 雇用安定と社員たちの業務能力

    (D) 他社からの専門技術者の投入

(195) 本文の内容からみて、(2) ＿＿＿＿＿＿＿＿ に入るもっとも適当な言葉はどれですか。

    (A) 力を注いで

    (B) 手を抜いて

    (C) 腰を下ろして

    (D) 腕を揮って

(196) この人の主張として正しいものはどれですか。

    (A) 専門技術者の確保は会社の運命を決める。

    (B) 設備の自動化なしには雇用の安定は実現できない。

    (C) 企業の売り上げ向上のためには専門経営者が必要である。

    (D) 雇用の安定を保障し、社員たちが最大限の能力を発揮できる場を作ってほしい。

(197 〜 200)

　　　今も日本のあちらこちらの学校で苛めが行われている。苛めの問題は学校のみならず、親と社会全体が力を合わせて (1) ＿＿＿＿＿＿＿べき問題なのに、日本ではまだあくまでも学校だけの問題という認識があるようだ。苛めの深刻化に伴って、自殺率も上昇しているというから、後の祭りにならないように一刻も早くみんなで (2) ＿＿＿＿＿＿＿を揃えて苛めの深刻性を再認識すべきである。普通、苛めと言えば、苛められている生徒に何らかの問題があると思いがちだが、だからといって、人を苛めるのが許されることはあるまい。人が肉体的、または精神的にある人を苛めるのはどんな弁解の言葉を聞いても犯罪に過ぎない。苛めは乗り越えるべき対象でもなければ、どんな理由であれ許されるべき問題でもないからだ。生徒一人一人が互いの気持ちを分かち合えばこそ、苛めの問題は少しずつでも解決できるのではないだろうか。まだ遠い話かもしれないが、生徒の個性や人権が保護される温かな教室を期待してみたい。

(197) 本文の内容からみて、(1) ＿＿＿＿＿＿＿に入るもっとも適当な言葉はどれですか。
　　　(A) 取り組む
　　　(B) 取り出す
　　　(C) 取り入れる
　　　(D) 取り戻す

(198) 学校での苛めに対するこの人の考えとして正しいものはどれですか。
　　　(A) 学校だけに問題があるとは言い難い。
　　　(B) 学校で苛めが起きるのは問題生徒が多いからである。
　　　(C) 生徒の立場から見れば、ある程度の苛めは許されないこともない。
　　　(D) 親と社会全体が苛め問題に力を合わせても根本的な解決には至らない。

(199) 本文の内容からみて、(2) ＿＿＿＿＿＿＿に入るもっとも適当な言葉はどれですか。
　　　(A) 足踏み
　　　(B) 足並み
　　　(C) 足場
　　　(D) 足跡

(200) この人が苛め問題の解決案として考えているのはどれですか。
　　　(A) 生徒たちが相手の気持ちを理解し合うこと
　　　(B) 苛め防止のための法案を整備すること
　　　(C) 苛めをした生徒に対する処罰を強化すること
　　　(D) 問題のある生徒を指導できる教員を確保すること

次の質問1番から100番までは聞き取りの問題です。
どの問題も1回しか言いませんから、よく聞いて答えを(A)から(D)の中から一つ選びなさい。
答えを選んだら、それに当たる答案用紙の記号を黒くぬりつぶしなさい。

1. 次の写真を見て、その内容に合っている表現を(A)から(D)の中で一つ選びなさい。

例)

(A) ここは銀行です。
(B) ここは郵便局です。
(C) ここは病院です。
(D) ここは図書館です。

答 (A) (●) (C) (D)

(1)

(2)

(3)

京都府南警察署 東寺前交番

(4)

あんない Information
女性専用車
Women Only
平日の始発から9時30分まで
On weekdays, from the first train until 9:30AM
最後部車両は女性専用
となります。
The last car is reserved for women only.

(5)

(6)

次のページに続く

(7)

(8)

(9)

(10)

次のページに続く

(11)

(12)

Time	To	Airline	Flight	CHK.IN	Remarks	Will Dep.	Gate
10:00	CHEJU	OZ	139	M	CHECK IN		57
10:00	CHEJU	ANA	6935	M	CLEARING		57
10:00	SHANGHAI	MU	532	F	CHECK IN		55
10:00	SHANGHAI	JAL	5277	F	CLEARING		55
10:10	TAIPEI	CI	111	D	CLEARING		56
10:30	SEOUL	KE	788	H	CLEARING		54
10:30	SEOUL	DL	7890	H	CLEARING		54
10:30	SEOUL	JAL	5221	H	CLEARING		54
10:50	GUAM	CO	916	E	CHECK IN	10:40	58
10:50	HONG KONG	CX	511	G	CLEARING		53
	TAIPEI						
10:50	HONG KONG	JAL	5119	G	CLEARING		53

(13)

(14)

次のページに続く　

(15)

(16)

(17)

(18)

(19)

(20)

2. 次の言葉の返事として、もっとも適したものを(A)から(D)の中で一つ選びなさい。

例)　明日は何をしますか。
　　(A) 公園に行きました。
　　(B) 金曜日です。
　　(C) 運動をしました。
　　(D) 友達の家に遊びに行きます。

答 (A) (B) (C) (●)

(21) 答えを答案用紙に書き入れなさい。

(22) 答えを答案用紙に書き入れなさい。

(23) 答えを答案用紙に書き入れなさい。

(24) 答えを答案用紙に書き入れなさい。

(25) 答えを答案用紙に書き入れなさい。

(26) 答えを答案用紙に書き入れなさい。

(27) 答えを答案用紙に書き入れなさい。

(28) 答えを答案用紙に書き入れなさい。

(29) 答えを答案用紙に書き入れなさい。

(30) 答えを答案用紙に書き入れなさい。

(31) 答えを答案用紙に書き入れなさい。

(32) 答えを答案用紙に書き入れなさい。

(33) 答えを答案用紙に書き入れなさい。

(34) 答えを答案用紙に書き入れなさい。

(35) 答えを答案用紙に書き入れなさい。

(36) 答えを答案用紙に書き入れなさい。

(37) 答えを答案用紙に書き入れなさい。

(38) 答えを答案用紙に書き入れなさい。

(39) 答えを答案用紙に書き入れなさい。

(40) 答えを答案用紙に書き入れなさい。

(41) 答えを答案用紙に書き入れなさい。

(42) 答えを答案用紙に書き入れなさい。

(43) 答えを答案用紙に書き入れなさい。

(44) 答えを答案用紙に書き入れなさい。

(45) 答えを答案用紙に書き入れなさい。

(46) 答えを答案用紙に書き入れなさい。

(47) 答えを答案用紙に書き入れなさい。

(48) 答えを答案用紙に書き入れなさい。

(49) 答えを答案用紙に書き入れなさい。

(50) 答えを答案用紙に書き入れなさい。

次のページに続く

3. 次の会話をよく聞いて、後の問いにもっとも適したものを(A)から(D)の中で一つ選びなさい。

例) 女：昨日、友達の家に行きました。
　　 男：何をしましたか。
　　 女：音楽を聞いたり話したりしました。
　　 男：そうですか。私は昨日家でテレビを見ました。

　　 男の人は昨日何をしましたか。
　　 (A) 音楽を聞いた。
　　 (B) 友達と話した。
　　 (C) 家でテレビを見た。
　　 (D) 勉強をした。

答 (A) (B) (●) (D)

(51) 女の人はいつ散歩をしていますか。
(A) 月曜日だけ
(B) 金曜日だけ
(C) 月曜日から金曜日まで
(D) 土曜日と日曜日だけ

(52) 女の人はいつ戻りますか。
(A) 1時
(B) 2時
(C) 4時
(D) 5時

(53) 二人はこれからどうしますか。
(A) 海岸を散歩する。
(B) 公園を散歩する。
(C) ドライブする。
(D) 車で海に行く。

(54) 女の人はどんな物を見ますか。
(A) 白い鞄
(B) 茶色の鞄
(C) 白い靴
(D) 茶色の靴

(55) 男の人は女の人から何を借りましたか。
(A) 海のビデオ
(B) 海の写真
(C) 山のビデオ
(D) 山の写真

(56) 男の人はこれからどうしますか。
(A) 白ワインを持ってくる。
(B) 赤ワインを持ってくる。
(C) パンを持ってくる。
(D) コーヒーを持ってくる。

(57) 女の人はこれからどうしますか。
(A) 銀行から駅に行く。
(B) 銀行の前で男の人を待つ。
(C) 駅の階段で男の人を待つ。
(D) 駅のホームで男の人を待つ。

(58) 女の人は今週の土曜日に何をするつもりですか。
(A) 男の人とゴルフに行くつもりだ。
(B) 友達とテニスに行くつもりだ。
(C) 彼氏と映画館に行くつもりだ。
(D) 何もしないで家でゆっくり休むつもりだ。

(59) みんなどこで待っていますか。

(A) 一階の部屋

(B) 二階の部屋

(C) 三階の部屋

(D) 四階の部屋

(60) これから男の人はどうしますか。

(A) バスに乗って駅まで行く。

(B) タクシーに乗って駅まで行く。

(C) 駅から自動車に乗って家に帰る。

(D) 駅からタクシーに乗って家に帰る。

(61) 二人は昼ご飯をどうしますか。

(A) 会社で仕事をしながら食べる。

(B) 外に出て食べる。

(C) 何かを買ってきて食べる。

(D) 持ってきたお弁当を食べる。

(62) 山田課長はどうなりましたか。

(A) 昇進して部長になった。

(B) 昇進して東京に転勤する。

(C) 課長のまま東京へ転勤する。

(D) 部長のまま東京へ転勤する。

(63) 女の人についての説明の中で、正しいものはどれですか。

(A) 先週買った傘はすぐ壊れてしまった。

(B) 先週買った傘は電車の中で忘れてしまった。

(C) 先週買った傘は何の問題もなくよく使っている。

(D) 壊れたり忘れたりした傘は今年三本目である。

(64) 二人の会話の内容と合っているものはどれですか。

(A) 女の人のお酒の瓶は全部割れてしまった。

(B) 女の人はお酒の瓶を何にも包まずに鞄の中に入れておいた。

(C) 女の人はお酒の瓶を紙で包んで鞄の中に入れておいた。

(D) 男の人は鞄に割れ物注意のカードを付けてほしいと思っている。

(65) 男の人はどうしてコーヒーを飲みますか。

(A) とても好きだから

(B) 昨夜遅く寝たから

(C) 急に飲みたくなったから

(D) 会議で眠りたくないから

(66) 二人の会話の内容と合っていないものはどれですか。

(A) 男の人はコンサートに行きたがっていた。

(B) コンサートは来月の三日に行われる。

(C) 野球の練習は来月の四日にある。

(D) 来月の四日は男の人の誕生日である。

(67) 二人の会話の内容と合っているものはどれですか。

(A) 女の人は大人二人分の料金さえ払えばいい。

(B) 来週の金曜日は満室で、空いている部屋がない。

(C) 日本ホテルでは3歳までの子供でも大人と同じ宿泊料金をもらっている。

(D) 女の人は来週の金曜日に夫婦二人きりで日本ホテルに泊まろうとしている。

次のページに続く

(68) 二人が聞いている曲について正しいものは
どれですか。
(A) 男の人は今日初めて聞いた。
(B) 女の人は今日初めて聞いた。
(C) 女の人は学生の頃、この曲でよく踊ったものだ。
(D) 男の人は学生の頃、この曲でよく踊ったものだ。

(69) 女の人の考えとして正しいものはどれですか。
(A) 子供でもたまには夜遅くまでテレビを見させ
　　てもいい。
(B) 理由が何であれ、子供にテレビを見させるのは
　　よくない。
(C) 子供には限られた時間だけテレビを見せても
　　いい。
(D) 親と一緒にいる時に限って、子供にテレビを
　　見せてもいい。

(70) 二人の会話の内容と合っていないものはどれ
ですか。
(A) 最近、池田課長は服装がちょっと派手になった。
(B) 鈴木課長は池田課長の大学の後輩である。
(C) 女の人は池田課長が鈴木課長に張り合って
　　いると思っている。
(D) 鈴木課長は池田課長に負けたくないと思って
　　もっと服装に気を使うようになった。

(71) 河村さんはどんな人ですか。
(A) おしゃべりである。
(B) 聞く耳を持たない人である。
(C) いつも自分の意見を全然話さない人である。
(D) とても寡黙だが、必要な時はちゃんと話す
　　人である。

(72) 最近、岡山さんが張り切っている一番大きな
理由は何ですか。
(A) 大きな契約が取れたから
(B) 新しい部下ができたから
(C) 恋人とうまくいっているから
(D) 今の仕事に大分慣れたから

(73) 男の人はこれからどうしますか。
(A) 会議が終わるのを待つ。
(B) 今日の午後、もう一度訪問する。
(C) 今日中に前以て電話をしてから訪問する。
(D) 別の日に前以て電話をしてから訪問する。

(74) 二人の会話の内容と合っていないものはどれ
ですか。
(A) 男の人は女の人を羨ましがっている。
(B) 女の人は以前夫とヨーロッパ旅行をした
　　ことがある。
(C) 女の人は今回娘と一緒にヨーロッパ旅行を
　　するつもりだ。
(D) 女の人は今回の旅行の費用を各自負担する
　　ことにした。

(75) 二人の会話の内容と合っていないものはどれ
ですか。
(A) 作ったカードは今日からすぐ使える。
(B) 作ったカードは次回から10%の割引がある。
(C) カードは身分証明書がないと作れない。
(D) カードは特別な証明書なしにサインだけで
　　作れる。

(76) 女の人の考えとして正しいものはどれですか。
(A) 一刻も早く持ち帰りできるようにするべきだ。
(B) 売る場所を限定して価値を高めるべきだ。
(C) 他の物の販売にももっと力を入れるべきだ。
(D) 伸び悩んでいる売り上げを上げるために何か
　　工夫するべきだ。

(77) 男の人は女の人にどうしてほしいと言って
いますか。
(A) 決まった内容はすぐ報告してほしい。
(B) 今の記録の仕方をこれからも守ってほしい。
(C) 決っていない内容は報告書から削除してほしい。
(D) 話し合う必要がある項目は記録の仕方をわか
　　りやすく工夫してほしい。

(78) 女の人の考えとして正しいものはどれですか。
(A) 女の人は車の値段が高すぎると思っている。
(B) 女の人は乗り心地があまりよくないと思って
　　いる。
(C) 女の人は燃費の問題で買うかどうか迷って
　　いる。
(D) 女の人は車体のデザインがあまりよくないと
　　思っている。

(79) 二人の会話の内容と合っているものはどれ
ですか。
(A) 安部さんは今もカードでよく買い物をして
　　いる。
(B) 安部さんは以前カードでひどい目に遭った
　　ことがあるそうだ。
(C) 女の人はカードより現金での買い物の方が
　　楽だと思っている。
(D) 男の人は現金で買い物をすると、予算以上に
　　使ってしまう恐れがあると思っている。

(80) 二人の会話の内容と合っていないものはどれ
ですか。
(A) 女の人は保険の対象ではない病気で入院した。
(B) 二日だけの入院では保険金が支払われない。
(C) 男の人はいざという時に使えない保険は保険の
　　意味がないと思っている。
(D) 女の人の入院は保険の適用外だったので、女の
　　人は保険金をもらえなかった。

次のページに続く

4. 次の文章をよく聞いて、後の問いにもっとも適したものを(A)から(D)の中で一つ選びなさい。

例) ご来店のお客様にお知らせを申し上げます。千代田区からお越しの鈴木様、鈴木様、至急ご自宅にお電話をおかけください。続きまして、お客様のお呼び出しを申し上げます。大阪からお越しの山田様、山田様、奥様がお待ちですので、2階の婦人服売り場までお越しください。

(1) ここはどこですか。
(A) デパート
(B) 図書館
(C) 病院
(D) コンビニ

(2) 山田さんはどうすればいいですか。
(A) 自宅に電話する。
(B) 2階に行く。
(C) 鈴木さんに電話する。
(D) 大阪に行く。

答 (●) (B) (C) (D)
答 (A) (●) (C) (D)

(81) この人は今誰と一緒に住んでいますか。
(A) 両親
(B) 一人で
(C) お兄さん
(D) お姉さん

(82) この人とお姉さんの生活についての説明の中で、正しくないものはどれですか。
(A) 料理はこの人が作っている。
(B) 洗濯や掃除は週末に一緒にやっている。
(C) 食器を片付けるのはこの人の仕事である。
(D) 家賃や生活にかかるお金は全部半分ずつ払っている。

(83) この人がお姉さんと一緒に住み始めてどのくらいになりますか。
(A) 6ヶ月
(B) 1年
(C) 2年
(D) 3年

(84) この人はお姉さんと一緒に住み始めてどんなことが変わりましたか。
(A) ずいぶん太ってしまった。
(B) 夜よく眠れないようになった。
(C) 朝ご飯を欠かす時が多くなった。
(D) 今まであまり食べなかった朝ご飯を食べるようになった。

(85) この人の息子と娘はどうしてよく喧嘩を
しますか。
(A) 同性だから
(B) 年が近いから
(C) もともと仲が悪かったから
(D) 年の差がかなりあるから

(86) この間買い物から帰ってきた時に、この人は
何を見て息子と娘が喧嘩したと思いましたか。
(A) 息子が泣いていたから
(B) 二人が全然話をしなかったから
(C) 息子が険しい顔をしていたから
(D) 二人とも自分の部屋から出なかったから

(87) この人の息子と娘が喧嘩した原因は何でし
たか。
(A) 娘が一人でおもちゃで遊んでいたから
(B) 息子が一人でおもちゃで遊んでいたから
(C) 娘が触ってはいけない物を触ってしまった
　　から
(D) 息子が触ってはいけない物を触ってしまった
　　から

(88) この人はどうして息子が優しいと思いまし
たか。
(A) 妹を慰めてあげたから
(B) 妹と一緒に遊んであげたから
(C) 妹をかばって何も言わなかったから
(D) 妹のわがままをずっと我慢していたから

(89) このアルバイトをする人の仕事ではないもの
はどれですか。
(A) 本を貸し出すこと
(B) 戻ってきた本を片付けること
(C) 週に一回図書館を掃除すること
(D) 週に一回小さい子供達に本を読んであげること

(90) このアルバイトの休みはいつですか。
(A) 月曜日
(B) 金曜日
(C) 土曜日
(D) 日曜日

(91) このアルバイトの条件として正しくないもの
はどれですか。
(A) 11月1日から働ける人を探している。
(B) 午後3時から8時まで働ける人を探している。
(C) アルバイトをやりたい人は図書館にメールを
　　送る。
(D) アルバイトをやりたい人は10月15日までに
　　図書館に申し込む。

次のページに続く　　

(92) この人はどんな時にカメラが必要だと言って
いますか。
(A) 長い間外国に旅行する時
(B) 旅行に行って何も書く物がない時
(C) 珍しい物を見た時や重要な事件の時
(D) 美しい風景に出会ったその一瞬を残したい時

(93) この人が紹介しているカメラの特徴として
正しくないものはどれですか。
(A) とても軽くて操作しやすい。
(B) 高級感が溢れるデザインである。
(C) 動いている物でもきれいに撮れる。
(D) 海の中での撮影も可能である。

(94) 今日申し込んだ人にはどんな特典がありま
すか。
(A) 通常価格の半額で買える。
(B) 1年間無償で修理してくれる。
(C) 保証期間を1年以上延ばしてくれる。
(D) 通常価格より30パーセント安く買える。

(95) この人は眠れない夜によく何をしますか。
(A) 写真を撮る。
(B) アルバムを見る。
(C) アルバムに写真を貼る。
(D) 子供たちに本を読んであげる。

(96) この人についての説明の中で、正しいものは
どれですか。
(A) 写真を撮るのはあまり好きではない。
(B) 写真が趣味で、よく自分の写真を撮る。
(C) 写真の撮り方を習いに行こうと思っている。
(D) 写真の撮り方を教える学校に通ったことがある。

(97) この人がアルバムを作りながら気付いたのは
どれですか。
(A) 自分の写真が多すぎること
(B) 子供の写真があまりにも少ないこと
(C) いつも似ているポーズで自分が写っていること
(D) いつも自分が写真の左側に立っていること

(98) 節約についての質問で、二番目に多かった
回答はどれですか。
(A) 外での食事を控える。
(B) 子供の小遣いを減らす。
(C) 旅行に行くのを控える。
(D) ガソリンをなるべく使わない。

(99) 外食産業の現状として正しいものはどれ
ですか。
(A) 高級レストランが脚光を浴びている。
(B) 値段より質を重視する店が多くなっている。
(C) 市場の拡大があまり期待できないほど厳しい。
(D) 高齢化の影響で、お年寄り向きの店が多く
　　なっている。

(100) この人が言っている客が店を選んでいる
基準として正しいものはどれですか。
(A) 豪華な料理を食べられるか。
(B) 高齢者のための施設が近くにあるか。
(C) 高くても量の多い料理を食べられるか。
(D) どれほど自分に利益になったと感じられるか。

次のページに続く

5. 下の＿＿＿＿線の言葉の正しい表現、または同じ意味のはたらきをしている言葉(A)から(D)の中で一つ
選びなさい。

(101) この欄には太い字で書いてください。
(A) ふとい
(B) ほそい
(C) ながい
(D) こまかい

(102) 人の第一印象は15秒で決まってしまうそう
だ。
(A) いんしょ
(B) いんしょう
(C) にんしょ
(D) にんしょう

(103) この服は絹でできていて肌触りがとても
柔らかい。
(A) けん
(B) めん
(C) ぬの
(D) きぬ

(104) 今日彼が出場する試合は雨天中止になって
しまった。
(A) うてんちゅうし
(B) うてんちゅうじ
(C) あめてんちゅうし
(D) あめてんちゅうじ

(105) 私ももう80歳を過ぎたので、店を息子に
任せて隠居することにした。
(A) いんきょ
(B) おんきょ
(C) いんじょ
(D) おんじょ

(106) 薬を飲んだら、やっとお腹の痛みが治まった
ようだ。
(A) きまった
(B) なおまった
(C) あつまった
(D) おさまった

(107) 稲妻が光ってかなり後に遠くで雷が落ちた。
(A) いねずま
(B) いねづま
(C) いなずま
(D) いなづま

(108) この資料は一人当たり三部ずつくばって
ください。
(A) 与って
(B) 配って
(C) 受って
(D) 譲って

(109) 普通、組織でおんけんな意見を持っている
人たちをハト派という。
(A) 温順
(B) 健全
(C) 穏和
(D) 穏健

(110) こんなにまな板がそっていては切りづらい。
(A) 背って
(B) 沿って
(C) 反って
(D) 剃って

(111) 友達と遊んでいたら、母に早く<u>帰って来な
さい</u>と言われた。
(A) 帰って来るな
(B) 帰って来たら
(C) 帰らないうちに
(D) 帰って来るように

(112) 嬉しいことに、昨日久しぶりに鈴木さんと
ご飯を<u>食べられました</u>。
(A) 食べされました
(B) お食べになりました
(C) 食べることができました
(D) 食べるしかありませんでした

(113) 一人前の大人なら、<u>約束したからには</u>何が
あっても守るべきだ。
(A) 約束した以上は
(B) 約束はさておいて
(C) 約束して以来
(D) 約束をするや否や

(114) うちの子はいつも服を<u>脱ぎっぱなし</u>でゲー
ムばかりしていて片付けようとしない。
(A) 脱いでから
(B) 脱いだまま
(C) 脱がないうちに
(D) 脱いでからというもの

(115) 利益ばかり求める彼のやり方はいつも<u>後ろ
指を指される</u>。
(A) 評判がいい
(B) 褒められている
(C) 人に批判される
(D) 高い利益を上げている

(116) 部長は少数派の意見を<u>ないがしろにする</u>
きらいがある。
(A) 軽んじる
(B) 参考する
(C) 聞き入れる
(D) 重んじる

(117) ここにお金を入れる<u>と</u>、自動的に切符が
出てくる。
(A) 卒業して以来、彼<u>と</u>は会っていない。
(B) 私がそこへ行こう<u>と</u>行くまいと、君には関係
　　ないことだ。
(C) 彼にとって友達<u>と</u>いうのは今まで一体どんな
　　存在だったのか。
(D) 春になる<u>と</u>花が咲くように、季節の変化は
　　いつも着実にやってくる。

(118) 小さい時は、あの空き地で友達とよく遊ん
だ<u>もの</u>だ。
(A) 人の心はなかなかわからない<u>もの</u>だ。
(B) 頑張った<u>もの</u>の、結果がよくなくて残念だ。
(C) 週末になると、犬を連れて公園に散歩に行った
　　<u>もの</u>だ。
(D) 彼女は勉強もできるし、水泳も上手だから、
　　本当に羨ましい<u>もの</u>だ。

(119) 今、スーパーに行きますが、何か<u>いる</u>物は
ありませんか。
(A) 窓際に座って<u>いる</u>人は誰ですか。
(B) 今持って<u>いる</u>現金では足りないので、カード
　　でお願いします。
(C) 出無精な彼のことだから、たぶん今日も家に
　　<u>いる</u>と思います。
(D) どんな分野であれ、成功するには大変な努力
　　が<u>いる</u>と思います。

(120) 地震の恐ろしさを身を<u>もって</u>体験しました。
(A) その事件については確信を<u>もって</u>証言します。
(B) この店は今日を<u>もって</u>閉店させていただきます。
(C) 書類の受付は今日の午後を<u>もって</u>締め切ります。
(D) 君の能力を<u>もって</u>すればできないものでもない
　　と思います。

6. 下の＿＿＿＿＿線のA、B、C、Dの中で正しくない言葉を一つ選びなさい。

(121) 今年は暑かった そうですが、去年よりはひどくないそうです。
　　　　　　　(A)　　　　(B)　　　　　　　　(C)　　　　(D)

(122) この茶色なかばんは私のですが、あの赤いかばんは誰のですか。
　　　　(A)　(B)　　　　　　　　　　　　(C)　　　　　(D)

(123) 色々食べてお腹がいっぱいです。もうそれ以上は食べられません。
　　　　(A)　　　　　　(B)　　　　　　(C)　　　　　(D)

(124) その国は一年に通して雨の多い国としてよく知られている。
　　　　　　　(A)　　　　(B)　　(C)　　　(D)

(125) 財布を落としたので、部屋の内をくまなく探してみたが、まだ見つからない。
　　　　　(A)　　　　　　　(B)　　　　(C)　　　　　　(D)

(126) 彼ほどの実力者なら、今度のオリンピクでわけなく 優勝するだろう。
　　　　(A)　　　　　　　　　(B)　　　(C)　　(D)

(127) 祖母は今回初めに飛行機に乗ったので、少し緊張気味だった。
　　　　(A)　　　(B)　　　　　(C)　　　　　　(D)

(128) 日本を襲った今回の洪水で大きな被害をもらっているのは大阪や京都などの関西地方である。
　　　　　　(A)　　　　　(B)　　　　　(C)　　　　　　　(D)

(129) 歴史は私もあまり得意ではなく、高校時代に苦労して覚えた記憶があっただけに、彼の暗記力
　　　　　　(A)　　　　　　　(B)　　　　　　　　　　　(C)

には舌を出してしまった。
　　　(D)

(130) 天気予報を信じててっきり雨が降ると思っていたが、予想に沿って雨は降らなかった。
　　　　(A)　　　　(B)　　　　　　(C)　　　　　(D)

(131)　まだ十分に使える物なのに、何の惜し気もなく捨ててある人たちが意外と多い。
　　　　　　　　　　　　　(A)　　　　　　　(B)　　　　　　　　(C)　　　　　　　(D)

(132) 真面目で仕事好きなのは分かるが、そんなに仕事ばかりしているといずれ体を壊れてしまうよ。
　　　　　　　(A)　　　　　　　　　　　　　　　　　(B)　　　　　　(C)　　(D)

(133) わが社のダム建設は、工事が順調にいっても年末までに完成するお見通しが立たない。
　　　　　　(A)　　　　　　　　　　(B)　　　　　　　(C)　　　(D)

(134) 私が持っているお金など、彼に比べたら本当に猫の涙だ。
　　　　　(A)　　　　(B)　　　　(C)　　　　(D)

(135) 人間は誰であれ、切羽詰まって精神的に余地がないと、とんでもないことをしてしまいがちである。
　　　　　　(A)　　　(B)　　　　　(C)　　　　　　　　　　　　　　　(D)

(136) 彼ときたら、取引先の接待を託けて上等なお酒をたらふく飲んできたそうだ。
　　　　(A)　　　　　　(B)　　(C)　　　(D)

(137) 仕事には全然身を入れず、怠けてばかりいる彼に私は一言言わずにはいけなかった。
　　　　　　(A)　　　(B)　　　　　　　　(C)　　　　(D)

(138) 凍っていた米ソの関係が両国の歩み寄せで、一挙に雪解けのムードが漂った。
　　　(A)　　　　　　　　　　　(B)　　　　(C)　　　　(D)

(139) 古今東西を問わず、男女の純愛を取り上げた小説は枚挙にゆとりがない。
　　　(A)　　(B)　　　　　　　(C)　　　　(D)

(140) 彼は真剣な顔付きで骨董品を手のひらに乗せて持ちつ持たれつして品定めをしていた。
　　　　(A)　　　　　　　　(B)　　　　　　(C)　　　　(D)

7. 下の＿＿＿＿線に入る適当な言葉を(A)から(D)の中で一つ選びなさい。

(141) ＿＿＿＿ 時間は十分ありますから、そんなに焦らないでください。
    (A) まだ
    (B) いくら
    (C) たくさん
    (D) きゅうに

(142) 昨日、八百屋に行って ＿＿＿＿ を買いました。
    (A) さかな
    (B) おかし
    (C) やさい
    (D) かばん

(143) もう11時だから、今から ＿＿＿＿ しても終電に間に合うはずがない。
    (A) 出発
    (B) 出張
    (C) 出入
    (D) 出勤

(144) 今、晩ご飯が ＿＿＿＿ ところですから、食べて行きませんか。
    (A) できた
    (B) しまった
    (C) つくった
    (D) なおった

(145) 私は今朝弟の宿題を手伝ってやって、部屋の掃除をして ＿＿＿＿ 友達に会って映画を見に行った。
    (A) それから
    (B) それに
    (C) それで
    (D) それとも

(146) この辺は店が多くてとても ＿＿＿＿ なところです。
    (A) にぎやか
    (B) あざやか
    (C) ほがらか
    (D) きよらか

(147) ＿＿＿＿＿＿＿ 彼が試験に落ちるとは、想像もできなかった。
    (A) まさか
    (B) さぞかし
    (C) ようやく
    (D) 一概に

(148) 週末には本を読んだり昼寝を ＿＿＿＿＿＿＿ します。
    (A) 寝たり
    (B) したり
    (C) 待ったり
    (D) きたり

(149) よろしかったら、もう少し ＿＿＿＿＿＿＿ になりませんか。
    (A) 飲ませ
    (B) お飲み
    (C) 飲まれ
    (D) 飲んで

(150) 彼女はおしゃれで、＿＿＿＿＿＿＿ の先端を行っている人です。
    (A) 技術
    (B) 流行
    (C) 時期
    (D) 潮流

(151) では、あなたがおっしゃった ＿＿＿＿＿＿＿ に致します。
    (A) 通り
    (B) まま
    (C) らしく
    (D) そうに

(152) まだまだ使える物を捨てるなんて、資源の ＿＿＿＿＿＿＿ 遣いだよ。
    (A) 無理
    (B) 無駄
    (C) 無意識
    (D) 無頓着

(153) 画家になるのは ________ 諦めたと思っていた。
    (A) とっさに
    (B) とっくに
    (C) どうしても
    (D) とうてい

(154) 一般的に日本人は時間に ________ 人が多いとよく言われている。
    (A) かなしい
    (B) うるさい
    (C) つらい
    (D) ほそい

(155) 彼女はすべての困難を ________ 、希望していた大学に入ることができた。
    (A) 切り詰めて
    (B) 乗り越えて
    (C) 立て替えて
    (D) 取り組んで

(156) 試合後、両チームの観客は殴り合いになり ________ 険しい雰囲気だった。
    (A) やすい
    (B) がたい
    (C) かねる
    (D) かねない

(157) 両社は ________ この条件に合意した。
    (A) せめて
    (B) 主として
    (C) 少なくとも
    (D) 大筋で

(158) 昨日は久しぶりに彼が腕を ________ 美味しい料理を作ってくれた。
    (A) 揮って
    (B) 動いて
    (C) 作って
    (D) 巻いて

(159) タバコを _________ からというもの、食欲が出てきた。
    (A) 止める
    (B) 止めて
    (C) 止めた
    (D) 止めよう

(160) 二人の育った環境が全く違うと、意見の _________ はいつでも起こりうる。
    (A) 麻痺
    (B) 摩擦
    (C) 衝撃
    (D) 崩壊

(161) 鈴木君なら今度の仕事を任せる _________ 足る人物だと思う。
    (A) で
    (B) に
    (C) も
    (D) から

(162) 規則 _________ で不自由な寮生活に嫌気がさした。
    (A) まみれ
    (B) あまり
    (C) いたり
    (D) ずくめ

(163) 鳥の鳴き声を聞きながら迎える山の朝の _________ は格別だ。
    (A) うっとうしさ
    (B) あくどさ
    (C) もどかしさ
    (D) すがすがしさ

(164) そんなに _________ 詰めると、袋が破れるよ。
    (A) すらすら
    (B) ぎゅうぎゅう
    (C) くらくら
    (D) じゃぶじゃぶ

(165) 韓国には英語だけではなく、その他の外国語も _________ な人がたくさんいる。
    (A) 有能
    (B) 機能
    (C) 堪能
    (D) 性能

(166) 旧友の頼み _________ 断れないので手伝いに行った。
    (A) としては
    (B) によっては
    (C) とあっては
    (D) においては

(167) 中国は韓国より一段レベルが上だったが、決して歯が _________ 相手ではない。
    (A) いかない
    (B) たたない
    (C) きらない
    (D) すかない

(168) 私は父に _________ を利いてもらって今の会社に就職することができた。
    (A) 口
    (B) 顔
    (C) 手
    (D) 頭

(169) 女性の社会進出の拡大で、晩婚化に _________ がかかっているそうだ。
    (A) 圧力
    (B) 催促
    (C) 可憐
    (D) 拍車

(170) 始めの合図が出るまで問題用紙は _________ おいてください。
    (A) 背いて
    (B) 伏せて
    (C) 被って
    (D) 吹いて

8. 下の文を読んで、後の問いにもっとも適した答えを(A)から(D)の中で一つ選びなさい。

(171 〜 174)

　幼い頃からそうだったが、私には使った物をすぐ捨てられない癖がある。経済的に困っているわけでもないのに、どうして捨てられないのか、自分が考えてみても(1)__________である。貧しい家庭に生まれた私は5人姉妹の長女だった。それで、私が使った物は妹たちがお下がりとして使っていたから、私はいつも母に物を大切にするようにと教えられた。その頃の癖がまだ残っているのか、今も私は壊れた物がすぐ捨てられず、直せるようだったら直してもう一度使うようにしている。こんな私に家族たちはいつも「長い間使って古くなった物はもう捨ててもいいんじゃない? 新しい物でも買ったら?」とうるさく言うけれど、この癖はなかなか治りそうもないのだ。

(171) 物が捨てられないこの人に対して、家族たちは何と言いますか。
　　　(A) 結局全然使わないから、早く捨ててほしい。
　　　(B) 時間の無駄遣いだから、早く止めてほしい。
　　　(C) 古くなった物は捨てて新しい物を買ってほしい。
　　　(D) 物を大切にする習慣はいいことだから、これからも続けてほしい。

(172) 本文の内容からみて、(1) ________ に入るもっとも適当な言葉はどれですか。
　　　(A) 納得
　　　(B) 不思議
　　　(C) 無邪気
　　　(D) 当たり前

(173) この人はどうして幼い時から物を大切にするようにと母に教えられましたか。
　　　(A) よく忘れ物をする子供だったから
　　　(B) 故障した物を直す時間がなかったから
　　　(C) リサイクル運動が活発に行われていたから
　　　(D) 自分が使った物を妹たちにあげなければならなかったから

(174) この人は故障した物をどうしますか。
　　　(A) すぐ捨てる。
　　　(B) 他の人にあげる。
　　　(C) そのままずっと保管しておく。
　　　(D) 直せる物だったら、直してまた使う。

(175 〜 178)

　　今朝、起きて朝刊を広げると、おめでたい記事が目に付いた。今まで十分な教育が受けられなかった開発途上国の子供向けのコンピューターが開発されたそうだ。最初、このコンピューターの開発にはドイツやスペインなどのヨーロッパの様々な国が力を入れたが、採算が合わないとのことで、結局発売を中止したそうだ。それをアメリカのある中小企業が採算性は合わなくても教育的な効果は高いと判断し、開発を急いだ結果、今回発売されることになったそうだ。このコンピューターの最大の特徴と言えば、やはり(1)＿＿＿＿＿＿である。普通のコンピューターの価格の半分を切ると言うから、途上国にとってはありがたい限りだ。それに、学校や先生が足りなかった地域に集中的に普及すれば教育的な効果はもっと高まるはずだ。これからも開発途上国に対するこのような支援が広がってほしいものだ。

(175) 本文に出ているコンピューターは誰を対象にして作られましたか。
 (A) おもちゃが足りない子供たち
 (B) 文字が全然読めない子供たち
 (C) 学校に行きたがらない子供たち
 (D) 十分な教育が受けられない子供たち

(176) 本文に出ているコンピューターを発売した国はどこですか。
 (A) ドイツ
 (B) スペイン
 (C) アメリカ
 (D) アフリカ

(177) 本文の内容からみて、(1) ＿＿＿＿＿＿ に入るもっとも適当な言葉はどれですか。
 (A) 価格
 (B) 軽さ
 (C) 機能
 (D) 安全性

(178) 本文に出ているコンピューターが普通のコンピューターと違うところは何ですか。
 (A) 価格が半分以下である。
 (B) 小さいし、軽くてどこにでも持ち運べる。
 (C) 教育ソフトをいつでもダウンロードできる。
 (D) 処理能力が普通のコンピューターの2倍以上である。

(179 〜 181)

　最近、言葉の乱れに対して敏感な人が多いような気がするが、私はそんなに神経を尖らせる
ほどのことではないと思っている。確かに日本語には昔からの美しい言葉が多かった。しかし、
(1)＿＿＿＿＿＿そのような言葉が今でも全部使われているだろうか。言葉というのは長い歴史の中
でそれぞれの時代に応じ、様々に変化し続けてきたはずだ。だから、美しい言葉だからといって、
必ず残すべきだとは言えないだろう。もっと大きな心で時代を見つめてみたらどうだろうか。時
代にそぐわない言葉は自然と消滅してしまうのだから、言葉の変化を言葉の乱れだとは思わず、
もっと(2)＿＿＿＿＿＿目で見てほしいものである。

(179) 本文の流れからみて、(1) ＿＿＿＿＿＿ に入るもっとも適当な表現はどれですか。

 (A) まさか

 (B) 果たして

 (C) 取り敢えず

 (D) 少なくとも

(180) 本文の流れからみて、(2) ＿＿＿＿＿＿ に入るもっとも適当な表現はどれですか。

 (A) 長い

 (B) 細い

 (C) 短い

 (D) 遠い

(181) 本文のタイトルとしてもっとも相応しいものはどれですか。

 (A) 美しい言葉をどう残すか。

 (B) 言葉の乱れを受け入れよう。

 (C) 今の言葉は生き残れるのだろうか。

 (D) 昔の言葉は果たして今も使えるのだろうか。

(182 〜 184)

今時の高校生は一人暮らしに必要な食費や交際費などへの金銭感覚が乏しい一方で、意外にも貯金への意識は高いことが、NPO法人「育て上げ」ネットとGEコンシューマー・ファイナンスが実施した「一人暮らしに必要な生活費」調査で分かった。高校生が実際にいくら必要かを理解しているのは携帯電話を含む通信費や交通費など一部で、例えば食費は全国平均の2万4、263円に対し、高校生の62%が2万円以下と回答。自宅に住む高校生は、冷蔵庫の食べ物は「ただ」との感覚を持っているように、自宅の食事にもお金がかかっているという意識が低かった。国民年金や所得税など税金については、支払額(1)________、言葉の意味を理解できないことも多かった。ただ、貯金への意識は高く、月額給与20万円の中から8、000円以上を貯金が66%、このうち1万6、000円以上が42%を占めた。貯蓄のために生活費の(2)________を工夫する様子も見られ、意外と堅実な一面も覗かせる結果となった。

(182) 今度の調査でどんなことが分かりましたか。
　　　 (A) 最近の高校生はお金にあまり興味がない。
　　　 (B) 最近の高校生はお金に卑しい学生が多い。
　　　 (C) 最近の高校生は明確な金銭感覚を持っている。
　　　 (D) 最近の高校生は貯金への意識が意外と高い。

(183) 本文の内容からみて、(1) ________ に入るもっとも適当な言葉はどれですか。
　　　 (A) が故に
　　　 (B) とはいえ
　　　 (C) どころか
　　　 (D) はいざ知らず

(184) 本文の内容からみて、(2) ________ に入るもっとも適当な言葉はどれですか。
　　　 (A) 割り切り
　　　 (B) 割り増し
　　　 (C) 割り込み
　　　 (D) 割り振り

(185 〜 188)

> 　人との会話で共通する心構えは「聞くこと」である。相手の話を聞けない人は絶対に話し上手
> にはなれない。そもそも、相手に話をするということは、自分の考えを相手に伝えるということ
> である。だから、相手が話をしている時は、話が終わるまでしっかりと聞くべきである。相づち
> を(1)＿＿＿＿＿＿しっかりと聞いてあげれば、相手も満足し、今度はこちら側の話を聞くようにな
> る。途中で遮って話をしてしまうと、相手はとても腹が立つし、こちら側の話は聞かない。実は
> 極めて基本的なことであるが、改めて見てみると出来ていない人が多い。(2)＿＿＿＿＿、人間とい
> うのは、「自分がいつも正しい」という自惚れがある。そのため、相手の意見に対して、すぐに否
> 定しようとしてしまうきらいがある。だから、意識しなければこの癖は治らない。していないよ
> うで、実は誰もがよくしてしまっているのだ。

(185) 次の例の中で、会話での注意点としてこの人が言っているものはどれですか。

 (A) 同意を求める時以外は全く話さなくてもいい。

 (B) 自分が言いたいところは何度も繰り返して強調しておく。

 (C) 相手が話をしている時は、最後までしっかりと聞いてあげる。

 (D) 話が脇道にそれた場合は、途中で話を遮ってもかまわない。

(186) 本文の内容からみて、(1) ＿＿＿＿＿ に入るもっとも適当な言葉はどれですか。

 (A) 打ちながら

 (B) 叩きながら

 (C) 切りながら

 (D) 壊しながら

(187) 本文の内容からみて、(2) ＿＿＿＿＿ に入るもっとも適当な言葉はどれですか。

 (A) そもそも

 (B) ただし

 (C) いきなり

 (D) すなわち

(188) 本文の内容にもっとも相応しいタイトルはどれですか。

 (A) 話し上手は聞き上手

 (B) 聞く耳を持たない人

 (C) 巧みな話し方とは何か

 (D) 会話の達人になるためには

(189 ～ 192)

　　インターネットの掲示板に「JR新潟駅に放火し、無差別殺人を起こす」などと書き込んだとして、新潟県警新潟東署は15日、新潟市内の男子中学生を補導した。東京・秋葉原の無差別殺傷事件の報道をテレビで見て「(犯罪予告の)書き込みをすれば人が騒ぐと思った。実行する気はなかった」と反省の態度を示しているという。調べでは、少年は10日午後7時半頃、自宅のパソコンからインターネットの掲示板「2ちゃんねる」上に「6月30日月曜日、19時30分に、新潟駅に放火する。放火した後、新潟駅周辺で無差別殺人を起こします。みなさんさようなら」と書き込んだ疑い。少年は、殺人や強盗などの犯罪を繰り返してポイントを稼ぐという設定のゲームソフトの名を挙げ、「ゲームをやっていたら(犯罪を)やりたくなった。それが(1)＿＿＿＿＿＿＿だった。」と供述しているという。書き込みを見た複数の人が警察やJRなどに通報。11日に警察庁から連絡を受けた新潟県警が脅迫容疑で捜査していた。近く児童相談所に通告する方針だ。

(189) 本文に出ている少年が今度の騒ぎを起こした理由は何ですか。

　　(A) 本当に殺人を起こしたいと思ったから

　　(B) 普段社会に対する反感が強かったから

　　(C) つまらない日常に刺激を与えたかったから

　　(D) 犯罪予告の書き込みをすれば人が騒ぐと思ったから

(190) 本文に出ている少年が今度の騒ぎを起こしたくなった決定的なきっかけは何ですか。

　　(A) 学校でのいじめ

　　(B) インターネットの掲示板の文章

　　(C) 東京・秋葉原の無差別殺傷事件の報道

　　(D) 殺人や強盗などの犯罪を繰り返してポイントを稼ぐゲームソフト

(191) 本文の内容からみて、(1) ＿＿＿＿＿＿＿ に入るもっとも適当な言葉はどれですか。

　　(A) 決め手

　　(B) 締め切り

　　(C) 土壇場

　　(D) 踏み切り

(192) 本文に出ている少年についての説明の中で、正しいものはどれですか。

　　(A) この少年は犯行を実行する気が最初からなかった。

　　(B) この少年にゲームソフトの影響は全くないと言い切れる。

　　(C) この少年は秋葉原の無差別殺傷事件を新聞で読んで知った。

　　(D) この少年は学校のパソコンからインターネットの掲示板に犯行予告の書き込みをした。

(193〜196)

　　派手か地味かと聞かれたら自分は地味な方である。派手な自分をイメージしてみたりそんな感じの服を買ってみようかと思ったこともあるが、結局地味なものを買ってしまう。別に自分に自信がないわけではないが、一歩下がってしまうような性格が服装にも表れているのだろうか、(1)＿＿＿＿＿＿地味なものを選んでいる。人には派手か地味かは別としてそれぞれ好みがあるはずだ。周りの人から見ても何となくその人らしさを感じることがあるようだ。でも、それは特別に意識しているわけではなく、やはり知らぬ間に「こんな感じの服が多いなあ」と自分でも不思議だと思ってしまうほど無意識なものではないのだろうか。たぶんそれがその人らしさを醸し出しているのだろう。そこで無理に自分が変化を求めたりしたら、きっと自分に違和感や不信感を抱いてしまうだろう。やはり(2)＿＿＿＿＿＿というのは大切にするべきものなのかもしれない。

(193) 本文の内容からみて、(1) ＿＿＿＿＿＿ に入るもっとも適当な表現はどれですか。

　　(A) まんざら
　　(B) とりわけ
　　(C) こころなしか
　　(D) 知らず知らずのうちに

(194) 本文の内容からみて、(2) ＿＿＿＿＿＿ に入るもっとも適当な表現はどれですか。

　　(A) こだわり
　　(B) 自分らしさ
　　(C) おしゃれ
　　(D) 几帳面な性格

(195) 本文の内容からみて、筆者が一番言いたいのはどれですか。
　　(A) 服装を見ればその人の性格がわかる。
　　(B) 人はいつも変化を求めなければならない。
　　(C) 自分らしさというのは大切にするべきものだ。
　　(D) いつも自分らしさを意識しながら生活するべきだ。

(196) 本文のタイトルとしてもっとも相応しいものはどれですか。
　　(A) 地味な生き方
　　(B) いつも変化を求めている自分
　　(C) 人間の性格は変えられないのか
　　(D) 派手な生き方に憧れてしまう理由

(197 ～ 200)

　　共働き家庭や一人親家庭の子供を預かる放課後児童クラブ(学童保育)が、全国の小学校の3割で実施されていないことが、厚生労働省の調べでわかった。実施しない主な理由は「需要がない」(37%)だが、利用者側の「まだ足りない」という認識とのギャップが (1)________になった。放課後児童クラブは、働く親に代わって子供たちの (2)________小学生向けの保育所のようなところで、午後6時頃まで過ごす生活の場である。都市部を中心に約1万4千人の待機児童がいる。都道府県や市区町村に、小学生の放課後対策の実施状況を聞いた。全国約2万1、900小学校のうち、学童保育未実施は6、881小学校。未実施の理由は、需要の他、場所や指導員、予算の確保が難しい点を挙げている。一方、学童保育を利用する保護者らで作る全国学童保育連絡協議会は「学童保育はまだまだ足りない」と指摘している。保育所に通っていた子供の多くは、小学校でも学童保育が必要になると考えられるが、学童保育を利用する1年生は6割に止まっているという。利用児童の増加で学童保育の大規模化が進み、きめ細かな対応が難しくなっていることなども問題点としている。

(197) 本文の内容からみて、(1) ________ に入るもっとも適当な表現はどれですか。
　　　(A) 月並み
　　　(B) 浮き彫り
　　　(C) 根回し
　　　(D) 天下り

(198) 本文の内容からみて、(2) ________ に入るもっとも適当な表現はどれですか。
　　　(A) 世話をする
　　　(B) お茶を濁す
　　　(C) 仇を討つ
　　　(D) 手を抜く

(199) 放課後児童クラブについての説明の中で、正しくないものはどれですか。
　　　(A) 午後6時頃まで過ごすことができる。
　　　(B) 都市より田舎での待機児童の数が多い。
　　　(C) 小学生向けの保育所のようなところである。
　　　(D) 働く親に代わって子供たちの世話をするところである。

(200) 学童保育を実施していない理由として本文に出ていないものはどれですか。
　　　(A) 需要がない。
　　　(B) 予算の確保が難しい。
　　　(C) 場所や指導員が足りない。
　　　(D) 児童が興味を持たない。

JPT600

PART 1 사진 묘사

(1)	(2)	(3)	(4)	(5)	(6)	(7)	(8)	(9)	(10)
(A)	(A)	(B)	(D)	(C)	(A)	(D)	(C)	(B)	(B)
(11)	(12)	(13)	(14)	(15)	(16)	(17)	(18)	(19)	(20)
(B)	(C)	(B)	(C)	(D)	(A)	(B)	(D)	(B)	(D)

PART 2 질의 응답

(21)	(22)	(23)	(24)	(25)	(26)	(27)	(28)	(29)	(30)
(D)	(B)	(B)	(D)	(A)	(D)	(C)	(C)	(B)	(B)
(31)	(32)	(33)	(34)	(35)	(36)	(37)	(38)	(39)	(40)
(B)	(A)	(B)	(B)	(A)	(B)	(A)	(B)	(D)	(A)
(41)	(42)	(43)	(44)	(45)	(46)	(47)	(48)	(49)	(50)
(C)	(C)	(A)	(D)	(D)	(C)	(A)	(A)	(B)	(B)

PART 3 회화문

(51)	(52)	(53)	(54)	(55)	(56)	(57)	(58)	(59)	(60)
(A)	(C)	(B)	(A)	(A)	(C)	(C)	(D)	(D)	(C)
(61)	(62)	(63)	(64)	(65)	(66)	(67)	(68)	(69)	(70)
(C)	(A)	(C)	(C)	(D)	(A)	(D)	(C)	(D)	(C)
(71)	(72)	(73)	(74)	(75)	(76)	(77)	(78)	(79)	(80)
(C)	(D)	(A)	(B)	(C)	(D)	(A)	(B)	(D)	(D)

PART 4 설명문

(81)	(82)	(83)	(84)	(85)	(86)	(87)	(88)	(89)	(90)
(C)	(C)	(D)	(D)	(A)	(A)	(D)	(D)	(C)	(B)
(91)	(92)	(93)	(94)	(95)	(96)	(97)	(98)	(99)	(100)
(D)	(B)	(A)	(A)	(D)	(D)	(A)	(D)	(D)	(B)

PART 5 정답 찾기

(101)	(102)	(103)	(104)	(105)	(106)	(107)	(108)	(109)	(110)
(C)	(A)	(B)	(B)	(D)	(A)	(C)	(D)	(B)	(C)
(111)	(112)	(113)	(114)	(115)	(116)	(117)	(118)	(119)	(120)
(A)	(A)	(A)	(D)	(D)	(D)	(A)	(D)	(A)	(B)

PART 6 오문 정정

(121)	(122)	(123)	(124)	(125)	(126)	(127)	(128)	(129)	(130)
(B)	(B)	(D)	(A)	(D)	(A)	(A)	(D)	(B)	(D)
(131)	(132)	(133)	(134)	(135)	(136)	(137)	(138)	(139)	(140)
(D)	(D)	(C)	(D)	(D)	(D)	(A)	(B)	(A)	(A)

PART 7 공란 메우기

(141)	(142)	(143)	(144)	(145)	(146)	(147)	(148)	(149)	(150)
(A)	(B)	(B)	(C)	(C)	(A)	(B)	(C)	(C)	(D)
(151)	(152)	(153)	(154)	(155)	(156)	(157)	(158)	(159)	(160)
(B)	(A)	(B)	(C)	(A)	(B)	(B)	(D)	(A)	(A)
(161)	(162)	(163)	(164)	(165)	(166)	(167)	(168)	(169)	(170)
(A)	(B)	(A)	(D)	(C)	(A)	(A)	(B)	(B)	(C)

PART 8 독해

(171)	(172)	(173)	(174)	(175)	(176)	(177)	(178)	(179)	(180)
(B)	(C)	(D)	(D)	(C)	(D)	(D)	(D)	(D)	(C)
(181)	(182)	(183)	(184)	(185)	(186)	(187)	(188)	(189)	(190)
(A)	(B)	(C)	(C)	(A)	(B)	(A)	(A)	(D)	(B)
(191)	(192)	(193)	(194)	(195)	(196)	(197)	(198)	(199)	(200)
(A)	(C)	(A)	(C)	(A)	(D)	(A)	(A)	(B)	(A)

01

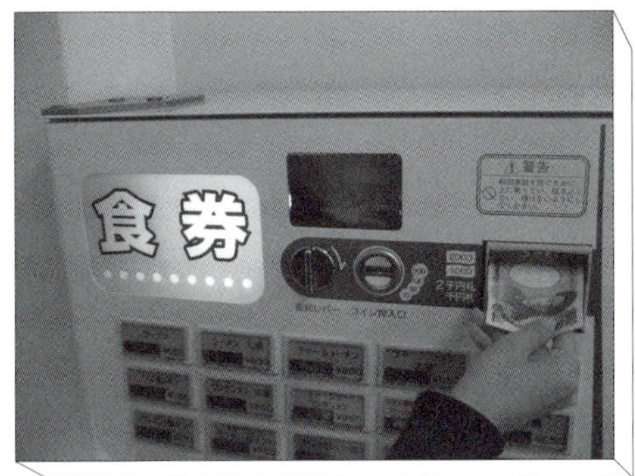

(A) これで食券を買うことができます。
이것으로 식권을 살 수 있습니다.

(B) これで皿洗いができます。
이것으로 설거지를 할 수 있습니다.

(C) これで料理を作ることができます。
이것으로 요리를 만들 수 있습니다.

(D) これでご飯を炊くことができます。
이것으로 밥을 지을 수 있습니다.

02

(A) バスのドアは開いています。
버스 문은 열려 있습니다.

(B) バスのドアを開けています。
버스 문을 열고 있습니다.

(C) 乗客が列をなしてバスを待っています。
승객이 줄을 서서 버스를 기다리고 있습니다.

(D) 信号待ちしている車が何台か見えます。
신호를 기다리고 있는 자동차가 몇 대 보입니다.

해설　식권 발매기에 돈을 넣고 있는 사진이므로, 이것으로
식권을 살 수 있다고 한 (A)가 정답이 된다.

어휘　買う 사다　皿洗い 설거지
료理를 作る 요리를 만들다
ご飯を炊く 밥을 짓다

해설　상태 표현에 대한 이해를 묻는 문제로, 버스 문이
열려 있는 사진이다. 따라서 정답은 (A)가 된다.

어휘　開く 열리다　開ける 열다　乗客 승객
列をなす 줄을 서다　待つ 기다리다
信号待ち 신호를 기다림　見える 보이다

03

(A) たばこはここにだけ捨てることができ
ます。
담배는 여기에만 버릴 수 있습니다.

(B) ここにたばこの吸い殻を捨ててはいけ
ません。
여기에 담배꽁초를 버려서는 안 됩니다.

(C) ここでしかたばこは売っていません。
여기에서밖에 담배를 팔고 있지 않습니다.

(D) ここは限られた時間だけたばこが吸え
ます。
여기는 한정된 시간에만 담배를 피울 수 있습니다.

해설 담배꽁초 무단투기를 금지하는 경고문이다. 따라
서 정답은 여기에 담배꽁초를 버려서는 안 된다고
한 (B)가 된다.

어휘 捨てる 버리다 吸い殻 꽁초 売る 팔다
限る 한정하다 時間 시간 吸う 피우다

04

(A) 男の人はマフラーをしています。
남자는 머플러를 하고 있습니다.

(B) 男の人は何かの物真似をしています。
남자는 무언가의 흉내를 내고 있습니다.

(C) 男の人は機械の操作をしています。
남자는 기계 조작을 하고 있습니다.

(D) 男の人は何かを作っている最中です。
남자는 무언가를 한창 만들고 있는 중입니다.

해설 머리에 두건을 두른 남자가 다코야키를 만들고
있는 모습. 따라서 정답은 남자가 무언가를 한창
만들고 있는 중이라고 한 (D)가 된다.

어휘 マフラーをする 머플러를 하다 物真似 흉내
機械 기계 操作 조작 作る 만들다
〜最中 한창 〜중

05

12月30日(日)は、営業
12月31日(月)は、
15:30まで営業
1月1日(火)~4日(金)
休業致します。

(A) ここは12月30日が休みです。

여기는 12월 30일이 휴일입니다.

(B) ここは大晦日に夜まで営業します。

여기는 12월 31일에 밤까지 영업합니다.

✓ (C) ここは1月1日から四日間休みです。

여기는 1월 1일부터 나흘 동안 쉽니다.

(D) ここは12月31日に午前中だけ営業します。

여기는 12월 31일에 오전 중에만 영업합니다.

해설 글씨가 등장하는 사진에서 정확한 정보를 찾아내는 문제. 정답은 1월 1일부터 나흘 동안 쉰다고 한 (C)가 된다.

어휘 休み 휴일　大晦日 12월 31일　夜 밤
営業 영업　午前中 오전 중

06

✗ (A) 電車の中は空っぽです。

전철 안은 텅 비었습니다.

(B) 電車の中を清掃しています。

전철 안을 청소하고 있습니다.

(C) 人で込んでいる通勤電車の写真です。

사람들로 붐비고 있는 통근 전철 사진입니다.

(D) 足を組んで居眠りをしている人がいます。

다리를 꼬고 꾸벅꾸벅 졸고 있는 사람이 있습니다.

해설 사람이 전혀 보이지 않는 전철 안의 풍경으로, 「空っぽ(텅 빔)」라는 단어를 알아듣는 것이 포인트. 따라서 정답은 (A)가 된다.

어휘 清掃 청소　込む 붐비다　通勤 통근
足を組む 다리를 꼬다
居眠りをする 꾸벅꾸벅 졸다

07

(A) ここは屋根の付いた競技場です。
이곳은 지붕이 달린 경기장입니다.

(B) 出る人より入る人の方が多いです。
나오는 사람보다 들어가는 사람 쪽이 많습니다.

(C) 駅は送り迎えする人でいっぱいです。
역은 배웅하고 마중하는 사람들로 가득합니다.

(D) 駅から出る人もいれば、入る人もいます。
역에서 나오는 사람도 있고, 들어가는 사람도 있습니다.

08

(A) 男の人が浴衣姿で座っています。
남자가 유카타 차림으로 앉아 있습니다.

(B) 男の人が浴衣姿で俯いています。
남자가 유카타 차림으로 고개를 숙이고 있습니다.

(C) 男の人が浴衣姿で腰に手を当てています。
남자가 유카타 차림으로 허리에 손을 얹고 있습니다.

(D) 男の人が浴衣姿で体を後ろの方に反らしています。
남자가 유카타 차림으로 몸을 뒤로 젖히고 있습니다.

해설 역 출입구에 사람들이 오가는 사진으로, 「〜も〜ば〜も(〜도 〜이고 〜도)」라는 문형을 알아듣는 것이 포인트. 따라서 정답은 (D)가 된다.

어휘 屋根 지붕　競技場 경기장
　　 送り迎え 배웅하고 마중함

해설 유카타 차림의 남자가 허리에 손을 얹고 있는 사진이므로, 정답은 (C)가 된다.

어휘 浴衣 유카타　姿 모습　座る 앉다
　　 俯く 고개를 숙이다　腰 허리
　　 手を当てる 손을 대다, 손을 얹다　後ろ 뒤
　　 反らす 뒤로 젖히다

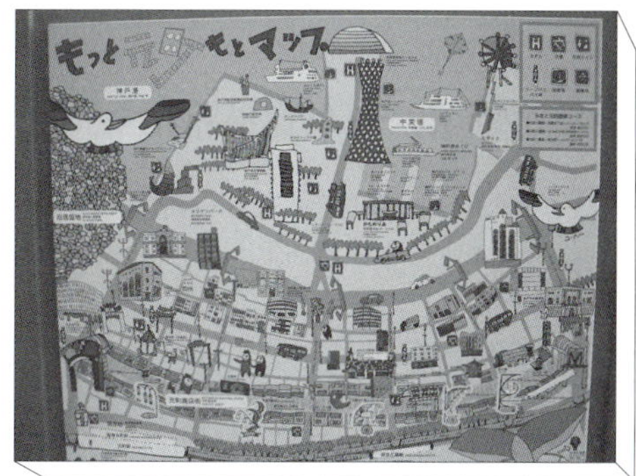

09

(A) これは運賃の書いてある電車の路線図です。

이것은 운임이 적혀 있는 전철 노선도입니다.

(B) これは建物の位置を表す地図です。

이것은 건물의 위치를 나타내는 지도입니다.

(C) これを見れば待っている人の数がわかります。

이것을 보면 기다리고 있는 사람의 숫자를 알 수 있습니다.

(D) これを見れば商品の値段がわかります。

이것을 보면 상품의 가격을 알 수 있습니다.

해설 사진에 나오는 것은 유원지 지도이므로, 정답은 건물의 위치를 나타내는 지도라고 한 (B)가 된다.

어휘 運賃 운임　路線図 노선도　位置 위치
表す 나타내다　地図 지도　待つ 기다리다
数 숫자　商品 상품　値段 가격

10

(A) 道路は片側だけ舗装中です。

도로는 한쪽만 포장 중입니다.

(B) 道路は片側だけ混雑しています。

도로는 한쪽만 혼잡합니다.

(C) 道路は両方ともひどい渋滞です。

도로는 양쪽 모두 심한 정체입니다.

(D) 道路は両方とも閑散としています。

도로는 양쪽 모두 한산합니다.

해설 사진의 정보를 정확하게 파악해야만 실수가 없는 문제이다. 정답은 도로는 한쪽만 혼잡하다고 한 (B)가 된다.

어휘 道路 도로　片側 한쪽　舗装 포장
混雑 혼잡　渋滞 정체　閑散 한산

11

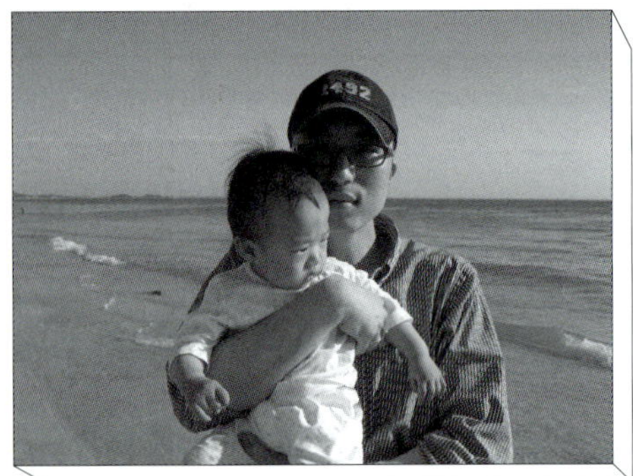

(A) 男の人が赤ちゃんをおんぶしています。
남자가 아기를 업고 있습니다.

(B) 男の人が赤ちゃんを抱いています。
남자가 아기를 안고 있습니다.

(C) 男の人が赤ちゃんに帽子を被せています。
남자가 아기에게 모자를 씌우고 있습니다.

(D) 男の人と赤ちゃんは同じ方向を見て
います。
남자와 아기는 같은 방향을 보고 있습니다.

해설　남자가 아기를 안고 있는 사진으로,「抱く(안다)」라는
　　　동사가 포인트. 따라서 정답은 (B)가 된다.

어휘　おんぶする 업다　帽子を被せる 모자를 씌우다
　　　同じだ 똑같다　方向 방향

12

(A) 自転車置場はがらがらです。
자전거 두는 곳은 텅텅 비어 있습니다.

(B) 倒れた自転車が何台か見えます。
넘어진 자전거가 몇 대 보입니다.

(C) 道端に自転車やバイクがずらりと並ん
でいます。
길가에 자전거나 오토바이가 죽 늘어서 있습니다.

(D) 道路の隅にたくさんの自転車が積み重
なっています。
도로 구석에 많은 자전거가 겹쳐 쌓여 있습니다.

해설　길가에 자전거나 오토바이가 죽 늘어선 사진이므
　　　로, 정답은 (C)가 된다.

어휘　置場 두는 곳　倒れる 쓰러지다, 넘어지다
　　　見える 보이다　道端 길가
　　　ずらりと 잇달아 늘어선 모양　並ぶ 늘어서다
　　　道路 도로　隅 구석　積み重なる 겹쳐 쌓이다

13

(A) 制服姿の男の子二人が携帯で話して
います。

교복 차림의 남자 아이 두 명이 휴대전화로
이야기를 하고 있습니다.

(B) 制服姿の男の子二人が携帯をいじっ
ています。

교복 차림의 남자 아이 두 명이 휴대전화를
만지작거리고 있습니다.

(C) 厚着をしている男の子二人が向かい
合っています。

옷을 여러 겹 껴입은 남자 아이 두 명이 서로
마주보고 있습니다.

(D) 薄着をしている男の子二人がベンチ
に腰掛けています。

옷을 얇게 입은 남자 아이 두 명이 벤치에 걸터
앉아 있습니다.

해설 교복을 입은 남자 아이 두 명이 휴대전화를 만지고
있는 모습으로, 「いじる(만지작거리다)」라는 동사를
알아듣는 것이 포인트. 따라서 정답은 (B)가 된다.

어휘 制服 제복, 교복   携帯 휴대전화
厚着 옷을 여러 겹 껴입음   向かい合う 마주 보다
薄着 옷을 얇게 입음   腰掛ける 걸터앉다

14

(A) みんな着物姿で踊りを踊っています。

모두 기모노 차림으로 춤을 추고 있습니다.

(B) これは人通りが全くない狭い路地の
風景です。

이것은 사람의 왕래가 전혀 없는 좁은 골목길 풍경
입니다.

(C) 着物姿で和傘をさして歩いている人が
見えます。

기모노 차림으로 일본 전통우산을 쓰고 걷고 있는
사람이 보입니다.

(D) 土砂降りの中を傘をさして歩いている
人が見えます。

비가 억수같이 내리는 가운데 우산을 쓰고 걷고
있는 사람이 보입니다.

해설 인물이 등장하는 사진은 핵심이 되는 인물의 동작
이나 상태에 주목해야 한다. 따라서 정답은 기모노
차림으로 일본 전통우산을 쓰고 걷고 있는 사람이
보인다고 한 (C)가 된다.

어휘 着物 기모노   踊りを踊る 춤을 추다
人通り 사람의 왕래   全く 정말, 전혀
路地 골목길   土砂降り 비가 억수같이 내림
傘をさす 우산을 쓰다

15

(A) 人々（ひとびと）は一列（いちれつ）に並（なら）んでいます。
사람들은 일렬로 늘어서 있습니다.

(B) 人々は肩（かた）を組（く）んで気合（きあい）を入（い）れています。
사람들은 어깨동무를 하고 기합을 넣고 있습니다.

(C) みんな円陣（えんじん）を組（く）んで口喧嘩（くちげんか）をしています。
모두 둥글게 앉아 말싸움을 하고 있습니다.

✓(D) 公園（こうえん）で人々が輪（わ）になって座（すわ）っています。
공원에서 사람들이 둥글게 앉아 있습니다.

16

✓(A) しゃがんで動物（どうぶつ）を見（み）ています。
쭈그리고 앉아서 동물을 보고 있습니다.

(B) 檻（おり）の中（なか）の動物を眺（なが）めています。
우리 안의 동물을 바라보고 있습니다.

(C) うずくまって動物の標本（ひょうほん）を観察（かんさつ）して
います。
쭈그리고 앉아서 동물의 표본을 관찰하고 있습
니다.

(D) 手（て）を差（さ）し伸（の）べて動物に餌（えさ）をやって
います。
손을 내밀어 동물에게 먹이를 주고 있습니다.

해설　사람들이 둥글게 앉아서 무언가를 먹고 있는 사진
이므로, 정답은 (D)가 된다.

어휘　一列（いちれつ）일렬　並（なら）ぶ 늘어서다
肩（かた）を組（く）む 어깨동무를 하다
気合（きあい）を入（い）れる 기합을 넣다
円陣（えんじん）を組（く）む 둥글게 둘러앉다　口喧嘩（くちげんか）말싸움
公園（こうえん）공원　輪（わ）になる 원이 되다　座（すわ）る 앉다

해설　남자가 쭈그리고 앉아서 사슴을 바라보고 있는
사진으로,「しゃがむ(쭈그리고 앉다)」라는 동사를
알아듣는 것이 포인트. 따라서 정답은 (A)가 된다.

어휘　動物（どうぶつ）동물　檻（おり）우리　眺（なが）める 바라보다
うずくまる 쭈그리고 앉다　標本（ひょうほん）표본
観察（かんさつ）관찰　差（さ）し伸（の）べる 내밀다　餌（えさ）먹이

17

(A) 二人の子供が縄跳びをしています。

두 아이가 줄넘기를 하고 있습니다.

(B) 同じ服の子供が坊主頭をしています。

같은 옷을 입은 두 아이가 까까머리를 하고 있습니다.

(C) 二人の子供が睨めっこをしています。

두 아이가 눈싸움을 하고 있습니다.

(D) お父さんが子供を肩車に乗せています。

아버지가 아이를 목말 태우고 있습니다.

18

(A) 並木道に木の葉が落ちています。

가로수길에 나뭇잎이 떨어져 있습니다.

(B) 小道の両側に花が植えられています。

골목길 양쪽에 꽃이 심어져 있습니다.

(C) 休日のようで、人通りが少ないです。

휴일인 듯 사람의 왕래가 적습니다.

(D) 細長い道に沿って商店が並んでいます。

가늘고 긴 길을 따라 상점이 늘어서 있습니다.

해설 두 아이의 복장이나 모습에 주목해야 하는 문제로, 「坊主頭(까까머리)」라는 단어가 포인트. 따라서 정답은 (B)가 된다.

어휘 縄跳び 줄넘기　同じだ 똑같다　睨めっこ 눈싸움　肩車に乗せる 목말을 태우다

해설 길 양쪽으로 상점가가 길게 늘어선 사진이므로, 정답은 (D)가 된다.

어휘 並木道 가로수길　木の葉 나뭇잎　落ちる 떨어지다　小道 골목길　植える 심다　休日 휴일　人通り 사람의 왕래　細長い 가늘고 길다　〜に沿って 〜을 따라서　商店 상점

19

20

(A) 生い茂った樹木を鳥居が囲んでいます。
우거진 수목을 도리이가 둘러싸고 있습니다.

(B) 鳥居は奥の方まで一直線に連なっています。
도리이는 안쪽까지 일직선으로 늘어서 있습니다.

(C) 大きな鳥居の前でお祈りをしている人がいます。
큰 도리이 앞에서 기도하고 있는 사람이 있습니다.

(D) 鳥居は樹木に覆われ、一部分しか見えません。
도리이는 수목으로 뒤덮여 일부분밖에 보이지 않습니다.

(A) 雪は上層部にだけ残っています。
눈은 상층부에만 남아 있습니다.

(B) 山の全体像ははっきり見えます。
산의 전체적인 모습은 또렷하게 보입니다.

(C) からりと晴れて雲一つない天気です。
화창하게 맑아 구름 한 점 없는 날씨입니다.

(D) 山の中層部に雲の陰ができています。
산 중층부에 구름의 그림자가 생겨 있습니다.

해설 신사의 상징물인 도리이(鳥居)가 안쪽으로 길게 늘어선 사진. 따라서 정답은 (B)가 된다.

어휘 生い茂る 우거지다　樹木 수목　囲む 둘러싸다　奥 안쪽, 구석　一直線 일직선　連なる 나란히 늘어서 있다　お祈り 기도　覆う 뒤덮다　一部分 일부분　見える 보이다

해설 후지산 중턱 부분이 구름으로 가려진 사진. 따라서 정답은 산 중층부에 구름의 그림자가 생겨 있다고 한 (D)가 된다.

어휘 雪 눈　上層部 상층부　残る 남다　全体像 전체적인 모습　からりと 화창하게　晴れる 맑다, 개다　雲 구름　陰 그림자　できる 생기다

21

● 昨日、誰か来ましたか。 어제 누군가 왔었나요?

(A) はい、叔父が来ます。
네, 작은 아버지께서 오십니다.

(B) はい、姉が行きました。
네, 누나가 갔어요.

(C) いいえ、弟が書きました。
아니요, 남동생이 썼어요.

✓ (D) いいえ、誰も来ませんでした。
아니요, 아무도 오지 않았어요.

해설 어제 누군가 왔었냐고 물었으므로, 정답은 아무도 오지 않았다고 대답한 (D)가 된다.

어휘 誰 누구　来る 오다　叔父 작은 아버지　姉 누나, 언니　弟 남동생

22

● 全部でいくらですか。 전부해서 얼마죠?

(A) 三人です。
세 명입니다.

✓ (B) 3、000円です。
삼천 엔입니다.

(C) 30分ぐらいかかります。
30분 정도 걸립니다.

(D) 駅前の喫茶店はどうですか。
역 앞의 찻집은 어떤가요?

해설 기본적인 의문사에 대한 이해를 묻는 문제로, 「いくら(얼마)」로 물었으므로 가격으로 대답해야 한다. 따라서 정답은 (B)가 된다.

어휘 全部で 전부해서　駅前 역 앞　喫茶店 찻집

23

> ● その箱に鉛筆は何本ありますか。 그 상자에 연필은 몇 자루 있나요?

(A) 二枚で1、000円です。
두 장에 천 엔이에요.

✓ (B) 12本入っています。
열두 자루 들어 있어요.

(C) 昨日買いました。
어제 샀어요.

(D) 1時間で行けますよ。
한 시간이면 갈 수 있어요.

해설 「何本(몇 자루)」이라는 의문사를 알아듣는 것이 포인트. 수량으로 대답을 하면 되므로, 정답은 열두 자루 들어 있다고 한 (B)가 된다.

어휘 箱 상자 鉛筆 연필 ～枚 ～장 入る 들어가다 買う 사다 時間 시간

24

> ● 本日はようこそお越しくださいました。 오늘 정말 잘 오셨습니다.

(A) はい、先日お会いしました。
네, 일전에 찾아뵈었습니다.

(B) はい、何でしょうか。
네, 뭔가요?

(C) それでは遠慮なく頂戴します。
그럼, 사양하지 않고 받겠습니다.

✓ (D) お招きいただき、ありがとうございます。
초대해 주셔서 감사합니다.

해설 기본적인 인사 표현에 대한 이해를 묻는 문제로, 문제의 문장은 누군가를 환영하는 인사말이다. 따라서 적절한 응답은 '초대해 주셔서 감사합니다'라고 한 (D)가 된다.

어휘 本日 금일, 오늘 お越しくださる 오시다 お会いする 「会う(만나다)」의 겸양어
頂戴する 「もらう(받다)」의 겸양어 招く 초대하다

25

(A) お茶をお願いします。
차로 부탁합니다.

(B) ええ、先週の土曜日友達と見ました。
네, 지난주 토요일에 친구와 봤어요.

(C) さっき食べたばかりですから、大丈夫です。
조금 전에 막 먹어서 괜찮아요.

(D) この時間に車は込みますから、電車で行こうと思っています。
이 시간에 자동차는 붐빌 테니까, 전철로 갈 생각이에요.

해설 문제에서 음료는 어떤 게 좋냐고 물었으므로, 당연히 음료에 대한 대답을 해야 한다. 따라서 정답은 차를 부탁한다고 한 (A)가 된다.

어휘 飲み物 음료　お茶 차　土曜日 토요일　友達 친구　동사의 た형 + ばかり 막 ~한　大丈夫だ 괜찮다　車 자동차　込む 붐비다　電車 전철

26

(A) いいえ、父にしました。
아니요, 아버지에게 했어요.

(B) いいえ、普通家でごろごろしています。
아니요, 보통 집에서 빈둥거려요.

(C) はい、5時に閉めてください。
네, 5시에 닫아 주세요.

(D) はい、閉まっています。
네, 닫혀 있어요.

해설 문제에서 방 창문을 벌써 닫았는지를 물었으므로, 보기 중에서 가장 적절한 응답은 닫혀 있다고 한 (D)가 된다.

어휘 部屋 방　窓 창문　閉める 닫다　父 아버지　普通 보통　ごろごろ 빈둥거리는 모양　閉まる 닫히다

27

素敵なシャツですね。どこへ行ったら買えますか。
멋진 셔츠네요. 어디에 가면 살 수 있나요?

(A) 去年、買いました。
작년에 샀어요.

(B) 5、000円じゃ買えないと思いますよ。
오천 엔으로는 살 수 없을 거예요.

(C) デパートに行けばありますよ。
백화점에 가면 있어요.

(D) そうですね。もう少し小さいのを買った方がよさそうですね。
그러네요. 좀 더 작은 사이즈를 사는 게 좋을 것 같네요.

해설 문제에서「どこへ行ったら(어디에 가면)」라고 했으므로, 장소로 대답한 선택지를 찾으면 된다. 따라서 정답은 백화점에 가면 있다고 한 (C)가 된다.

어휘 素敵だ 멋지다　買う 사다　もう少し 좀 더

28

この雑誌、読みましたか。 이 잡지 읽었나요?

(A) いいえ、まだ聞いていません。
아니요, 아직 못 들었어요.

(B) 駅の近くの本屋で買いました。
역 근처에 있는 서점에서 샀어요.

(C) はい、もう読みました。
네, 벌써 읽었어요.

(D) いいえ、まだ目を通していませんが。
아니요, 아직 훑어보지 않았습니다만.

해설 기본적인 의문문에 대한 이해를 묻는 문제로, 이 잡지를 읽었느냐는 물음에 대한 적절한 대답을 찾으면 된다. 따라서 정답은 벌써 읽었다고 한 (C)가 된다.

어휘 雑誌 잡지　読む 읽다　駅 역　近く 근처　本屋 서점　目を通す 훑어보다

29

今度の月曜日は休みでしょ？ 이번 월요일은 휴일이죠?

(A) うん、休みは今度の日曜日までだからね。
응, 휴일은 이번 일요일까지니까.

✓(B) うん、今度の月曜日は祝日だからね。
응, 이번 월요일은 국경일이니까.

(C) いや、欠席するそうだよ。
아니, 결석한대.

(D) いや、来週からは夏休みだから、休めるよ。
아니, 다음 주부터는 여름휴가라서 쉴 수 있어.

해설 일상생활 표현에 대한 이해를 묻는 문제로, 여자가 이번 월요일은 휴일인지를 물었으므로 가장 적절한 응답은 국경일이라서 쉰다고 한 (B)가 된다.

어휘 月曜日 월요일　休み 휴일　日曜日 일요일　祝日 축일, 국경일　欠席 결석　夏休み 여름휴가

30

図書館へ一緒に行きませんか。 도서관에 함께 가지 않을래요?

(A) いいですよ。じゃ、どこの店に行きますか。
좋아요. 그럼, 어디에 있는 가게로 갈까요?

✓(B) そうですね。何時に行きましょうか。
좋아요. 몇 시에 갈까요?

(C) はい、妹と一緒に行って勉強しました。
네, 여동생과 함께 가서 공부했어요.

(D) 平日は家でして、週末には図書館に行きます。
평일은 집에서 하고, 주말에는 도서관에 갑니다.

해설 도서관에 함께 가지 않겠느냐는 권유에 대한 적절한 응답을 찾으면 되므로, 정답은 (B)가 된다.

어휘 図書館 도서관　店 가게　妹 여동생　平日 평일　週末 주말

31

あの<ruby>店<rt>みせ</rt></ruby>、いつ<ruby>見<rt>み</rt></ruby>てもお<ruby>客<rt>きゃく</rt></ruby>が<ruby>少<rt>すく</rt></ruby>ないね。 저 가게는 언제 봐도 손님이 적네.

(A) <ruby>安<rt>やす</rt></ruby>くて<ruby>美味<rt>おい</rt></ruby>しいからだろう。
싸고 맛있기 때문이겠지.

(B) そうだね。そのうちつぶれてしまうと<ruby>思<rt>おも</rt></ruby>うよ。
그러네. 곧 망해 버릴 것 같아.

(C) <ruby>味<rt>あじ</rt></ruby>はよかったけど、サービスはあまりよくなかったなぁ。
맛은 좋았지만, 서비스는 그다지 좋지 않았어.

(D) うん、<ruby>実<rt>じつ</rt></ruby>はテレビに<ruby>出<rt>で</rt></ruby>たのがきっかけだそうだなぁ。
응, 실은 텔레비전에 나간 것이 계기라고 해.

해설 「つぶれる」는 '찌그러지다'라는 기본 의미 외에 '망하다, 도산하다'라는 의미도 있다. 따라서 적절한 응답은 곧 망해 버릴 것 같다고 한 (B)가 된다.

어휘 お<ruby>客<rt>きゃく</rt></ruby> 손님　<ruby>少<rt>すく</rt></ruby>ない 적다　<ruby>安<rt>やす</rt></ruby>い 싸다　そのうち 머지않아　<ruby>味<rt>あじ</rt></ruby> 맛　サービス 서비스　<ruby>実<rt>じつ</rt></ruby>は 실은
きっかけ 계기

32

<ruby>明日<rt>あした</rt></ruby>の<ruby>会議<rt>かいぎ</rt></ruby>の<ruby>出席者<rt>しゅっせきしゃ</rt></ruby>は<ruby>何人<rt>なんにん</rt></ruby>になりますか。 내일 회의의 출석자는 몇 사람인가요?

(A) 20<ruby>人<rt>にんぜんいん</rt></ruby>全員出席ということになっています。
스무 명 전원 출석할 예정입니다.

(B) ええ、<ruby>出席者<rt>しゅっせきしゃ</rt></ruby>の<ruby>人数<rt>にんずう</rt></ruby>からすると、<ruby>少<rt>すこ</rt></ruby>し<ruby>窮屈<rt>きゅうくつ</rt></ruby>ですね。
네, 출석자 인원수로 보면 조금 좁을 것 같네요.

(C) <ruby>社長<rt>しゃちょう</rt></ruby>をはじめ、<ruby>役員<rt>やくいん</rt></ruby>のみなさんが<ruby>出席<rt>しゅっせき</rt></ruby>なさったそうです。
사장님을 비롯해 임원 모두가 출석하셨다고 합니다.

(D) ええ、<ruby>会議<rt>かいぎ</rt></ruby>の<ruby>前<rt>まえ</rt></ruby>に<ruby>人数<rt>にんずう</rt></ruby>を<ruby>確認<rt>かくにん</rt></ruby>するべきでしたね。
네, 회의 전에 인원수를 확인했어야 해요.

해설 질문에서 회의의 출석자가 몇 사람인지를 묻고 있으므로, 「<ruby>明日<rt>あした</rt></ruby>(내일)」라는 시제에 주의를 해야 실수가 없는 문제이다. 따라서 정답은 스무 명 전원 출석할 예정이라고 한 (A)가 된다.

어휘 <ruby>出席者<rt>しゅっせきしゃ</rt></ruby> 출석자　<ruby>全員<rt>ぜんいん</rt></ruby> 전원　～ことになっている ～하기로 되어 있다, ～할 예정이다　<ruby>人数<rt>にんずう</rt></ruby> 인원수
<ruby>窮屈<rt>きゅうくつ</rt></ruby> 비좁음　<ruby>社長<rt>しゃちょう</rt></ruby> 사장　<ruby>役員<rt>やくいん</rt></ruby> 임원　<ruby>確認<rt>かくにん</rt></ruby> 확인

33

卒業のお祝いには何がいいかしら? 졸업 축하 선물로는 뭐가 좋을까?

(A) 新学期だから、ノートや鉛筆などの文房具はどうかな。

신학기니까, 노트나 연필 등의 문방구는 어떨까?

(B) 腕時計がいいんじゃない?

손목시계가 좋지 않을까?

(C) 普通洗剤やティッシュなどを持っていくよ。

보통 세제나 티슈 등을 가지고 가.

(D) プレゼント代はいつも一人当たり1、000円だったよ。

선물 값은 언제나 한 사람당 천 엔이었어.

해설 졸업 축하 선물로 무엇이 좋을지를 묻고 있으므로, 적절한 응답은 '손목시계가 좋지 않을까'라고 한 (B)가 된다.

어휘 卒業 졸업　お祝い 축하　新学期 신학기　鉛筆 연필　文房具 문방구　腕時計 손목시계　普通 보통
洗剤 세제　プレゼント代 선물 값　〜当たり 〜당

34

ご無沙汰して申し訳ありません。 연락을 못 드려 죄송합니다.

(A) あ、気が付きませんでした。ありがとうございます。

아, 몰랐습니다. 감사합니다.

(B) いいえ、どういたしまして。

아니요, 천만에요.

(C) いいえ、またいつでもいらっしゃってくださいね。

아니요, 언제든지 또 오세요.

(D) こちらこそ、よろしくお願いします。

저야말로 잘 부탁합니다.

해설 기본적인 인사 표현에 대한 이해를 묻는 문제로, 「ご無沙汰」는 '격조함, 소식이 없음'이라는 의미를 나타내므로 가장 적절한 응답은 (B)가 된다.

어휘 気が付く 깨닫다, 알아차리다　いつでも 언제든지　いらっしゃる 오시다

35

● 明日、東京へ出張する人たちを集めてくれる？ 내일 도쿄에 출장 가는 사람들을 집합시켜 줄래?

(A) はい、どの部屋にですか。

네, 어느 방으로요?

(B) 鈴木さんが行くことになりました。

스즈키 씨가 가게 되었어요.

(C) ええ、お陰様で契約が取れました。

네, 덕분에 계약을 성사시킬 수 있었어요.

(D) はい、できるだけ出席するようにします。

네, 가능한 한 출석하도록 할게요.

해설 문제에서 여자가 내일 도쿄에 출장 가는 사람들을 모아 달라고 했으므로, 보기 중에서 가장 적절한 응답은 어느 방에 집합시키면 되느냐고 물은 (A)가 된다.

어휘 出張 출장　集める 모으다, 집합시키다　部屋 방　～ことになる ～하게 되다
契約が取れる 계약을 성사시키다　できるだけ 가능한 한　出席 출석

36

● ご予約の本がこちらに届きましたら、ご連絡致します。

예약하신 책이 이쪽에 도착하면, 연락 드리겠습니다.

(A) どうぞお持ち帰りください。

어서 가져가세요.

(B) じゃ、電話番号をお伝えしておきます。

그럼, 전화번호를 알려 드릴게요.

(C) この住所にお願いします。

이 주소로 부탁합니다.

(D) 組み立てに時間がかかりそうですので、明日まではちょっと……。

조립하는데 시간이 걸릴 것 같아서, 내일까지는 좀…….

해설 「届く(도착하다)」라는 동사와 「連絡(연락)」라는 한자어를 알아듣는 것이 포인트. 문제에서 예약한 책이 도착하는 대로 연락을 준다고 했으므로, 보기 중에서 가장 적절한 응답은 전화번호를 알려주겠다고 한 (B)가 된다.

어휘 予約 예약　持ち帰る 가지고 돌아가다　電話番号 전화번호　伝える 전하다　住所 주소　組み立て 조립
時間がかかる 시간이 걸리다

37

大事な連絡があります。メモの用意をしてください。
중요한 연락이 있습니다. 메모할 준비를 해 주세요.

✔ (A) ちょっと待ってください。書く物を用意しますから。
잠시 기다려 주세요. 쓸 걸 준비할 테니까.

(B) 実は後ろにいたので、よく聞こえませんでした。
실은 뒤에 있어서 잘 안 들렸어요.

(C) まだなんです。連絡が来次第、すぐお伝えします。
아직 안 왔어요. 연락이 오는 대로 바로 전해 드릴게요.

(D) 大変申し訳ありませんが、よく理解できないので、今のところをもう一度説明してください。
대단히 죄송하지만, 잘 이해가 안 되니까 지금 부분을 다시 한 번 설명해 주세요.

해설 중요한 연락이 있으니까 메모할 준비를 해 달라고 했으므로, 보기 중에서 가장 적절한 응답은 (A)가 된다.

어휘 大事だ 중요하다　連絡 연락　用意 준비　待つ 기다리다　実は 실은　後ろ 뒤　聞こえる 들리다
동사의 ます형 + 次第 ～하자마자, ～하는 대로　伝える 전하다　大変 대단히, 아주　理解 이해　説明 설명

38

あの人は早口で、話がよくわからないのよ。
저 사람은 말이 빨라서 이야기를 잘 못 알아듣겠어.

(A) ごめん。早く言おうとは思ったんだけど、ちょっと事情があって……。
미안. 빨리 말하려고 했는데, 조금 사정이 있어서 말이야…….

✔ (B) もっとゆっくり話してくれるように頼んでみたら?
좀 더 천천히 이야기해 달라고 부탁해 보는 게 어때?

(C) うん、喋っていると、つい声が大きくなるんだよ。
응, 이야기하다 보면 그만 목소리가 커져 버려.

(D) じゃ、持ち運びには十分な注意を払わなくちゃ。
그럼, 옮길 때는 충분히 주의를 해야겠군.

해설 「早口(말이 빠름)」라는 단어를 알아듣는 것이 포인트. 문제에서 여자가 저 사람은 말이 빨라서 알아듣기 힘들다고
했으므로, 정답은 좀 더 천천히 이야기해 줄 것을 부탁해 보라고 한 (B)가 된다.

어휘 事情 사정　ゆっくり 천천히　頼む 부탁하다　喋る 이야기하다　声 목소리　大きい 크다
持ち運び 운반　注意を払う 주의를 기울이다

39

この頃、髪の毛が少なくなってきたわ。 요즘 머리숱이 적어졌어.

(A) うん、ずいぶん伸びたね。今日美容院でも行ったら?
응, 상당히 길었네. 오늘 미용실이라도 가는 게 어때?

(B) 引き出しの中にあるはずだよ。
서랍 안에 있을 거야.

(C) うん、十年前とは全然違うなあ。
응, 10년 전과는 전혀 다르군.

(D) もう若くないから、仕方がないよ。
이제 젊지 않으니까, 어쩔 수 없어.

해설 「髪の毛が少なくなる」는 '머리숱이 적어지다, 머리카락이 빠지다'라는 의미의 표현이므로, 이에 대한 적절한 응답은 이제 젊지 않으니까 어쩔 수 없다고 한 (D)가 된다.

어휘 ずいぶん 상당히　美容院 미용실　引き出し 서랍　増える 늘다　若い 젊다　仕方がない 어쩔 수 없다

40

彼女、とてもおしゃれよね。 그 여자는 아주 멋쟁이야.

(A) うん、いつも素敵な服を着て来るよね。
응, 언제나 멋진 옷을 입고 오지.

(B) そう? だから、踊りが上手なんだね。
그래? 그래서 춤을 잘 추는군.

(C) いや、まだ独身だと思うよ。
아니, 아직 독신일 거야.

(D) いや、そんなに太ってないよ。
아니, 그렇게 살찌지 않았어.

해설 「おしゃれ(멋부림, 멋쟁이)」라는 단어를 알아듣는 것이 포인트. 문제에서 그녀가 아주 멋쟁이라고 했으므로, 정답은 여자의 말에 동의를 하면서 언제나 멋진 옷을 입고 온다고 한 (A)가 된다.

어휘 素敵だ 멋지다　服 옷　着る 입다　踊り 춤　上手だ 잘하다, 능숙하다　独身 독신　太る 살찌다

41

せっかく高速道路に入ったのに、こっちも渋滞がひどいわね。
모처럼 고속도로에 들어왔는데, 이쪽도 정체가 심하네.

(A) うん、予想より早く着きそうだね。
응, 예상보다 일찍 도착할 것 같아.

(B) いや、朝夕はすごく混雑してるよ。
아니, 아침저녁으로는 굉장히 혼잡해.

(C) 連休で車が集中してるんだから、仕方がないよ。
연휴 때문에 자동차가 집중되니까, 어쩔 수 없어.

(D) 車は渋滞に巻き込まれるかもしれないから、電車にしよう。
자동차는 정체에 말려들지도 모르니까, 전철로 하자.

해설 모처럼 고속도로에 들어왔는데 정체가 심하다는 것에 대한 적절한 응답을 찾으면 된다. 따라서 정답은 연휴 때문에 자동차가 집중되니까 어쩔 수 없다고 한 (C)가 된다.

어휘 せっかく 모처럼 高速道路 고속도로 渋滞 정체 予想 예상 着く 도착하다 朝夕 아침저녁 混雑 혼잡 連休 연휴 車 자동차 集中 집중 仕方がない 어쩔 수 없다 巻き込む 말려들게 하다

42

部長は、ただ今違う電話に出ておりますが……。
부장님은 지금 「다른 전화를 받고 계십니다만…….

(A) そうですか。じゃ、お戻りになりましたら、お電話いただけますか。
그래요? 그럼, 돌아오시면 전화 주실 수 있나요?

(B) そうですか。じゃ、お先に失礼します。
그래요? 그럼, 먼저 실례하겠습니다.

(C) そうですか。じゃ、もう少ししてからかけ直します。
그래요? 그럼, 나중에 다시 걸겠습니다.

(D) そうですか。じゃ、いつお戻りになるか知らせてくださいませんか。
그래요? 그럼, 언제 돌아오시는지 알려 주시지 않겠습니까?

해설 비즈니스 관련 대화에 대한 이해를 묻는 문제로,「違う電話に出る」는 '다른 전화를 받다'라는 의미이다. 따라서 정답은 나중에 다시 걸겠다고 한 (C)가 된다.

어휘 戻る 돌아오다 失礼 실례 かけ直す 다시 걸다 知らせる 알려 주다

43

● 手袋とマフラーを無くしちゃった。 장갑과 머플러를 잃어버렸어.

(A) どこに置いたか覚えてないの？
어디에 두었는지 기억이 안 나?

(B) そう言えば、洗面所にはまだ行ってないね。
그러고 보니 화장실에는 아직 안 갔군.

(C) 外国の料理の名前は難しいからね。
외국 요리의 이름은 어려우니까.

(D) うん、乗り換えるのに時間がかかったからね。
응, 갈아타는데 시간이 걸렸으니까.

해설 장갑과 머플러를 잃어버렸다는 것에 대한 적절한 응답을 찾는 문제이다. 따라서 정답은 어디에 두었는지 기억나지 않느냐고 물은 (A)가 된다.

어휘 手袋 장갑　マフラー 머플러　無くす 잃어버리다　覚える 기억하다, 외우다　そう言えば 그러고 보니
洗面所 화장실　気がする 느낌이 들다, 생각이 들다　外国 외국　料理 요리　名前 이름　難しい 어렵다
乗り換える 환승하다, 갈아타다　時間がかかる 시간이 걸리다

44

● どうして遅れたの？ 約束の時間を1時間も過ぎて……。
왜 늦었어? 약속 시간을 1시간이나 지나서…….

(A) さあ、ここでの仕事がまだ残っていてよくわからないなあ。
글쎄, 여기 일이 아직 남아 있어서 잘 모르겠어.

(B) うん、道があまり込んでいなかったんだ。
응, 길이 그다지 막히지 않았어.

(C) ご免ね。仕事の都合でその時間には行けなさそうなんだ。
미안해. 일 때문에 그 시간에는 못 갈 것 같아.

(D) ご免ね。乗り換えの駅を間違えちゃったんだ。
미안해. 갈아타는 역을 착각했어.

해설 문제에서 남자가 약속 시간에 1시간이나 늦게 와서 여자가 화를 내고 있는 상황이다. 따라서 보기 중에서 가장 적절한 응답은 갈아타는 역을 착각해서 늦었다고 한 (D)가 된다.

어휘 どうして 왜, 어째서　遅れる 늦다　約束 약속　過ぎる 지나다　残る 남다　道 길, 도로　あまり 그다지
込む 붐비다　都合 상황, 사정　乗り換え 갈아탐, 환승　駅 역　間違える 틀리다

45

○ これから会社の面接に行くの。 지금 회사 면접 보러 가.

(A) 今度はきっと優勝できるから、心配しなくてもいいよ。
이번에는 틀림없이 우승할 수 있을 테니까, 걱정하지 않아도 돼.

(B) それじゃ、しばらく会えなくなるね。
그럼, 한동안 못 만나겠네.

(C) 語学を専攻するだろうと思ってたのに、意外だね。
어학을 전공할 거라고 생각했었는데, 의외네.

(D) あんまり緊張しないようにね。
너무 긴장하지 말고 잘해.

해설 「面接(면접)」라는 단어를 알아듣는 것이 포인트. 문제에서 여자가 지금 회사 면접을 보러 간다고 했으므로, 보기 중에서 가장 적절한 응답은 너무 긴장하지 말고 잘 하라고 한 (D)가 된다.

어휘 きっと 꼭, 틀림없이　優勝 우승　心配 걱정　しばらく 한동안, 잠깐　会う 만나다　語学 어학　専攻 전공　意外 의외　あんまり 너무(「あまり」의 강조 표현)　緊張 긴장

46

○ いつも会議がずるずると長引いて、もううんざりだわ。
항상 회의가 질질 길어져서 이제 정말 지긋지긋해.

(A) うん、実によく的を射ているよなぁ。
응, 정말로 요점을 잘 파악하고 있어.

(B) うん、もっと長引くと思ってたのに、珍しく早く終わったなあ。
응, 좀 더 길어질 거라고 생각했었는데 드물게 일찍 끝났네.

(C) うん、要点だけ簡潔にまとめて早く終えてほしいよなぁ。
응, 요점만 간결하게 정리해서 빨리 끝내주었으면 좋겠어.

(D) うん、一々けちをつけるんだから、いつも話が続かないよ。
응, 하나하나 트집을 잡으니까 늘 이야기가 이어지질 않아.

해설 「ずるずる」는 '오래 끄는 모양, 질질'이라는 의미이고 「長引く」는 '길어지다', 「うんざり」는 '지긋지긋하게'라는 의미이므로, 문제의 문장은 항상 회의가 길어져 정말 지긋지긋하다는 의미가 된다. 따라서 가장 적절한 응답은 (C)가 된다.

어휘 実に 실로, 정말로　的を射る 요점을 포착하다, 정곡을 찌르다　珍しい 드물다　要点 요점　簡潔に 간결하게　まとめる 요약하다, 정리하다　終える 끝내다　けちをつける 트집을 잡다　続く 이어지다

47

部長ったら社長に叱られた腹いせに私に怒鳴り付けるのよ。
부장님은 사장님에게 야단맞은 화풀이로 나에게 호통을 쳐.

(A) それって八つ当たりじゃない?
그건 화풀이잖아?

(B) じゃ、やっと試合ができるようになったんだね。
그럼, 겨우 시합을 할 수 있게 되었네.

(C) 自分に不利になると、すぐ沈黙しちゃうよなあ。
자기한테 불리해지면 바로 침묵해 버리는구나.

(D) そんな気を使わなくてもいいのに……。ありがとう。
그렇게 신경 쓰지 않아도 되는데……. 고마워.

해설 「腹いせ(분풀이, 화풀이)」와 「八つ当たり(관계없는 사람에게까지 마구잡이로 화풀이를 함)」라는 표현을 알아듣는 것이 포인트. 따라서 정답은 (A)가 된다.

어휘 叱る 야단치다　怒鳴り付ける 호통을 치다　やっと 겨우, 간신히　試合 시합　～ようになる ～하게 되다　不利 불리　沈黙 침묵　気を使う 신경을 쓰다

48

評判のお化け屋敷に行ったんだって? 소문이 자자한 귀신의 집에 갔다면서?

(A) 子供にしがみつかれっぱなしだったよ。
아이가 계속 붙들고 늘어졌어.

(B) 今までずっと両親にちやほやされてきたから、仕方がないよ。
지금까지 계속 부모님이 애지중지하면서 키웠기 때문에 어쩔 수 없을 거야.

(C) 内容といい登場人物といい、本当に最高だったよ。
내용이나 등장인물 모두 정말로 최고였어.

(D) 本番の公演に向けて稽古を重ねているんだよ。
본 공연을 앞두고 연습을 거듭하고 있어.

해설 「お化け屋敷(귀신의 집)」와 「しがみつく(매달리다, 붙고 늘어지다)」라는 동사를 알아야 정답을 찾을 수 있는 문제이다. 대화 내용으로 보아, 정답은 (A)가 된다.

어휘 評判 평판　동사의 ます형＋っぱなし ～한 채로임　ずっと 쭉, 계속　ちやほや 애지중지하는 모양　内容 내용　登場人物 등장인물　～といい～といい ～라든가 ～라든가　最高 최고　本番 본 공연　公演 공연　～に向けて ～을 향해서, ~을 앞두고　稽古 연습　重ねる 거듭하다

49

今度の閣僚じゃ景気回復は望めないよね。 이번 각료로는 경기 회복은 바랄 수 없을 것 같아.

(A) さあ、噂によると、経済政策で失敗したのが理由らしいよ。

글쎄, 소문에 의하면 경제 정책에서 실패한 것이 이유라고 해.

✓(B) うん、当分の間景気改善の見込みはないといっても過言ではないね。

응, 당분간 경기 개선의 전망은 없다고 해도 과언은 아니야.

(C) うん、長期に渡り、経済の分野で色々活躍してきたので、信じてもいいと思うよ。

응, 장기간에 걸쳐 경제 분야에서 여러 가지로 활약해 왔기 때문에 믿어도 될 거야.

(D) さあ、世論を気にしすぎたあまり、早く決めちゃったせいじゃないかな。

글쎄, 여론을 너무 신경 쓴 나머지, 빨리 결정해 버린 탓이 아닐까?

해설 이번의 각료로는 경기 회복은 바랄 수 없을 것 같다는 내용에 대한 적절한 응답을 찾는 문제로, 정답은 당분간 경기 개선의 전망은 없다고 해도 과언은 아니라고 한 (B)가 된다.

어휘 閣僚 각료　景気 경기　回復 회복　望む 바라다　噂 소문　経済 경제　政策 정책　失敗 실패
理由 이유　当分の間 당분간　改善 개선　見込み 전망　過言 과언　長期 장기　分野 분야　活躍 활약
信じる 믿다　世論 여론　気にする 신경을 쓰다, 걱정하다　決める 결정하다　～せい ～탓

50

低所得者対策のためには財源の確保が重要ですね。
저소득자 대책을 위해서는 재원 확보가 중요하겠군요.

(A) 何よりも安全管理を最優先しているからだと思います。

무엇보다도 안전 관리를 최우선시하고 있기 때문이라고 생각해요.

✓(B) 弱い立場の人のために優先的に確保してほしいですね。

약한 입장에 있는 사람들을 위해서 우선적으로 확보해 주었으면 좋겠어요.

(C) またですか。先月上がったばかりなのにあんまりですね。

또 오른다구요? 지난달에 막 올랐는데 너무하네요.

(D) そうですか。中小企業対策には政府もかなり力を入れているようですね。

그래요? 중소기업 대책에는 정부도 꽤 힘을 쏟고 있는 것 같군요.

해설 저소득자 대책을 위해서는 재원 확보가 중요하다는 내용에 대한 적절한 응답을 찾는 문제이다. 보기 중에서 적절한 응답은 약한 입장에 있는 사람들을 위해서 우선적으로 확보해 주었으면 좋겠다고 한 (B)가 된다.

어휘 低所得者 저소득자　対策 대책　財源 재원　確保 확보　重要だ 중요하다　安全 안전　管理 관리
最優先 최우선　弱い 약하다　立場 입장　上がる 오르다　あんまりだ 너무하다　中小企業 중소기업
政府 정부　力を入れる 힘을 쏟다

51

今は何時ですか。 지금은 몇 시입니까?

(A) 9時55分 9시 55분
(B) 10時 10시
(C) 10時5分 10시 5분
(D) 10時10分 10시 10분

男 : すみません。時間わかりますか。 죄송합니다만, 시간 알고 계신가요?
女 : 10時5分前です。 10시 5분 전입니다.
男 : 10時5分ですか。 10시 5분이요?
女 : いいえ、5分前です。 아니요, 5분 전입니다.

해설 숫자에 대한 청취 능력을 묻는 문제로, 두 번째 대답에서 여자가 10시 5분 전이라고 했으므로 지금 시각은 9시 55분이 된다. 따라서 정답은 (A)이다.

어휘 時間 시간   前 전

52

女の人はいくら払いますか。 여자는 얼마를 지불합니까?

(A) 4万円 4만 엔
(B) 5万5千円 5만 5천 엔
(C) 6万5千円 6만 5천 엔
(D) 7万円 7만 엔

女 : そのテーブルと椅子はいくらですか。 그 테이블과 의자는 얼마인가요?
男 : テーブルは4万円で、椅子は一つ1万5千円です。
테이블은 4만 엔이고, 의자는 하나에 만 5천 엔입니다.
女 : じゃ、椅子二つとテーブルで7万円ですね。 그럼, 의자 두 개와 테이블이면 7만 엔이군요.
男 : ええ、でも今日に限り6万5千円にしますよ。
네, 하지만 오늘에 한해 6만 5천 엔으로 해 드리겠습니다.

해설 의자 두 개와 테이블의 원래 가격은 7만 엔이지만 오늘에 한해 6만 5천 엔으로 해 준다고 했으므로, 여자는 6만 5천 엔을 지불하면 된다. 따라서 정답은 (C)이다.

어휘 払う 지불하다   椅子 의자   ~に限り ~에 한해

53

○ **薬局はどこにありますか。** 약국은 어디에 있습니까?

(A) 銀行の隣　은행 옆

(B) 本屋の隣　서점 옆 ✔

(C) 銀行の後ろ　은행 뒤

(D) 本屋の後ろ　서점 뒤

女 : あの……、薬局はどこにありますか。 저기……, 약국은 어디에 있나요?

男 : あそこに銀行がありますね。 저기에 은행이 있죠?

女 : はい。 네.

男 : その隣に本屋があります。その隣ですよ。 그 옆에 서점이 있습니다. 그 옆이에요.

해설　건물의 위치 관계에 대한 이해를 묻는 문제로, 마지막 문장만 잘 들으면 쉽게 답이 나온다. 은행 옆 서점 옆에 약국이 있다고 했으므로, 정답은 (B)가 된다.

어휘　薬局 약국　銀行 은행　隣 옆　本屋 서점　後ろ 뒤

54

○ **女の人はいつ出掛けますか。** 여자는 언제 외출합니까?

(A) 男の人と一緒に今すぐ　남자와 함께 지금 바로 ✔

(B) 男の人が散歩に行く前に　남자가 산책하러 가기 전에

(C) 男の人が散歩から帰ってから　남자가 산책에서 돌아온 후

(D) 男の人がデパートから帰ってきてから　남자가 백화점에서 돌아온 후

男 : じゃ、犬の散歩に行ってくるよ。 그럼, 개 산책시키러 갔다 올게.

女 : どこへ? 어디로?

男 : いつも行っている公園。 늘 가던 공원이야.

女 : 私はデパートに行くから、一緒に出ましょう。 나는 백화점에 갈 거니까, 같이 나가요.

해설　여자의 마지막 대화만 잘 들으면 정답을 쉽게 찾을 수 있다. 마지막 대화에서 여자가 자신은 백화점에 갈 거니까 같이 나가자고 했으므로, 정답은 (A)가 된다.

어휘　出掛ける 외출하다　散歩 산책　〜前に 〜하기 전에　帰る 돌아가(오)다　犬 개　公園 공원

デパート 백화점

55

● **男の人はいつコーヒーを飲みますか。** 남자는 언제 커피를 마십니까?

✓(A) **食事の前** 식사 전

(B) **食事をしながら** 식사를 하면서

(C) **食事が終わってからすぐ** 식사가 끝나고 나서 바로

(D) **今日は飲まない** 오늘은 마시지 않는다.

男：ステーキとコーヒーお願いします。 스테이크와 커피 부탁합니다.

女：はい、かしこまりました。ところで、コーヒーはお食事の後になさいますか。
네, 알겠습니다. 그런데 커피는 식사 후에 드시겠습니까?

男：今お願いします。 지금 부탁해요.

女：はい、それでは、すぐお持ちいたします。 네, 그럼 바로 가져 오겠습니다.

해설 남자가 언제 커피를 마시는지 묻고 있으므로, 남자의 대화에 주목하면 정답이 쉽게 나오는 문제이다. 식사 후에
마시겠냐는 여자의 물음에 지금 바로 부탁한다고 했으므로, 정답은 (A)가 된다.

어휘 食事 식사   終わる 끝나다   ～てから ～하고 나서, ～한 후에   すぐ 바로

56

● **男の人は結婚して何年目ですか。** 남자는 결혼한지 몇 년째입니까?

(A) 4年 4년

(B) 7年 7년

✓(C) 9年 9년

(D) 17年 17년

女：この会社に入って何年目ですか。
이 회사에 들어온지 몇 년째인가요?

男：かれこれ13年ですね。 그럭저럭 13년이네요.

女：そうですか。失礼ですが、ご結婚はいつなさいましたか。
그래요? 실례지만, 결혼은 언제 하셨나요?

男：会社に入って4年目の時でした。 회사에 들어온지 4년째 되던 해에 했습니다.

해설 남자는 회사에 들어온지 13년째인데 결혼은 회사에 들어온 후 4년째 되던 해에 했다고 나오므로, 남자는 결혼한지
9년째이다. 따라서 정답은 (C)가 된다.

어휘 結婚 결혼   かれこれ 그럭저럭

57

(A) サッカーのビデオ　축구 비디오

(B) 野球のビデオ　야구 비디오

(C) 映画のビデオ　영화 비디오

(D) コンサートのビデオ　콘서트 비디오

男：ビデオ、ありがとう。最高だったよ。 비디오, 고마워. 최고였어.

女：え？私が貸したのは野球のビデオだよ。 어라? 내가 빌려준 건 야구 비디오야.

男：あっ、これは映画のビデオだ。ごめん。 앗, 이건 영화 비디오네. 미안.

女：これ、鈴木さんのでしょ。私も借りたいな。 이건 스즈키 씨 비디오네. 나도 빌리고 싶은데.

해설 남자는 여자에게서 야구 비디오를 빌리고, 스즈키 씨에게서 영화 비디오를 빌렸다. 따라서 정답은 (C)가 된다.

어휘 野球 야구　最高 최고　貸す 빌려주다　借りる 빌리다

58

(A) ここで河村さんを待つ。 여기에서 가와무라 씨를 기다린다.

(B) 階段で三階に行く。 계단으로 3층에 긴다.

(C) エスカレーターで三階に行く。 에스컬레이터로 3층에 간다.

(D) エレベーターで三階に行く。 엘리베이터로 3층에 간다.

男：すみません。日本商事の者ですが、河村弁護士の事務室は何階ですか。
　　실례합니다. 일본상사에서 왔습니다만, 가와무라 변호사의 사무실은 몇 층인가요?

女：河村弁護士の事務室ですね。三階でございます。階段はあちらにございます。
　　가와무라 변호사 사무실 말이군요. 3층입니다. 계단은 저쪽에 있습니다.

男：エレベーターはどこですか。荷物がたくさんありますから。
　　엘리베이터는 어디에 있죠? 짐이 많아서요.

女：エレベーターはあちらの電話の後ろにございます。
　　엘리베이터는 저쪽 전화 뒤편에 있습니다.

해설 문제에서는 남자의 행동에 대해 묻고 있으므로, 남자 이야기에 주목하면 된다. 남자는 가와무라 변호사의 사무실을 찾아 왔는데, 짐이 있어서 3층까지 엘리베이터로 가려 하고 있다. 따라서 정답은 (D)가 된다.

어휘 待つ 기다리다　階段 계단　商事 상사　弁護士 변호사　事務室 사무실　荷物 짐

59

どうして男の人からの資料がまだ届いていないのですか。
왜 남자에게서 자료가 아직 도착하지 않은 것입니까?

(A) まだ資料ができていないから　아직 자료가 완성되지 않았기 때문에

(B) 男の人が送るのを忘れていたから　남자가 보내는 것을 잊고 있었기 때문에

(C) 男の人が古い住所に送ってしまったから　남자가 옛날 주소로 보내버렸기 때문에

(D) 男の人が新しい住所に送ってしまったから　남자가 새 주소로 보내버렸기 때문에

女：あの……、資料がまだ届いていないのですが……。
저……, 자료가 아직 도착하지 않았습니만…….

男：おかしいですね。ちゃんと新しい住所に送ったはずなのですが……。
이상하네요. 분명히 새 주소로 보냈는데요…….

女：あ、その住所は来月からなんです。아, 그 주소는 다음 달부터입니다.

男：そうですか。では、もう一度古い方へお送り致します。
그래요? 그럼, 다시 한 번 옛날 주소로 보내겠습니다.

해설　남자에게서 자료가 아직 도착하지 않은 이유는 자료를 새 주소로 보내버렸기 때문이므로, 정답은 (D)가 된다.

어휘　資料 자료　届く 도착하다　送る 보내다　忘れる 잊다　古い 오래되다　住所 주소　新しい 새롭다

60

男の人は公園までどうやって行くことにしましたか。
남자는 공원까지 어떻게 해서 가기로 했습니까?

(A) 地下鉄で行くことにした。지하철로 가기로 했다.

(B) タクシーで行くことにした。택시로 가기로 했다.

(C) バスで行くことにした。버스로 가기로 했다.

(D) 歩いて行くことにした。걸어서 가기로 했다.

女：ここから公園までは地下鉄が速くて便利ですよ。여기에서 공원까지는 지하철이 빠르고 편리해요.

男：そうですか。でも、地下鉄はよくわかりませんから、タクシーで行きます。
그래요? 하지만 지하철은 잘 모르니까, 택시로 가려구요.

女：タクシーは高いですよ。少し時間はかかりますが、バスもあります。
택시는 비싸요. 조금 시간은 걸리겠지만, 버스도 있어요.

男：じゃ、そうします。時間は十分にありますから。그럼, 그렇게 할게요. 시간은 충분히 있으니까요.

해설　남자가 공원까지 택시로 가려고 하자, 여자는 택시는 비싸니까 버스를 타고 갈 것을 권유하고 있다. 이에 남자는 시간은 충분히 있으니까 그렇게 하겠다고 말하고 있다. 따라서 남자는 버스를 타고 공원에 가는 것이 되므로, 정답은 (C)가 된다.

어휘　地下鉄 지하철　歩く 걷다　便利 편리　高い 비싸다, 높다　時間 시간

61

(A) 書類　서류

(B) 書類とファイル　서류와 파일

(C) 書類と地図　서류와 지도

(D) ファイルと地図　파일과 지도

男：じゃ、出かけましょうか。 그럼, 나갈까요?

女：はい、今日はアメリカ大使館ですね。この書類とファイル、持って行きますか。
　　네, 오늘은 미국 대사관이네요. 이 서류와 파일, 들고 갈까요?

男：ファイルは持って行かなくてもいいです。あ、箱の中の地図もお願いします。
　　파일은 가지고 가지 않아도 돼요. 아, 상자 안에 있는 지도도 부탁해요.

女：はい、わかりました。 네, 알겠습니다.

해설　성별에 따른 행동 구분을 묻는 문제이다. 대화 내용으로 보아 여자가 가지고 가는 물건은 서류와 상자 안에 있는 지도이므로, 정답은 (C)가 된다.

어휘　書類 서류　地図 지도　出かける 외출하다　大使館 대사관　箱 상자

62

(A) 会社のそばにある図書館に行く。 회사 옆에 있는 도서관에 간다.

(B) 家の近くにある図書館に行く。 집 근처에 있는 도서관에 간다.

(C) 駅のそばにある図書館に行く。 역 근처에 있는 도서관에 간다.

(D) 広場の近くにある図書館に行く。 광장 근처에 있는 도서관에 간다.

女：鈴木さんの家の近くに図書館がありますか。
　　스즈키 씨의 집 근처에 도서관이 있나요?

男：いいえ、本屋はありますが、図書館はありません。
　　아니요, 서점은 있지만 도서관은 없어요.

女：じゃ、本を借りたい時はどこに行きますか。
　　그럼, 책을 빌리고 싶을 때는 어디로 가나요?

男：会社のそばの図書館に行きます。 회사 옆 도서관에 갑니다.

해설　남자의 마지막 대화를 잘 들으면 정답이 쉽게 나오는 문제이다. 마지막 문장에서 회사 옆 도서관에 간다고 했으므로, 정답은 (A)가 된다.

어휘　借りる 빌리다　図書館 도서관　近く 근처　広場 광장　本屋 서점

63

<ruby>男<rt>おとこ</rt></ruby>の<ruby>人<rt>ひと</rt></ruby>は<ruby>会議室<rt>かいぎしつ</rt></ruby>の<ruby>鍵<rt>かぎ</rt></ruby>をどうしますか。 남자는 회의실 열쇠를 어떻게 합니까?

(A) <ruby>午前中<rt>ごぜんちゅう</rt></ruby><ruby>上田<rt>うえ</rt></ruby>さんに<ruby>返<rt>かえ</rt></ruby>す。 오전 중에 우에다 씨에게 돌려준다.

(B) <ruby>午前中<rt>ごぜんちゅう</rt></ruby><ruby>鈴木<rt>すずき</rt></ruby>さんに<ruby>返<rt>かえ</rt></ruby>す。 오전 중에 스즈키 씨에게 돌려준다.

✔(C) <ruby>午後<rt>ごご</rt></ruby><ruby>上田<rt>うえ</rt></ruby>さんに<ruby>返<rt>かえ</rt></ruby>す。 오후에 우에다 씨에게 돌려준다.

(D) <ruby>午後<rt>ごご</rt></ruby><ruby>鈴木<rt>すずき</rt></ruby>さんに<ruby>返<rt>かえ</rt></ruby>す。 오후에 스즈키 씨에게 돌려준다.

男：鈴木さん、これ、会議室の鍵ですよね。
스즈키 씨, 이거 회의실 열쇠 맞죠?

女：ええ、<ruby>今<rt>いま</rt></ruby>上田さんに返しに<ruby>行<rt>い</rt></ruby>くところです。 네, 지금 우에다 씨에게 돌려주러 가려던 참입니다.

男：あ、<ruby>僕<rt>ぼく</rt></ruby>が返します。<ruby>今日<rt>きょう</rt></ruby>の午後会議で<ruby>使<rt>つか</rt></ruby>いますから。
아, 제가 돌려 줄게요. 오늘 오후에 회의실을 사용할 거니까요.

女：じゃ、その<ruby>後<rt>あと</rt></ruby><ruby>必<rt>かなら</rt></ruby>ず上田さんに返してくださいね。
그럼, 사용하고 나서 반드시 우에다 씨에게 돌려주세요.

해설 열쇠를 돌려주는 대상과 시간을 잘 들어야만 답이 나오는 문제이다. 남자는 오후에 회의를 하고 열쇠를 우에다 씨에게 돌려주면 되므로, 정답은 (C)가 된다.

어휘 <ruby>会議室<rt>かいぎしつ</rt></ruby> 회의실　<ruby>鍵<rt>かぎ</rt></ruby> 열쇠　<ruby>午前中<rt>ごぜんちゅう</rt></ruby> 오전 중　<ruby>返<rt>かえ</rt></ruby>す 돌려주다　<ruby>午後<rt>ごご</rt></ruby> 오후　<ruby>使<rt>つか</rt></ruby>う 사용하다　<ruby>必<rt>かなら</rt></ruby>ず 반드시

64

<ruby>鈴木<rt>すずき</rt></ruby>さんはどうして<ruby>入院<rt>にゅういん</rt></ruby>しましたか。 스즈키 씨는 왜 입원했습니까?

(A) <ruby>交通事故<rt>こうつうじこ</rt></ruby>に<ruby>遭<rt>あ</rt></ruby>ったから　 교통사고를 당했기 때문에

(B) ひどい<ruby>風邪<rt>かぜ</rt></ruby>を<ruby>引<rt>ひ</rt></ruby>いてしまったから　 심한 감기에 걸려버렸기 때문에

✔(C) <ruby>転<rt>ころ</rt></ruby>んで<ruby>怪我<rt>けが</rt></ruby>をしたから　 넘어져서 다쳤기 때문에

(D) <ruby>残業続<rt>ざんぎょうつづ</rt></ruby>きで<ruby>体<rt>からだ</rt></ruby>を<ruby>壊<rt>こわ</rt></ruby>したから　 계속된 잔업으로 건강을 해쳤기 때문에

男：鈴木さん<ruby>今日<rt>きょう</rt></ruby>入院したんだよ。 스즈키 씨, 오늘 입원했어.

女：<ruby>本当<rt>ほんとう</rt></ruby>ですか。<ruby>働<rt>はたら</rt></ruby>き<ruby>過<rt>す</rt></ruby>ぎて<ruby>疲<rt>つか</rt></ruby>れていたんでしょう。
정말요? 과로 때문에 피곤해 했었죠?

男：いや、転んで<ruby>骨<rt>ほね</rt></ruby>を<ruby>折<rt>お</rt></ruby>ったんだって。
아니, 넘어져서 뼈가 부러졌대.

女：あ～、かわいそう。<ruby>痛<rt>いた</rt></ruby>かったでしょうね。 어머, 저런. 아팠겠네요.

해설 「<ruby>転<rt>ころ</rt></ruby>ぶ(구르다)」와 「<ruby>骨<rt>ほね</rt></ruby>を<ruby>折<rt>お</rt></ruby>る(뼈가 부러지다)」라는 표현을 알아듣는 것이 포인트. 따라서 정답은 넘어져서 다쳤다고 한 (C)가 된다.

어휘 <ruby>入院<rt>にゅういん</rt></ruby> 입원　<ruby>交通事故<rt>こうつうじこ</rt></ruby>に<ruby>遭<rt>あ</rt></ruby>う 교통사고를 당하다　<ruby>風邪<rt>かぜ</rt></ruby>を<ruby>引<rt>ひ</rt></ruby>く 감기에 걸리다　<ruby>怪我<rt>けが</rt></ruby>をする 다치다
<ruby>残業<rt>ざんぎょう</rt></ruby> 잔업　<ruby>体<rt>からだ</rt></ruby>を<ruby>壊<rt>こわ</rt></ruby>す 건강을 해치다　<ruby>疲<rt>つか</rt></ruby>れる 피로하다, 지치다　<ruby>痛<rt>いた</rt></ruby>い 아프다

○ 写真の中の男の人は昔どんな姿をしていますか。
사진 속의 남자는 옛날에 어떤 모습이었습니까?

(A) 髪が短くて眼鏡をかけている。 머리카락이 짧고 안경을 쓰고 있다.

(B) 髪が短くて帽子を被っている。 머리카락이 짧고 모자를 쓰고 있다.

(C) 髪が長くて眼鏡をかけている。 머리카락이 길고 안경을 쓰고 있다.

(D) 髪が長くて帽子を被っている。 머리카락이 길고 모자를 쓰고 있다.

女：この髪が短くて眼鏡をかけている人は誰なの?
여기 머리카락이 짧고 안경을 쓰고 있는 사람은 누구야?

男：ああ、この人。友達の山田君なんだ。かっこいいだろう?
아~, 이 사람. 친구인 야마다 군이야. 멋있지?

女：じゃ、髪が長くて帽子を被っているこの人は? 그럼, 머리카락이 길고 모자를 쓰고 있는 이 사람은?

男：僕だよ。今と全然似てないでしょ? 나야. 지금과 전혀 안 닮았지?

해설 사진 속의 남자는 옛날에 머리가 길고 모자를 쓰고 있었다. 따라서 정답은 (D)가 되는데, 머리가 짧고 안경을 쓰고 있는 야마다 군과 혼동하지 않도록 주의하자.

어휘 髪が短い 머리가 짧다　眼鏡をかける 안경을 쓰다　帽子を被る 모자를 쓰다　かっこいい 멋지다　似る 닮다

○ 女の人はどんなシャツを買いますか。 여자는 어떤 셔츠를 삽니까?

(A) 白のシャツ　흰색 셔츠

(B) 青のシャツ　파란색 셔츠

(C) 赤のシャツ　빨간색 셔츠

(D) 青と赤のシャツ　파란색과 빨간색 셔츠

男：白のシャツは家にあるから、今度は青と赤の中で選んだら?
흰색 셔츠는 집에 있으니까, 이번에는 파란색이나 빨간색 중에서 고르는 게 어때?

女：うん……。青はデザインがよくないし、赤はデザインはいいけど、値段があんまり……。
음……. 파란색은 디자인이 별로고, 빨간색은 디자인은 좋지만 가격이 그다지…….

男：僕の目には両方ともいいけど。じゃ、値段は気にせず、赤にしたら?
내 눈에는 양쪽 다 괜찮은데. 그럼, 가격은 신경 쓰지 말고 빨간색으로 하는 게 어때?

女：うん……。もう決めた。やっぱり今まで通りの色にするわ。
음……. 이제 결정했어. 역시 지금까지 대로의 색깔로 할래.

해설 남자의 첫 번째 대화와 여자의 마지막 대화를 잘 들어야 하는 문제이다. 역시 지금까지 대로의 색깔로 한다고 했으므로, 여자는 흰색 셔츠를 산다는 것을 알 수 있다. 따라서 정답은 (A)가 된다.

어휘 選ぶ 고르다　値段 가격　両方 양쪽　気にする 신경을 쓰다　～にする ～로 하다　決める 결정하다
やっぱり 역시　～通り ～대로

67

二人は何を買おうとしていますか。 두 사람은 무엇을 사려고 하고 있습니까?

(A) ズボン　　바지

(B) セーター　　스웨터

(C) スーツ　　정장

(D) ジャケット　　재킷

男：これ、肩のところがちょっときついなぁ。 이 옷, 어깨 부분이 조금 꽉 끼네.

女：今セーター着てるからじゃないの？ シャツの上に直接着るにはちょうどいいと思うけど。
지금 스웨터를 입고 있어서 그런 것 아냐? 셔츠 위에 직접 입기에는 딱 좋을 것 같은데.

男：あっ、そうか。じゃ、これにしようか。
아, 그런가. 그럼, 이걸로 할까?

女：うん、家にあるシャツともよく合うと思うわ。
응, 집에 있는 셔츠와도 잘 어울릴 거야.

해설　여자의 첫 번째 대화에서 셔츠 위에 직접 입기에는 딱 좋을 것 같다는 말로 보아 지금 두 사람이 보고 있는 것은
재킷이라는 것을 알 수 있다. 따라서 정답은 (D)가 된다.

어휘　肩 어깨　　きつい 꽉 끼다　　直接 직접　　着る 입다　　ちょうどいい 딱 좋다　　合う 맞다, 적합하다

68

女の人は受付にどんな封筒を持って行きますか。 여자는 접수처에 어떤 봉투를 가지고 갑니까?

(A) 白くて小さい封筒　　희고 작은 봉투

(B) 白くて大きい封筒　　희고 큰 봉투

(C) 黄色くて小さい封筒　　노랗고 작은 봉투

(D) 黄色くて大きい封筒　　노랗고 큰 봉투

男：すみませんが、机の上の封筒、受付に持って行ってもらえますか。
죄송합니다만, 책상 위의 봉투를 접수처에 가지고 가 주실 수 있나요?

女：いいですよ。この白くて大きいのですか。 좋아요. 이 희고 큰 봉투인가요?

男：いいえ、新聞の横にあるのです。 아니요, 신문 옆에 있는 봉투요.

女：ああ～、この黄色くて小さいのですね。
아～, 이 노랗고 작은 봉투 말이군요.

해설　색깔과 크기에 주의해서 들어야 하는 문제로, 정답은 여자의 마지막 대답에서 자세하게 나오고 있다. 여자는 접수처
에 노랗고 작은 봉투를 들고 가면 되므로, 정답은 (C)가 된다.

어휘　受付 접수처　　封筒 봉투　　白い 희다　　黄色い 노랗다　　新聞 신문　　横 옆, 가로

女の人は男の人にいつ相談をしますか。 여자는 남자에게 언제 상담을 합니까?

(A) 今すぐ　지금 바로
(B) 男の人が社長に会ってから　남자가 사장님을 만난 후에
(C) 今日の夕方　오늘 저녁
✔ (D) 明日の朝　내일 아침

女：部長、来週の出張のことでご相談があるのですが、お時間大丈夫でしょうか。
　　부장님, 다음 주 출장 건으로 상담하고 싶은 게 있습니다만, 시간 있으세요?
男：今すぐ？　実は今社長に呼ばれてるんだ。지금 바로? 실은 지금 사장님이 부르셨거든.
女：それでは、夕方か明日の朝はいかがでしょうか。그럼, 저녁이나 내일 아침은 어떠세요?
男：え～と、今日は夜まで会議があるし……。じゃ、明日の朝電話してくれる?
　　음……, 오늘은 밤까지 회의가 있고……. 그럼, 내일 아침에 전화해 주겠나?

해설　이런 유형의 문제는 마지막까지 대화를 잘 들어야 실수가 없다. 마지막 문장에서 남자가 내일 아침에 전화를 달라고 했으므로, 여자는 내일 아침에 남자에게 상담을 하면 될 것이다. 따라서 정답은 (D)가 된다.

어휘　会う 만나다　夕方 저녁 무렵　出張 출장　時間 시간　大丈夫だ 괜찮다　呼ぶ 부르다　夜 밤　会議 회의

男の人についての説明の中で、正しいものはどれですか。
남자에 대한 설명 중에서 올바른 것은 어느 것입니까?

(A) 仕事関係で渡辺さんとよく会った。일 관계로 와타나베 씨와 자주 만났다.
(B) この会社で渡辺さんと一緒に働いたことがある。이 회사에서 와타나베 씨와 함께 일한 적이 있다.
✔ (C) 昔、渡辺さんの会社で働いたことがある。옛날에 와타나베 씨 회사에서 일한 적이 있다.
(D) 他の会社で渡辺さんと一緒に働いたことがある。
　　다른 회사에서 와타나베 씨와 함께 일한 적이 있다.

女：この本、とても面白かったです。이 책, 굉장히 재미있었어요.
男：そうですか。それはよかったですね。実は、この本を書いた渡辺さんとは3年ぐらい
　　一緒に働きましたよ。
　　그래요? 그거 다행이네요. 실은 이 책을 쓴 와타나베 씨와는 3년 정도 함께 일했었어요.
女：渡辺さんはこの会社に勤めていましたか。와타나베 씨가 이 회사에 근무했었어요?
男：いいえ、私が若い時、彼の会社で働いていたんです。
　　아니요, 제가 젊었을 때 와타나베 씨의 회사에서 일했었어요.

해설　마지막 문장에서 남자가 젊었을 때 와타나베 씨 회사에서 일했었다고 했으므로, 정답은 (C)가 된다.

어휘　関係 관계　働く 일하다　昔 옛날　面白い 재미있다　実は 실은　勤める 근무하다　若い 젊다

71

女の人はどうすることにしましたか。 여자는 어떻게 하기로 했습니까?

(A) 約束通り木曜日小野さんに会う。 약속대로 목요일에 오노 씨를 만난다.

(B) 約束通り木曜日木下さんに会う。 약속대로 목요일에 기노시타 씨를 만난다.

(C) 小野さんとの約束を来週に後回しする。 오노 씨와의 약속을 다음 주로 미룬다.

(D) 木下さんとの約束を来週に後回しする。 기노시타 씨와의 약속을 다음 주로 미룬다.

男：木下さんが木曜日にぜひ話がしたいそうですが。
　　기노시타 씨가 목요일에 꼭 이야기를 하고 싶다고 하던데요?

女：木曜日は小野さんが来る予定ですよね。
　　목요일은 오노 씨가 올 예정이잖아요?

男：でも、他の日は木下さん忙しいらしくて……。
　　하지만, 다른 날은 기노시타 씨가 바쁘다고 해서…….

女：そうですか。では、小野さんは来週にしてもらいましょう。
　　그래요? 그럼, 오노 씨는 다음 주에 만나도록 하죠.

해설 질문에서는 여자가 어떻게 하기로 했는지를 물었으므로, 여자의 대화에 주목하면 된다. 정답은 오노 씨와의 약속을 다음 주로 미룬다고 한 (C)가 된다.

어휘 約束 약속　木曜日 목요일　〜通り 〜대로　後回し 뒤로 미룸, 보류　ぜひ 꼭, 부디　忙しい 바쁘다

72

女の人の家族の中で、一番背が高いのは誰ですか。
여자의 가족 중에서 가장 키가 큰 사람은 누구입니까?

(A) 女の人　여자

(B) 女の人の主人　여자의 남편

(C) 女の人の息子　여자의 아들

(D) 女の人の娘　여자의 딸

女：これ、子供たちの写真なんですよ。 이거, 아이들 사진이에요.

男：へえ、娘さんは息子さんより背が高いですね。 와～, 따님은 아드님보다 키가 크네요.

女：ええ、主人より高くて……。家族で一番低いのは私なんです。
　　네, 남편보다도 커서……. 가족 중에서 키가 가장 작은 건 저랍니다.

男：そうですか。今の子供はみんな背が高いですよね。
　　그래요? 요즘 아이들은 모두 키가 크네요.

해설 여자의 딸은 아들과 남편보다도 키가 크고 가장 키가 작은 것은 여자 자신이라고 했으므로, 여자 가족 중에서 가장 키가 큰 것은 여자의 딸이 된다. 따라서 정답은 (D)이다.

어휘 家族 가족　背が高い 키가 크다　主人 남편　息子 아들　娘 딸

73

(A) 駅前のレストランで食事をする。 역 앞 레스토랑에서 식사를 한다.

(B) 駅前の喫茶店で冷たい物を飲む。 역 앞 찻집에서 차가운 음료를 마신다.

(C) 駅前の公園で一息入れる。 역 앞 공원에서 잠시 쉰다.

(D) 駅前の弁当屋で弁当を買う。 역 앞 도시락 가게에서 도시락을 산다.

男：暑いなあ。何か飲みたいですね。 아～, 더워. 뭔가 마시고 싶네요.

女：ええ、冷たい物が飲みたいですね。でも、私、お腹が空きました。
　　네, 차가운 걸 마시고 싶네요. 하지만, 전 배가 고파요.

男：ああ、もう8時ですからね。 아～, 벌써 8시니까요.

女：まず、駅前のレストランで何か食べませんか。冷たい物は食事の後に飲みましょう。
　　우선 역 앞 레스토랑에서 뭔가 먹지 않을래요? 차가운 음료는 식사 후에 마시죠.

해설 대화 내용을 요약해 보면, 두 사람은 역 앞 레스토랑에서 뭔가를 먹은 후에 차가운 음료를 마시기로 했다. 따라서 정답은 이제부터 역 앞 레스토랑에서 식사를 한다고 한 (A)가 된다.

어휘 駅前 역 앞　食事をする 식사를 하다　喫茶店 찻집　冷たい 차갑다　公園 공원　一息入れる 잠시 쉬다
　　　弁当屋 도시락 가게　暑い 덥다　お腹が空く 배가 고프다

74

(A) 今年の夏に結婚することになっている。 올해 여름에 결혼하기로 되어 있다.

(B) 仕事はあまり続けたくないと思っている。 일은 그다지 계속하고 싶지 않다고 생각하고 있다.

(C) 最初女の人の両親は結婚を猛反対した。 처음에 여자의 부모님은 결혼을 심하게 반대했다.

(D) 仕事を辞めて夫とアメリカに行くことになっている。
　　일을 그만두고 남편과 미국에 가기로 되어 있다.

男：結婚するんだって？ 결혼한다면서?

女：うん、今年の夏にね。最初は両親の反対が激しかったけど、何とか……。
　　응, 올해 여름에 해. 처음에는 부모님의 반대가 심했지만, 그럭저럭…….

男：あ、そう？じゃ、仕事はどうするの？ 아, 그래? 그럼, 일은 어떻게 할 거야?

女：続けたいんだけど、彼が8月からアメリカで仕事することになったから……。
　　계속하고 싶지만, 그이가 8월부터 미국에서 일하게 되어서…….

해설 여자는 올해 여름에 결혼하기로 되어 있는데, 처음에는 부모님의 반대가 심했다. 그리고 일은 계속하고 싶지만, 남편이 8월부터 미국에서 일하게 되어 그만두어야만 한다. 따라서 정답은 (B)가 된다.

어휘 結婚 결혼　続ける 계속하다　両親 부모님　猛反対 심하게 반대함　辞める 일을 그만두다

75

男の人はどうして日本語で吹き替えした映画は駄目だと言っていますか。
남자는 왜 일본어로 더빙된 영화는 안 된다고 말하고 있습니까?

(A) 日本語で吹き替えるとわかりやすくなるから
일본어로 더빙하면 알아듣기 쉬워지기 때문에

(B) 日本の声優の声が気に入らないから
일본 성우의 목소리가 마음에 들지 않기 때문에

✔ (C) もともとアメリカの映画で、英語で聞きたいから
원래 미국 영화니까 영어로 듣고 싶기 때문에

(D) もとの音声である英語の方が勉強になるから
원래의 음성인 영어 쪽이 공부가 되기 때문에

男：あのビデオ、まだ誰かが借りてるよ。早く見たいのになぁ。
저 비디오, 아직도 누군가가 빌려갔네. 빨리 보고 싶은데 말야.

女：他のを借りましょう。あ、日本のならあるわよ。
다른 걸 빌리자. 아, 일본어로 더빙된 거라면 있어.

男：駄目だよ。やっぱりアメリカの映画だから、もとの音声で聞きたいよ。勿論、日本語の
方が勉強にはなるけど、僕にとっては英語の方がわかりやすいし。
안 돼. 역시 미국 영화니까 원래 음성으로 듣고 싶어. 물론 일본어 쪽이 공부는 되지만, 나에게 있어서는 영어
쪽이 알아듣기 쉬우니까.

女：じゃ、他の店に行ってみたらどうかしら？
그럼, 다른 가게에 가 보는 게 어때?

해설 남자의 두 번째 대답에서 미국 영화니까 원래의 음성으로 듣고 싶고, 또 그렇게 하는 것이 알아듣기도 쉽다고 말하고 있다. 따라서 정답은 (C)가 된다.

어휘 吹き替え 더빙　駄目 안 됨　동사의 ます형 + やすい ～하기 쉽다, ～하기 편하다　声優 성우
気に入る 마음에 들다　もともと 원래　借りる 빌리다　音声 음성　勿論 물론　～にとって ～에 있어서
店 가게

二人の会話の内容と合っているものはどれですか。
두 사람의 대화 내용과 맞는 것은 어느 것입니까?

(A) 女の人は傘を持っていく。
여자는 우산을 가지고 간다.

(B) 女の人が先に家を出る。
여자가 먼저 집을 나선다.

(C) 男の人は傘は持っていかなくてもいいと思っている。
남자는 우산은 가져가지 않아도 된다고 생각하고 있다.

(D) 女の人は旅行先で雨が降ったら、近くの店で傘を買うつもりだ。
여자는 여행지에서 비가 오면, 근처 가게에서 우산을 살 생각이다.

女：この空模様じゃ、雨は降りそうもないね。傘は要らなさそう。
이런 날씨라면 비는 올 것 같지 않은데. 우산은 필요 없을 것 같아.

男：東京と違って山の天気は変わりやすいから、いつ雨が降るかわからないよ。持っていったら？
도쿄와 달리 산의 날씨는 자주 바뀌니까, 언제 비가 올지 몰라. 가지고 가는 게 어때?

女：いいの。旅行先で降ったら、どこかで買うから。
됐어. 여행지에서 비가 오면, 어디에서든 사면 되니까.

男：じゃ、気を付けて。僕先に出るよ。
그럼, 조심해서 갔다 와. 나 먼저 나갈게.

해설　여자의 두 번째 대화에 주목하면 정답이 쉽게 나오는 문제이다. 우산을 가져가라는 남자의 말에 여자가 여행지에서 비가 오면 어디에서든 사면 되니까 안 가져가도 된다고 했으므로, 정답은 (D)가 된다.

어휘　傘 우산　家を出る 집을 나서다　旅行先 여행지　雨が降る 비가 내리다　空模様 하늘 모양, 날씨　要る 필요하다　違う 다르다　山 산　変わる 바뀌다　동사의 ます형 + やすい ～하기 쉽다, ～하기 편하다　気を付ける 조심하다, 주의하다

77

男の人は食べ終わった食器の返し方をどうやって知りましたか。

남자는 다 먹은 식기의 반납 방법을 어떻게 해서 알았습니까?

(A) 周りの人を見たから

주위 사람을 봤기 때문에

(B) 店員に聞いてみたから

점원에게 물어봤기 때문에

(C) 本で覚えておいたから

책에서 외워두었기 때문에

(D) 隣の人に聞いてみたから

옆 사람에게 물어봤기 때문에

男 : この食器、食べ終わったらどうするのかな……?

이 식기, 다 먹고 나서 어떻게 하면 되는 거지……?

女 : 私も中国は初めてだけど、こういう店って普通返却するんじゃない?

나도 중국은 처음인데, 이런 가게는 보통 반납하지 않나?

男 : そうか。あっ、あっちの人も食器運んでるね。

그런가? 어, 저쪽에 있는 사람도 식기를 들고 가네.

女 : うん、言葉が分からなくても分かることってたくさんあるよね。

응, 말을 몰라도 알 수 있는 게 많이 있다니까.

해설 문제에서는 남자가 다 먹은 식기의 반납 방법을 어떻게 해서 알았는지를 묻고 있으므로, 남자의 대화에 주목하면 된다. 남자의 두 번째 대화에서 저쪽에 있는 사람도 식기를 들고 가고 있다고 했으므로, 남자는 주위 사람을 보고 반납 방법을 알게 되었다. 따라서 정답은 (A)가 된다.

어휘 食べ終わる 다 먹다　食器 식기　返し方 반납 방법　周り 주위　店員 점원　覚える 외우다　隣 옆
店 가게　普通 보통　返却 반납　運ぶ 옮기다, 운반하다　言葉 말

二人の会話でどんなことがわかりますか。

두 사람의 대화에서 어떤 것을 알 수 있습니까?

(A) 来月から資源ゴミの数が大幅に減る。

다음 달부터 자원 쓰레기의 숫자가 대폭적으로 줄어든다.

(B) 来月から燃やせるゴミの数が増える。

다음 달부터 태울 수 있는 쓰레기의 숫자가 늘어난다.

(C) 来月から瓶や缶は資源ゴミから排除される。

다음 달부터 병이나 캔은 자원 쓰레기에서 배제된다.

(D) 来月からカップ麺類の容器やビニールは燃やせないゴミに変わる。

다음 달부터 컵면류의 용기나 비닐은 태울 수 없는 쓰레기로 바뀐다.

女 : 来月からカップ麺類の容器やビニールも燃やせるゴミになるそうよ。

다음 달부터 컵면류의 용기나 비닐도 태울 수 있는 쓰레기가 된대.

男 : え〜? それって環境によくないんじゃないの?

뭐? 그렇게 하면 환경에 좋지 않잖아?

女 : ゴミを埋める場所が無くなっているから、しょうがないって。

쓰레기를 묻을 만한 장소가 없어져서 어쩔 수 없대.

男 : でも、瓶や缶は今まで通り資源ゴミでいいんだよね。

그래도 병이나 캔은 지금까지처럼 자원 쓰레기로 버리면 되지?

해설 두 사람의 대화의 핵심은 다음 달부터 컵면류의 용기나 비닐도 태울 수 있는 쓰레기로 바뀐다는 것이다. 이 말은 결국 태울 수 있는 쓰레기의 숫자가 늘어난다는 의미이므로, 정답은 (B)가 된다.

어휘 資源 자원　大幅に 대폭적으로　減る 줄다　燃やす 태우다　増える 늘다　瓶 병　缶 캔　排除 배제
容器 용기　環境 환경　埋める 묻다　場所 장소　無くなる 없어지다　〜通り 〜대로

79

昨日（きのう）の女（おんな）の人（ひと）の試験（しけん）はどうでしたか。
어제 여자의 시험은 어땠습니까?

(A) 面接（めんせつ）で緊張（きんちょう）してしまった。
면접에서 긴장하고 말았다.

(B) ペーパーテストがとても難（むずか）しかった。
필기 시험이 아주 어려웠다.

(C) 専門的（せんもんてき）な知識（ちしき）の問題（もんだい）は意外（いがい）に易（やさ）しかった。
전문적인 지식 문제는 의외로 쉬웠다.

(D) 専門的（せんもんてき）な知識（ちしき）の問題（もんだい）以外（いがい）は何（なん）とかできた。
전문적인 지식 문제 이외에는 그럭저럭 할 수 있었다.

男：昨日の試験、どうだった？ 面接、上（あ）がらずできた？
어제 시험, 어땠어? 면접 긴장 안 하고 잘 했어?

女：面接は何とか切（き）り抜（ぬ）けたんだけどねぇ……。
면접은 그럭저럭 했지만…….

男：ペーパーテストが問題だったんだろう？ 君（きみ）って常識（じょうしき）問題が弱（よわ）いっていつも言（い）ってたからなぁ。
필기 시험이 문제였지? 넌 상식 문제가 약하다고 항상 말했으니까 말이야.

女：それは何とかできたの。でも、専門知識の問題、これが難しくて……。
그건 어떻게든 했어. 하지만 전문 지식 문제, 이게 어려워서…….

해설 문제에서 어제 여자의 시험이 어땠는지를 물었으므로, 여자의 대화에 주목하면 된다. 여자는 면접이나 필기 시험은 그럭저럭 할 수 있었지만 전문 지식 문제가 어려웠다고 했으므로, 정답은 (D)가 된다.

어휘 試験（しけん） 시험　面接（めんせつ） 면접　緊張（きんちょう） 긴장　ペーパーテスト 필기 시험　専門的（せんもんてき） 전문적　知識（ちしき） 지식
意外（いがい）に 의외로　易（やさ）しい 쉽다　何（なん）とか 그럭저럭　上（あ）がる 얼다, 긴장하다　切（き）り抜（ぬ）ける 돌파하다
常識（じょうしき） 상식　弱（よわ）い 약하다

(A) 床に直接置く。

그냥 바닥에 둔다.

(B) 当分の間は設置しない。

당분간은 설치하지 않는다.

(C) 食事用のテーブルの上に置く。

식사용 테이블 위에 둔다.

✓ カーテンを変えて窓際の机の上に置く。

커텐을 바꿔 창가에 있는 책상 위에 둔다.

男：コンピューター、窓際の机の上しか置くところがないなあ。

컴퓨터, 창가에 있는 책상 위밖에 둘 곳이 없군.

女：でも、日差しが強すぎるから、機械にはね……。

하지만, 햇살이 너무 강하니까 기계에는…….

男：そう言っても、食卓の上にはなぁ。床に直接置くわけにもいかないし……。

그렇긴 하지만 식탁 위에는 좀……. 바닥에 그냥 둘 수도 없고…….

女：じゃ、光を遮るカーテンに変えるほかないね。

그럼, 빛을 차단하는 커텐으로 바꿀 수밖에 없겠네.

해설 남자의 첫 번째 대화와 여자의 마지막 대화에 주목해야 한다. 두 사람은 컴퓨터를 둘 장소에 대해서 서로 이야기하고 있는데, 창가에 있는 책상 위밖에 둘 곳이 없으니 빛을 차단하는 커텐으로 바꾸자고 했다. 따라서 정답은 (ㄴ)가 된다.

어휘 床 마루, 바닥　直接 직접　設置 설치　食事用 식사용　窓際 창가　日差し 햇살　強い 강하다
食卓 식탁　光 빛　遮る 막다, 차단하다

[81～84]

今日は母の誕生日でした。家族の誕生日にはいつもみんなで食事に行っています。今年は日本料理が好きな父がアメリカに行っていますから、母と姉と弟の4人でフランス料理を食べに行きました。レストランで食事をしている時、父から「おめでとう」という電話がありました。姉と私は二人で母に黒くて小さな鞄をプレゼントしました。弟は母が好きな花を買いました。母は何度も私たちに「ありがとう」と言いました。家に帰ってから母はアメリカにいる父に手紙を書いていました。

해석　오늘은 어머니의 생신 날이었습니다. 생일날에는 항상 가족 모두가 모여 식사를 하러 갑니다. 올해는 일본 요리를 좋아하시는 아버지가 미국에 가 있기 때문에 어머니와 누나, 남동생 이렇게 네 명이서 프랑스 요리를 먹으러 갔습니다. 레스토랑에서 식사를 하고 있을 때, 미국에 계신 아버지에게서 '축하해'라는 전화가 걸려 왔습니다. 누나와 저는 둘이서 어머니에게 검고 작은 가방을 선물했습니다. 남동생은 어머니가 좋아하시는 꽃을 샀습니다. 어머니는 몇 번이나 우리들에게 '고마워'라고 말씀하셨습니다. 집에 돌아와서 어머니는 미국에 계신 아버지에게 편지를 썼습니다.

어휘　母 어머니　誕生日 생일　家族 가족　食事 식사　料理 요리　好きだ 좋아하다　父 아버지　姉 누나　弟 남동생　동사의 ます형 + に ～하러　黒い 검다　小さな 작은　鞄 가방　花 꽃　買う 사다　帰る 돌아가(오)다　手紙を書く 편지를 쓰다

81　昨日、この人は何人で食事をしましたか。

(A) 二人
(B) 三人
(C) 四人 ✓
(D) 五人

해설　이 사람은 어제 어머니와 누나, 남동생과 함께 식사를 하러 갔으므로 네 명이 식사를 하러 간 것이 된다. 따라서 정답은 (C)이다.

어휘　食事をする 식사를 하다

질문　어제 이 사람은 몇 명이서 식사를 했습니까?

정답　(C) 네 명

82 昨日、この人は何を食べましたか。

(A) 日本料理

(B) アメリカ料理

✓ (C) フランス料理

(D) イタリア料理

해설 어제 이 사람은 가족과 함께 프랑스 요리를 먹었다고 했으므로, 정답은 (C)가 된다.

어휘 食べる 먹다　料理 요리

질문 어제 이 사람은 무엇을 먹었습니까?

정답 (C) 프랑스 요리

83 この人は母に何をプレゼントしましたか。

(A) 花

(B) ネックレス

(C) 白くて小さな鞄

✓ (D) 黒くて小さな鞄

해설 이 사람과 누나는 어머니에게 검고 작은 가방을 선물했고, 남동생은 어머니가 좋아하는 꽃을 선물했다. 따라서 정답은 (D)가 된다.

어휘 花 꽃　白い 희다　黒い 검다

질문 이 사람은 어머니에게 무엇을 선물했습니까?

정답 (D) 검고 작은 가방

84 この人の母は家に帰ってから何をしましたか。

(A) 家族みんなで色々話した。

(B) アメリカにいる夫に電話をした。

(C) もらったプレゼントを開けてみた。

✓ (D) アメリカにいる夫に手紙を書いた。

해설 이 사람의 어머니는 집에 돌아와서 미국에 있는 남편에게 편지를 썼다고 했다. 따라서 정답은 (D)가 된다.

어휘 家族 가족　開ける 열다
手紙を書く 편지를 쓰다

질문 이 사람의 어머니는 집에 돌아와서 무엇을 했습니까?

정답 (D) 미국에 있는 남편에게 편지를 썼다.

[85 ～ 88]

私の家は古くて、できてからもう70年も経っています。それで、子供の時はいつも新しくてきれいな家に引っ越したいと思っていました。古い家が恥ずかしくて友達もあまり呼べませんでした。でも、庭に大きな桜の木があって、桜が咲いている間は古い家が明るくなってとても嬉しかったです。毎年、近所の人が集まってその桜の木の下でお花見をしました。その時だけは私も友達を呼んで一緒に遊びました。桜の木の下で友達と並んで撮った写真を今も大切にしています。今はもう桜の木があったところには何もありませんから、少し寂しいです。

해석　저희 집은 낡았고, 지어진 지 벌써 70년이나 지났습니다. 그래서 어렸을 때는 항상 깨끗한 새집으로 이사하고 싶다고 생각했습니다. 낡은 집이 부끄러워서 친구도 그다지 부를 수 없었습니다. 하지만 정원에 큰 벚꽃나무가 있어, 벚꽃이 피어 있는 동안에는 낡은 집이 밝아져서 무척 기뻤습니다. 매년 이웃 사람들이 모여서 그 벚꽃나무 아래에서 꽃구경을 했습니다. 그때에는 저도 친구를 불러 함께 놀았습니다. 벚꽃나무 아래에서 친구들과 함께 찍은 사진을 지금도 소중히 간직하고 있습니다. 이제는 벚꽃나무가 있었던 곳에는 아무것도 없어서 조금 쓸쓸합니다.

어휘　古い 오래되다, 낡다　できる 만들어지다　経つ 지나가다, 경과하다　それで 그래서　新しい 새롭다　引っ越す 이사하다　恥ずかしい 부끄럽다　あまり 그다지　呼ぶ 부르다　庭 정원　桜 벚꽃　咲く 피다　明るい 밝다　嬉しい 기쁘다　近所 이웃　集まる 모이다　花見 꽃구경　遊ぶ 놀다　並ぶ 늘어서다　撮る (사진을)찍다　写真 사진　大切だ 소중하다　寂しい 쓸쓸하다

85 この人はどうして家に友達をあまり呼べませんでしたか。

(A) 古い家が恥ずかしかったから
(B) 親しい友達がいなかったから
(C) 友達と遊べるところがなかったから
(D) 両親が友達が家に来るのを嫌がっていたから

해설　이 사람이 집에 친구를 그다지 부를 수 없었던 이유는 집이 낡아서 부끄러웠기 때문이다. 따라서 정답은 (A)가 된다.

어휘　恥ずかしい 부끄럽다　親しい 친하다　遊ぶ 놀다　両親 부모님　嫌がる 싫어하다

질문　이 사람은 왜 집에 친구를 그다지 부를 수 없었습니까?

정답　(A) 낡은 집이 부끄러웠기 때문에

86 この人はどうして桜が咲いている間は嬉しかったですか。

(A) 古い家が明るくなったから

(B) 桜が大好きだったから

(C) 友達と遊べる時間ができたから

(D) 桜の写真を撮るのが趣味だから

87 この人はいつだけ友達を家に呼びましたか。

(A) 休日や祝日だけ

(B) 桜が散った時だけ

(C) 家に誰もいない時だけ

(D) 桜が咲いている時だけ

88 この人は何が少し寂しいと言っていますか。

(A) 親しかった友達に会えないこと

(B) 親しかった友達と仲が悪くなったこと

(C) 友達と撮った写真を忘れてしまったこと

(D) 桜の木があったところに何もないこと

[89 ~ 91]

私の住んでいる街は春と秋は静かですが、夏と冬はとても賑やかになります。夏は涼しいですから、毎年東京からたくさん人が来て、冬はスキーをする人がたくさん来るからです。でも、残念ながら、今年の冬はあまり人が来ませんでした。雪があまり降らなかったからです。ホテルやお店の人はお客さんが少なくて困っていました。私もスキーが好きですから、とても残念でした。来年は私が働いている小学校の子供たちとたくさんスキーがしたいと思っています。

해석　제가 살고 있는 마을은 봄과 가을은 조용하지만, 여름과 겨울은 아주 떠들썩해집니다. 여름은 시원해서 매년 도쿄에서 많은 사람들이 오고, 겨울은 스키를 타는 사람들이 많이 오기 때문입니다. 하지만, 유감스럽게도 올해 겨울은 그다지 사람들이 오지 않았습니다. 눈이 별로 내리지 않았기 때문입니다. 호텔이나 가게 사람들은 손님이 적어서 곤란했습니다. 저도 스키를 좋아하기 때문에 너무 유감이었습니다. 내년에는 제가 근무하고 있는 초등학교 아이들과 스키를 많이 타고 싶습니다.

어휘　住む 살다　街 마을　春 봄　秋 가을　静かだ 조용하다　夏 여름　冬 겨울　賑やかだ 떠들썩하다
涼しい 시원하다　でも 하지만　残念ながら 유감스럽게도　あまり 그다지　雪 눈　降る 내리다
店 가게　お客 손님　少ない 적다　困る 곤란하다　好きだ 좋아하다　働く 일하다　小学校 초등학교
子供 아이

89　今年、この人が住んでいる街にあまり人が来なかったのはどうしてですか。

(A) とても寒すぎたから
(B) 見所があまりなかったから
(C) 雪があまり降らなかったから
(D) 景気があまりよくなかったから

해설　올해 이 사람이 살고 있는 마을에 그다지 사람이 오지 않았던 이유는 눈이 별로 내리지 않았기 때문이다. 따라서 정답은 (C)가 된다.

어휘　寒い 춥다　見所 볼만한 곳　景気 경기

질문　올해 이 사람이 살고 있는 마을에 그다지 사람이 오지 않았던 것은 어째서입니까?

정답　(C) 눈이 별로 내리지 않았기 때문에

90 今年、ホテルやお店の人はどうして困っていましたか。

(A) 大雪が降ったから

(B) お客さんが減ったから ✓

(C) お客さんが急増したから

(D) 夏にあまりにも暑かったから

해설 올해 호텔이나 가게 사람들이 곤란했던 것은 손님이 줄었기 때문이다. 따라서 정답은 (B)가 된다.

어휘 大雪 대설　減る 줄다
急増 급증　暑い 덥다

질문 올해 호텔이나 가게 사람들은 왜 곤란했었습니까?

정답 (B) 손님이 줄었기 때문에

91 この人は来年何がしたいですか。

(A) 専門家にスキーを習いたい。

(B) スキー用品を整えておきたい。

(C) 働いている小学校の子供たちにスキーを教えたい。

(D) 働いている小学校の子供たちとたくさんスキーがしたい。 ✓

해설 이 사람은 내년에 자신이 근무하고 있는 초등학교의 아이들과 스키를 많이 탈 생각이라고 했다. 따라서 정답은 (D)가 된다.

어휘 専門家 전문가　習う 배우다
用品 용품　整える 갖추다

질문 이 사람은 내년에 무엇이 하고 싶습니까?

정답 (D) 근무하고 있는 초등학교 아이들과 스키를 많이 타고 싶다.

[92 ～ 94]

　もしもし、上野駅の事務室ですか。あの……、電車の中に忘れ物をしてしまったんです。白い紙袋なんですが、棚の上に置いたまま、電車を降りてしまったんです。30分前の電車なんですが、どうすれば……?　えっ?　見つかったら降りた駅じゃなく、東京駅まで取りに行かなければならないんですか。はい。じゃ、まず届いているかどうか調べていただけますか。紙袋の中には書類と、ビデオテープが2本、それから黄色いマフラーが入っています。ああ～、まだ届いてないんですか。えっ?　届いたらお電話いただけるんですか。では、電話番号を言います。

해석　여보세요, 우에노역 사무실인가요? 저……, 전철 안에서 물건을 잃어버렸거든요. 흰 종이 봉투인데, 선반 위에 둔 채로 전철에서 내리고 말았어요. 30분 전 전철인데, 어떻게 하면……? 네? 발견되면 내린 역이 아니라, 도쿄역까지 찾으러 가야 하나요? 네. 그럼, 우선 도착해 있는지 어떤지 확인해 주시겠어요? 종이 봉투 안에는 서류와 비디오 테이프가 두 개, 그리고 노란 머플러가 들어 있어요. 아～, 아직 없다구요? 네? 도착하면 전화 주신다구요? 그럼, 전화 번호를 남길게요.

어휘　駅 역　事務室 사무실　電車 전철　忘れ物をする 물건을 잃어버리다　白い 희다　紙袋 종이 봉투　棚 선반　置く 두다　동사의 た형 + まま ～한 채로　降りる 내리다　見つかる 발견되다　届く 도착하다　～かどうか ～인지 아닌지, ～일지 어떨지　調べる 조사하다　書類 서류　それから 그리고　マフラー 머플러　黄色い 노랗다　番号 번호

92 忘れた物が見つかった場合、この人はどうしなければなりませんか。

(A) 降りた駅まで取りに行かなければならない。

(B) 東京駅まで取りに行かなければならない。 ✔

(C) 乗った駅まで取りに行かなければならない。

(D) 上野駅まで取りに行かなければならない。

해설　잃어버린 물건이 발견된 경우, 이 사람은 도쿄역까지 찾으러 가야만 한다. 따라서 정답은 (B)가 된다.

어휘　降りる 내리다　駅 역　乗る 타다

질문　잃어버린 물건이 발견된 경우, 이 사람은 어떻게 해야만 합니까?

정답　(B) 도쿄역까지 찾으러 가야 한다.

93 この人が忘れた紙袋の中にない物はどれですか。

(A) 雑誌
(B) 書類
(C) ビデオテープ
(D) 黄色いマフラー

해설 이 사람이 잃어버린 종이 봉투 안에는 서류와 비디오 테이프, 노란색 머플러가 들어 있었다. 따라서 정답은 (A)가 된다.

어휘 雑誌 잡지　書類 서류
　　 黄色い 노랗다

질문 이 사람이 잃어버린 종이 봉투 안에 없는 물건은 어느 것입니까?

정답 (A) 잡지

94 この人が忘れた物が届いた場合、事務室ではどうしてくれますか。

(A) 電話してくれる。
(B) 郵送してくれる。
(C) 直接この人に渡してくれる。
(D) 直接家まで送ってくれる。

해설 이 사람이 잃어버린 물건이 도착한 경우, 사무실에서는 이 사람에게 전화로 연락을 주겠다고 했다. 따라서 정답은 (A)가 된다.

어휘 郵送 우송　直接 직접
　　 渡す 건네주다　送る 보내다

질문 이 사람이 잃어버린 물건이 도착한 경우, 사무실에서는 어떻게 해 줍니까?

정답 (A) 전화해 준다.

[95 ～ 97]

　課長、おはようございます。今日のご予定ですが、8時半から10時半まで会議です。その後、日本ホテルで山田電気社長山田様の誕生パーティーがございます。プレゼントに山田社長がお好きな赤ワインをご用意いたしましたが、それでよろしいでしょうか。奥様はホテルのロビーで11時半にお待ちになっているそうです。パーティーの後、横浜で新しい工場の見学会がございます。見学会は2時間で終わる予定です。その後、工場の方たちと横浜ホテルでご夕食の予定です。

해석　과장님, 안녕하세요. 오늘 일정 말인데요, 8시 반부터 10시 반까지 회의가 있습니다. 그 후에 일본 호텔에서 야마다 전기 사장인 야마다 님의 생신 파티가 있습니다. 선물로 야마다 사장님께서 좋아하시는 적포도주를 준비했습니다만, 그걸로 괜찮을까요? 사모님은 11시 반에 호텔 로비에서 기다리신다고 합니다. 파티 후에 요코하마에서 새 공장 견학회가 있습니다. 견학회는 2시간이면 끝날 예정입니다. 그 후에 공장 분들과 요코하마 호텔에서 저녁 식사를 할 예정입니다.

어휘　～から ～まで ～부터 ～까지　予定 예정　会議 회의　電気 전기　誕生 생일　好きだ 좋아하다　赤ワイン 적포도주　用意 준비　奥様 사모님　待つ 기다리다　新しい 새롭다　工場 공장　見学会 견학회　終わる 끝나다　夕食 저녁 식사

95　今日の会議は何時から何時までですか。

(A)　8時から10時まで

(B)　8時半から10時まで

(C)　8時から10時半まで

(D)　8時半から10時半まで ✓

해설　숫자 청취 능력을 묻는 문제로, 오늘 회의는 8시 반부터 10시 반까지 있다. 따라서 정답은 (D)가 된다.

어휘　会議 회의

　　　～から ～まで ～부터 ～까지

질문　오늘 회의는 몇 시부터 몇 시까지입니까?

정답　(D) 8시 반부터 10시 반까지

96 山田社長へのプレゼントは誰がどうしましたか。

(A) 課長が白ワインを用意した。

(B) 課長が赤ワインを用意した。

(C) この人が白ワインを用意した。

(D) この人が赤ワインを用意した。

97 パーティーの後は何がありますか。

(A) 新しい工場の見学会

(B) 新しい工場の人との夕食

(C) 新しい工場の人との面談

(D) 新しい工場の人とのミーティング

[98 ～ 100]

鈴木君、日本商事の渡辺部長が3時に大阪からおいでになることになっているけど、ホテルまで迎えに行って銀座の営業所まで案内してくれない？　もともと山田君に頼んだけど、彼骨折で入院しちゃって……。部長の宿泊先は新宿の東京ホテル501号室。部長は時間にうるさいから、絶対に遅れちゃ駄目よ。あの方を怒らせたら、取引中止になりかねないわ。え〜と、それから、野球の話はしないで。部長はスポーツは何でも好きだけど、最近、好きなチームが負け続けてるので、野球の話をすると機嫌が悪くなるの。あっ、そうだ。相撲の話をするといいと思うわ。それと言葉遣いにはそれほど気を使わなくてもいいけど、服装には気を付けてね。

해석　스즈키 군, 니혼상사의 와타나베 부장님이 3시에 오사카에서 오실 예정인데, 호텔로 마중하러 가서 긴자(銀座)에 있는 영업소까지 안내해 주지 않을래? 원래 야마다 군에게 부탁했었는데, 야마다 군이 골절로 입원해 버려서……. 부장님이 머무르는 곳은 신주쿠의 도쿄 호텔 501호실이야. 시간에 까다로운 분이니까, 절대로 늦으면 안 돼. 그 분을 화나게 하면 거래가 중지될지도 몰라. 음……, 그리고 야구 이야기는 하지 마. 스포츠는 뭐든지 좋아하시는 분이지만, 최근 좋아하는 팀이 계속 지고 있어서 야구 이야기를 하면 기분이 나빠져. 아, 맞다! 스모(相撲) 이야기를 하면 좋을 것 같아. 그리고 말투에는 그다지 신경을 쓰지 않아도 되는데, 복장에는 주의하도록 해.

어휘　～ことになっている ～하기로 되어 있다, ～할 예정이다　営業所 영업소　案内 안내　頼む 부탁하다
骨折 골절　入院 입원　宿泊先 머무르는 곳　時間にうるさい 시간에 까다롭다　絶対に 절대로
遅れる 늦다　駄目 안 됨　怒らせる 화나게 하다　取引 거래　中止 중지
ます형 + かねない ～할지도 모른다　野球 야구　負け続ける 계속 지다　機嫌が悪い 기분이 나쁘다
相撲 스모　言葉遣い 말투　気を使う 신경을 쓰다　服装 복장　気を付ける 조심하다, 주의하다

98　女の人はどうして鈴木君に渡辺部長の案内を頼みましたか。

(A) 彼が一番暇だから
(B) 彼が一番頼もしいと思ったから
(C) 急用ができて自分が行けなくなったから
(D) 最初頼んだ山田君が怪我をして入院したから

해설　여자가 스즈키 군에게 와타나베 부장의 안내를 부탁한 이유는 처음에 부탁한 야마다 군이 다쳐서 입원했기 때문이다. 따라서 정답은 (D)가 된다.

어휘　暇だ 한가하다
頼もしい 믿음직스럽다
急用 급한 볼일
怪我をする 다치다

질문　여자는 왜 스즈키 군에게 와타나베 부장의 안내를 부탁했습니까?

정답　(D) 처음에 부탁한 야마다 군이 다쳐서 입원했기 때문에

99　どうして鈴木君は渡辺部長に野球の話をしてはいけないのですか。

(A)　スポーツの話があまり好きではないから
(B)　話題が枝葉に落ちるおそれがあるから
(C)　野球についてよくない思い出があるから
(D)　部長の好きなチームがよく負けているから

100　渡辺部長についての説明の中で、正しくないものはどれですか。

(A)　勤務先は大阪である。
(B)　時間にルーズな人である。
(C)　服装にうるさい人である。
(D)　スポーツは何でも好きな人である。

101

● 財布を落としたって？ 早く<u>交番</u>に届けた方がいいよ。

(A) こばん   (B) ごばん   ✓(C) こうばん   (D) ごうばん

해설 밑줄의 한자어「交番」은 '파출소'라는 의미로, 「こうばん」이라고 읽는다. 따라서 올바른 발음은 (C)가 된다.

어휘 財布を落とす 지갑을 잃어버리다 　早い 빠르다, 이르다 　届ける 신고하다

해석 지갑을 잃어버렸다고? 빨리 파출소에 신고하는 게 좋아.

102

● 天気も暖かくなり、もう大分<u>鮮やか</u>な緑の季節になった。

✓(A) あざやか   (B) なごやか   (C) はなやか   (D) おだやか

해설 「鮮やかだ」는 '선명하다, 뚜렷하다'라는 의미로, 「あざやかだ」라고 읽는다. 따라서 올바른 발음은 (A)가 된다.

어휘 暖かい 따뜻하다 　大分 꽤, 상당히 　緑 녹색 　季節 계절 　和やかだ 부드럽다 　華やかだ 화려하다
　穏やかだ 온화하다

해석 날씨도 따뜻해져, 이제 상당히 선명한 녹색의 계절이 되었다.

103

● 彼は経験が<u>浅い</u>から、今度の仕事には向かないと思う。

(A) くさい   ✓(B) あさい   (C) にぶい   (D) のろい

해설 「浅い」는 「あさい」라고 읽으며, '얕다, 정도가 낮다'라는 의미를 나타낸다. 따라서 올바른 발음은 (B)가 된다.

어휘 経験 경험 　向く 적합하다 　臭い 냄새가 나다 　鈍い 둔하다 　鈍い 느리다

해석 그 사람은 경험이 적으니까, 이번 일에는 적합하지 않다고 생각한다.

104

○ 買いたい物はたくさんあったけど、何とか<u>衝動</u>買いせずに済んだ。

(A) しょどう　　(B) しょうどう　　(C) じょどう　　(D) じょうどう

해설　밑줄의 한자어 「衝動」는 '충동'이라는 의미로, 「しょうどう」라고 읽는다. 따라서 올바른 발음은 (B)가 된다.

어휘　買う 사다　何とか 그럭저럭, 겨우　衝動買い 충동구매　済む 끝나다

해석　사고 싶은 물건은 많이 있었지만, 겨우 충동구매를 하지 않고 끝났다.

105

○ 選手たちは皆北京オリンピックでの金メダルを<u>目指して</u>頑張っている。

(A) もくさして　　(B) もくざして　　(C) めさして　　(D) めざして

해설　밑줄의 동사는 「めざす」라고 읽고, '목표로 하다'라는 의미를 나타낸다. 따라서 정답은 (D)가 된다.

어휘　選手 선수　オリンピック 올림픽　金メダル 금메달　頑張る 노력하다, 분발하다

해석　선수들은 모두 북경 올림픽에서의 금메달을 목표로 분발하고 있다.

106

○ 今度のことで韓国と中国の貿易<u>摩擦</u>が起きるかもしれない。

(A) まさつ　　(B) ましつ　　(C) ばさつ　　(D) ばしつ

해설　밑줄의 한자어 「摩擦」는 '마찰'이라는 의미로, 「まさつ」라고 읽는다. 따라서 정답은 (A)가 된다.

어휘　韓国 한국　中国 중국　貿易 무역　起きる 일어나다, 발생하다　〜かもしれない 〜일지도 모른다

해석　이번 일로 한국과 중국의 무역 마찰이 일어날지도 모른다.

107

まだ返事が来なかったの？ じゃ、もう一度催促してみたら？

(A) さいさく　　(B) さいちょく　　(C) さいそく　　(D) さいちく

해설　밑줄의「催促」는 '재촉'이라는 의미의 한자어로, 「さいそく」라고 읽는다. 따라서 정답은 (C)가 된다.

어휘　返事 답장, 답변　　もう一度 다시 한 번

해석　아직 답변이 안 왔어? 그럼, 다시 한 번 재촉해 보는 게 어때?

108

喉がかわいたので、水を飲んだ。

(A) 乾いた　　(B) 足いた　　(C) 干いた　　(D) 渇いた

해설　「かわく」라는 동사는 '마르다, 목이 마르다'의 의미가 있는데, 문제에서는 '목이 마르다'라는 의미로 사용되었으므로 올바른 한자는 (D)가 된다. 참고로, (A)는 '마르다, 건조하다'라는 의미의「かわく」이다.

어휘　喉 목　　水を飲む 물을 마시다

해석　목이 말라서 물을 마셨다.

109

会議の結果、個人情報の保護に関する社内規定をもうけることにした。

(A) 儲ける　　(B) 設ける　　(C) 備ける　　(D) 補ける

해설　「もうける」는「設ける(만들다, 설치하다)」와「儲ける(벌다, 이익을 보다)」의 두 가지 한자가 있는데, 밑줄 부분은 전체 내용으로 보아 '만들다'라는 의미로 사용되고 있으므로 정답은 (B)가 된다.

어휘　会議 회의　　結果 결과　　個人 개인　　情報 정보　　保護 보호　　～に関する ～에 관한　　社内 사내　　規定 규정　　～ことにする ～하기로 하다

해석　회의 결과, 개인 정보의 보호에 관한 사내 규정을 만들기로 했다.

110

この問題は両者が一刻も早く<u>互い</u>に<u>せっしょう</u>して妥協点を探るべきだと思う。

(A) 切衝　　　(B) 切衡　　　(C) 折衝 ✓　　　(D) 折衡

해설 「せっしょう」는 '절충'이라는 의미의 한자어로, 올바른 한자는 보기 (C)의 「折衝」가 된다. 유사한 한자에 혼동되지 않도록 주의하자.

어휘 問題(もんだい) 문제　両者(りょうしゃ) 양자　一刻も早く(いっこくもはやく) 한시라도 빨리　互い(たがい)に 서로　妥協点(だきょうてん) 타협점　探(さぐ)る 찾다　〜べきだ 〜해야 한다

해석 이 문제는 한시라도 빨리 양자가 서로 절충하여 타협점을 찾아야 한다고 생각한다.

111

<u>私が先生の荷物をお持ちします</u>。

(A) 先生の荷物は私が持ちます。 ✓　　(B) 先生が私に荷物を持たせます。

(C) 私は先生に荷物を持たれます。　　(D) 先生に私の荷物を持っていただきます。

해설 문제의 문장을 그대로 해석하면 '제가 선생님 짐을 들겠습니다'라는 의미이다. 따라서 같은 의미의 문장은 (A)가 된다.

어휘 荷物(にもつ) 짐　持(も)つ 들다

해석 제가 선생님 짐을 들겠습니다.

112

私はいつも朝起きて30分ぐらい<u>ジョギングをしてから</u>出勤の準備をしています。

(A) ジョギングした後 ✓　　　　　(B) ジョギングする前に

(C) ジョギングして以来　　　　　(D) ジョギングするうちに

해설 「〜てから」는 '〜한 후에, 〜하고 나서'라는 의미의 표현으로, 밑줄 부분은 '조깅을 한 후에'라는 의미가 된다. 따라서 동일한 의미의 표현은 (A)가 된다.

어휘 朝(あさ) 아침　起(お)きる 일어나다　出勤(しゅっきん) 출근　準備(じゅんび) 준비

해석 저는 항상 아침에 일어나서 30분 정도 조깅을 한 후에 출근 준비를 합니다.

113

彼の無茶な発言にみんな<u>びっくりした</u>。

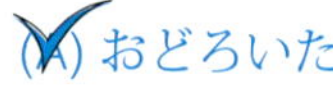

(A) おどろいた   (B) あきらめた

(C) ないた   (D) あわてた

해설 「びっくりする」는 '깜짝 놀라다'라는 의미의 표현이므로, 밑줄 부분과 같은 의미의 동사는 (A)의 「驚く(놀라다)」가 된다.

어휘 無茶だ 터무니없다　発言 발언　諦める 포기하다　泣く 울다　慌てる 당황하다

해석 그 사람의 터무니없는 발언에 모두 깜짝 놀랐다.

114

駅に着き次第、連絡してください。

(A) 着いても   (B) 着きながら   (C) 着いたきり   (D) 着いたら直ちに

해설 「동사의 ます형 + 次第」는 '~하자마자, ~하는 대로'라는 의미의 문법 표현으로, 밑줄 부분과 같은 의미를 가진 표현은 '도착하면 즉시'라는 의미를 나타내는 (D)가 된다.

어휘 着く 도착하다　連絡 연락　동사의 ます형 + ながら ~하면서　동사의 た형 + きり ~한 채로
　　直ちに 즉시

해석 역에 도착하는 대로 연락 주십시오.

115

いくら小さい<u>子供とはいえ</u>、そんなことは絶対に許されまい。

(A) 子供なのに   (B) 子供ながら   (C) 子供において   (D) 子供といえども

해설 「~とはいえ」는 '~라고는 해도'라는 의미의 문법 표현으로, 보기 중에서 동일한 의미로 사용된 표현은 (D)의 「~といえども」가 된다.

어휘 いくら 아무리　小さい 작다, 어리다　絶対に 절대로　許す 용서하다　~まい ~하지 않을 것이다
　　~において ~에 있어서

해석 아무리 어린 아이라고는 해도, 그런 일은 절대로 용서받지 못할 것이다.

116

彼の指摘は実に的を射ていて<u>ぐうの音も出なかった</u>。

(A) 怒らずにはいられなかった

(B) 文句を言わざるを得なかった

(C) 口を出したくて仕方がなかった

(D) 反論することが全くできなかった

해설 「ぐうの音も出ない」는 '한 마디도 반박하지 못하고 항복하다, 끽소리도 못하다'라는 의미의 관용 표현이다. 따라서 같은 의미의 표현은 '전혀 반론할 수가 없었다'의 의미를 나타내는 (D)가 된다.

어휘 指摘 지적　実に 실로, 정말로　的を射る 정곡을 찌르다　怒る 화를 내다　文句を言う 불평을 하다
동사의 ない형 + ざるを得ない ～하지 않을 수 없다　口を出す 말참견을 하다　仕方がない 어쩔 수 없다
反論 반론　全く 정말, 전혀

해석 그 사람의 지적은 실로 정곡을 찌르고 있어서, 한 마디도 반박할 수 없었다.

117

どうぞ、こちらにおかけになってお待ち<u>ください</u>。

(A) 遠慮なくお上がり<u>ください</u>。

(B) きれいなバラを一本<u>ください</u>。

(C) 読み終わったら、木村君に渡して<u>ください</u>。

(D) よくわからないので、もう一度説明して<u>ください</u>。

해설 문제에서 사용된 「ください」는 존경 표현을 나타내는 「ください」이다. (A)는 존경, (B)는 단순히 '주십시오'라는 의미, (C)와 (D)는 「～てください」의 형태로 '～해 주십시오'라는 의미를 나타낸다. 따라서 정답은 (A)가 된다.

어휘 おかけになる 앉으시다　待つ 기다리다　遠慮 사양　バラ 장미　読み終わる 다 읽다　渡す 건네주다
説明 설명

해석 이쪽에 앉으셔서 <u>기다려 주십시오</u>.
(A) 사양하지 말고 <u>들어오십시오</u>.
(B) 예쁜 장미를 한 송이 주십시오.
(C) 다 읽었으면 기무라 군에게 건네주십시오.
(D) 잘 모르겠으니까, 다시 한 번 설명해 주십시오.

118

● 彼は莫大な金を持っていな<u>ながら</u>、生活は至って質素だ。

(A) いつも音楽を聞き<u>ながら</u>勉強している。

(B) あの家では兄弟3人<u>ながら</u>医者である。

(C) 京都には昔<u>ながら</u>の建物がたくさん残っている。

(D) 彼はいい腕を持ってい<u>ながら</u>、一向にそれを生かそうとしない。

해설 「〜ながら」의 용법 구분 문제로, 문제에서는 역접으로 사용되고 있다. (A)는 '〜하면서'라는 의미이고, (B)는 '모두, 전부', (C)는 '〜대로'라는 의미의 상태를 나타내며, (D)는 역접으로 사용되고 있다. 따라서 정답은 (D)가 된다.

어휘 莫大 막대 　至って 대단히 　質素 검소함 　兄弟 형제 　建物 건물 　残る 남다 　腕 솜씨 　一向に 전혀 　生かす 살리다

해석 그 사람은 막대한 돈을 가지고 <u>있으면서도</u>, 생활은 대단히 검소하다.
(A) 항상 음악을 들으면서 공부하고 있다.
(B) 저 집은 형제 세 명 모두가 의사이다.
(C) 교토에는 옛날 그대로의 건물이 많이 남아 있다.
(D) 그 사람은 좋은 솜씨를 가지고 <u>있으면서도</u>, 전혀 그것을 살리려 하지 않는다.

119

● 一度壊れてしまった物はもう<u>もと</u>には戻らない。

(A) この服の<u>もと</u>の色は黒だったそうだ。

(B) 彼は風邪が<u>もと</u>で寝込んでしまった。

(C) もう君も親の<u>もと</u>を離れる必要があると思う。

(D) 暗くてよく見えないから、足<u>もと</u>に気を付けてね。

해설 명사「もと」에는 '처음, 원래, 시작, 원인, 근본, 슬하, 원료, 재료' 등의 다양한 의미가 있는데, 문제에서는 '처음, 원래'라는 의미로 사용되고 있다. (A)는 '처음, 원래', (B)는 '원인', (C)는 '슬하', (D)는 '아래, 밑'이라는 의미로 사용되었으므로, 정답은 (A)가 된다.

어휘 壊れる 부서지다 　戻る 돌아가다 　服 옷 　色 색깔 　風邪 감기 　寝込む 병으로 자리에 눕다 　親 부모 　離れる 떠나다 　必要 필요 　暗い 어둡다 　見える 보이다 　気を付ける 조심하다, 주의하다

해석 한 번 부서져 버린 물건은 다시 <u>원래</u>대로는 돌아가지 않는다.
(A) 이 옷의 <u>원래</u> 색깔은 검정이었다고 한다.
(B) 그 사람은 감기가 원인이 되어 자리에 눕고 말았다.
(C) 이제 당신도 부모님 곁을 떠날 필요가 있다고 생각해.
(D) 어두워서 잘 안 보이니까, 발밑을 조심해.

もう先生の<u>お</u>考えは変わらないと思います。

(A) これからもどうぞよろしく<u>お</u>願い致します。

(B) この記事、社長も<u>お</u>読みになりましたか。

(C) では、こちらから直ちに<u>お</u>手紙を差し上げます。

(D) 合格できたのはすべて山田先生の<u>お</u>かげです。

해설 문제의 「お」는 존경의 접두어로 사용되고 있다. (A)와 (C)는 겸양 표현, (B)는 존경 표현의 대표적인 공식인 「お +
동사의 ます형 + になる」의 형태, (D)는 「お」가 있느냐 없느냐에 따라 의미가 달라지는 단어를 나타낸다. 따라서
정답은 (B)가 된다. 참고로, 보기 (D)처럼 「お」의 유무에 따라서 의미가 달라지는 단어들에는 「しぼり(쥐어 짬) –
おしぼり(물수건)」, 「かず(숫자) – おかず(반찬)」, 「にぎり(쥠) – おにぎり(주먹밥)」 등이 있다.

어휘 考え 생각　変わる 변하다　記事 기사　直ちに 즉시　手紙 편지　差し上げる 드리다　合格 합격
　　　~おかげ ~덕분

해석 선생님의 <u>생각</u>은 변함없는 것 같습니다.
　　　(A) 앞으로도 부디 잘 부탁합니다.
　　　(B) 이 기사, 사장님께서도 <u>읽으셨습니까?</u>
　　　(C) 그럼, 이쪽에서 바로 편지를 드리겠습니다.
　　　(D) 합격할 수 있었던 것은 모두 야마다 선생님 덕분입니다.

121

高い山に<u>登った</u>時、いつも気になるのは山の気温です。
(A)　　 　　　　　 (C)　　　 (D)

해설　문장을 정확하게 해석만 할 수 있으면 답이 쉽게 나오는 문제이다. 전체 내용상 '높은 산에 오를 때'라는 의미가 되어야 하므로, (B)의 시제는 た형이 아닌 기본형이 와야 한다. 따라서 (B)를 「登る」로 바꿔야 올바른 문장이 된다.

어휘　高い 높다　山 산　いつも 항상　気になる 신경이 쓰이다, 걱정이 되다　気温 기온

해석　높은 산에 오를 때, 항상 신경이 쓰이는 것은 산의 기온입니다.

정답　(B) 登った → 登る

122

寝ている私たちのそば<u>の</u>大きくて黒い犬が一匹やってきた。
(A)　　　　　　 　　　 (C)　　　　 (D)

해설　문장이 복잡해 보이지만 앞에서부터 순서대로 정확하게만 해석하면 (B)가 틀렸다는 것을 쉽게 알 수 있다. '자고 있는 우리들 옆으로'라는 의미가 되어야 하므로, (B)에는 조사 「の」가 아닌 「に」가 와야 한다.

어휘　寝る 자다　そば 옆　大きい 크다　黒い 검다　犬 개　一匹 한 마리　やってくる 다가오다

해석　자고 있는 우리들 옆으로 크고 검은 개 한 마리가 다가왔다.

정답　(B) の → に

123

昨日<u>久しぶり</u>に<u>本屋</u>に行って、ボールペン3<u>本</u>と本<u>2枚</u>を買いました。
　　　 (A)　　　　 (B)　　　　　　　　 (C)　　 (D)

해설　책이나 노트를 세는 조수사는 「～冊」이므로, (D)는 「2冊」가 되어야 한다. 참고로, 「～枚」라는 조수사는 종이, 손수건, 우표 등 얇고 넓은 물건을 셀 때 사용한다.

어휘　久しぶりに 오랜만에　本屋 서점　買う 사다

해석　어제 오랜만에 서점에 가서, 볼펜 세 자루와 책 두 권을 샀습니다.

정답　(D) 2枚 → 2冊

124

彼のかばんの中<u>では</u>、たくさんの本とノートがぎっしりと<u>詰まっていた</u>。
     (A)   (B)   (C)   (D)

해설 「～には(～에는)」와 「～では(～에서는)」는 오문 정정에 상당히 자주 출제되는 조사이므로, 잘 구분해서 기억해 두어야 한다. 전체 내용으로 보아 앞부분은 '그 사람의 가방 안에는'이라는 의미가 되어야 하므로, (A)를 「には」로 고쳐야 한다.

어휘 かばん 가방　ぎっしり 가득, 잔뜩　詰まる 가득 차다

해석 그 사람의 가방 안에는 많은 책과 노트가 가득 들어 있었다.

정답 (A) では → には

125

当ホームページの内容の一部、または全部を無断で複製、転載<u>するを</u>禁じます。
(A)   (B)   (C)   (D)

해설 기본적인 문법만 알고 있어도 쉽게 답이 나오는 문제이다. 동사 「する」 다음에는 조사 「を」를 바로 접속할 수 없으므로, (D)는 형식 명사 「こと」를 넣은 형태인 「することを」가 되어야 한다.

어휘 内容 내용　一部 일부　または 또는　無断 무단　複製 복제　転載 전재　禁じる 금하다

해석 이 홈페이지 내용의 일부 또는 전부를 무단으로 복제, 전재하는 것을 금합니다.

정답 (D) するを → することを

126

最近、朝ご飯を<u>食べなくて</u> <u>出勤する</u>社会人が<u>意外と</u>多い<u>そうだ</u>。
     (A)   (B)   (C)   (D)

해설 보기 (A)의 「食べなくて」는 '먹지 않아서'라는 의미로 원인이나 이유를 나타낼 때 사용하는 표현이다. 전체 내용으로 보아 (A) 부분은 '먹지 않고'라는 병렬 관계를 나타내는 표현이 와야 하므로, 정답은 (A)를 「食べないで」로 고쳐야 한다.

어휘 朝ご飯 아침식사　出勤 출근　社会人 사회인　意外と 의외로　기본형 + そうだ ～라고 한다

해석 최근 아침을 먹지 않고 출근하는 사회인이 의외로 많다고 한다.

정답 (A) 食べなくて → 食べないで

127

今朝に起きてテレビをつけると、イラクでまたもや日本人が拘束されたという衝撃的な
(A)　　　　　　　　　　　　　　(B)　　　　　　　　　　(C)
ニュースが飛び込んできた。
　　　　　　　(D)

해설　「今朝(오늘 아침)」라는 표현은 지금 현재를 기준으로 하는 항상 변화되는 시간을 가리킨다. 즉 내일이 되면 어제
　　　아침이 되어버리기 때문에, 이처럼 항상 변화되는 막연한 시간에는 조사「に」를 붙일 수 없다. 따라서 (A)에서
　　　조사「に」를 빼야 올바른 표현이 된다.

어휘　起きる 일어나다　テレビをつける 텔레비전을 켜다　またもや 또다시　拘束 구속　衝撃的 충격적
　　　飛び込む 뛰어들다

해석　오늘 아침에 일어나서 텔레비전을 켜니, 이라크에서 또다시 일본인이 구속되었다고 하는 충격적인 뉴스가 나왔다.

정답　(A) 今朝に → 今朝

128

現在マイホームを建築中で、工事が順調にいけば、12月中には完了するみどころだ。
　　　　　　　　(A)　　　　　　　　　　　(B)　　　　　　　　(C)　　　　(D)

해설　보기 (D)의「みどころ」라는 표현은 '볼만한 곳'이라는 의미로, 문장의 흐름과는 맞지 않는다. 앞부분의 내용으
　　　로 보아 (D) 부분에는 '전망, 예상'이라는 의미의 단어가 필요하므로, (D)를「見込み」로 바꿔야 한다.

어휘　現在 현재　建築 건축　工事 공사　順調 순조　完了 완료

해석　현재 내 집을 건축 중인데, 공사가 순조롭게 진행되면 12월 중에는 완료될 전망이다.

정답　(D) みどころ → 見込み

129

駅前に私の行き帰りのいい店があるから、時間があったら一緒に食べに行きましょう。
(A)　　　　　(B)　　　　　　　　　　　　　　　　　　　　(C)　　　　　(D)

해설　(B)의「行き帰り」는 '오감, 왕복'이라는 의미인데, 전체 내용으로 보아 (B) 부분에는 '단골'이라는 의미의 표현이
　　　와야 한다. 따라서 (B)를「行き付け」로 바꿔야 자연스러운 문장이 된다.

어휘　駅前 역 앞　店 가게　동사의 ます형 + に ～하러

해석　역 앞에 제가 단골로 가는 좋은 가게가 있으니까, 시간이 있으면 함께 먹으러 갑시다.

정답　(B) 行き帰り → 行き付け

130

今年の作物の生育はおおむね順調であったが、今度の台風による強風の影響で大きな障害を
　　　　　　(A)　　　　　　　　　　　　　　　　　　　　(B)　　　　　(C)　　
受けた。

해설　보기 (D)의「障害」는 '장애'라는 의미로, 문장의 내용과는 맞지 않는 어휘이다. 앞에 '태풍에 의한 강풍의 영향'
　　　이라는 표현이 있는 것으로 보아, (D)에는 '피해'라는 의미의「被害」가 와야 올바른 표현이 된다.

어휘　作物 농작물　生育 생육　概ね 대체로, 일반적으로　順調 순조　台風 태풍　～による ～에 의한
　　　強風 강풍　影響 영향　被害を受ける 피해를 입다

해석　올해 농작물의 생육은 대체로 순조로웠지만, 이번 태풍에 의한 강풍의 영향으로 큰 피해를 입었다.

정답　(D) 障害 → 被害

131

最近、韓国では改良韓服が作られて若者の間でもおしゃれな服として脚光を集めている。
　　　　　　　　　　　　　　　(A)　　　　　(B)　　　　　　　(C)　　

해설　'각광을 받다'라는 의미의 관용 표현은「脚光を浴びる」가 된다. 따라서 올바른 표현은 (D)의 동사를「浴びて」
　　　로 바꿔야 한다. 참고로, 유사한 의미의 표현인「注目を浴びる(주목을 받다)」도 함께 기억해 두도록 하자.

어휘　改良 개량　若者 젊은이　おしゃれ 멋짐　服 옷　～として ～로서

해석　최근 한구에서는 개량한복이 만들어져, 젊은이들 사이에서도 밋진 옷으로 각광을 받고 있다.

정답　(D) 集めて → 浴びて

132

日本から遠いヨーロッパでの出来事は、私たちにはほとんど馴染みがなく、想像だにつく
　　　　　(A)　　　　　　　　　(B)　　　　　　　　　　　　　　　　　(C)
ものばかりだった。

해설　앞부분의 '먼 유럽에서 일어난 사건은 친숙하지 않다'는 내용으로 보아, 뒷부분에는 '상상조차 가지 않는 것들뿐
　　　이었다'라는 내용이 와야 할 것이다. 따라서 (D)는 부정형인「つかない」가 되어야 한다.

어휘　出来事 사건, 일　ほとんど 거의, 대부분　馴染み 친숙함　想像がつく 상상이 가다　～だに ～조차

해석　일본에서 먼 유럽에서의 사건은 우리들에게는 대부분 친숙하지 않아, 상상조차 가지 않는 것들뿐이었다.

정답　(D) つく → つかない

133

子供でも大人と同じように、もう取り返しがつくと思うことはあるはずだ。
　　(A)　　(B)　　　　　　　　　　　　(C)　　　　　　　　　　(D)

해설　'돌이킬 수 없다'라는 의미의 관용 표현은「取り返しがつかない」로 나타낸다. 따라서 정답은 (C)가 되며, 참고로「取り返しがつく」라는 표현은 없는 표현이므로 주의하도록 하자.

어휘　大人 어른　同じだ 똑같다　もう 이제, 이미　～はずだ ～일 것이다, ～일 터이다

해석　아이라도 어른들처럼 이제 돌이킬 수 없다는 생각이 들 때도 있을 것이다.

정답　(C) 取り返しがつく → 取り返しがつかない

134

地球の表面積の半分は海であり、その海底には石油や天然ガスなどの資源が寝ている。
　　　　　　　(A)　　　　　　　　　　　(B)　　　(C)　　　　　　　　　(D)

해설　「寝る(자다)」는 실제로 잠을 자는 경우에 사용하는 동사로, 문제의 문장과는 맞지 않는 표현이다. 전체 내용으로 보아 (D)에는 추상적인 의미의 '잠들다'가 와야 하므로, 정답은 (D)를「眠って」로 바꿔야 한다.

어휘　地球 지구　表面積 표면적　半分 절반　海 바다　海底 바다 밑　石油 석유　天然 천연　資源 자원

해석　지구 표면적의 절반은 바다이고, 그 바다 밑에는 석유나 천연가스 등의 자원이 잠들어 있다.

정답　(D) 寝て → 眠って

135

今度の実験はみんなの予想に反して 思いもよらない結果がかかった。
　　　　　(A)　　　　　　　　(B)　　　(C)　　　　(D)

해설　전체 내용으로 보아 (D) 부분에는 '결과가 나오다'라는 의미가 와야 하므로, (D)의 동사는「出た」가 되어야 한다. 따라서 틀린 부분은 (D)가 된다.

어휘　実験 실험　予想 예상　～に反して ～에 반해서, ～와는 반대로　思いもよらない 생각지도 못한
　　　結果 결과

해석　이번 실험은 모두의 예상과는 반대로 생각지도 못한 결과가 나왔다.

정답　(D) かかった → 出た

136

十分にできる能力を持っていながら、そこまでの実力しか出せなかったことが悔しくて
　　　　(A)　　　　　　　　　　　　(B)　　　　　　　　　　　　　　　(C)

なれない。

解설 '너무 ~하다'는 「~てならない」이므로, (D)를 「ならない」로 바꿔야 올바른 표현이 된다. 참고로, 이 표현과
　　　유사한 의미의 표현으로는 「~て仕方(が)ない」 또는 「~てたまらない」가 있다.

어휘 十分に 충분히　能力 능력　実力 실력　悔しい 분하다

해석 충분히 할 수 있는 능력을 가지고 있으면서도, 그 정도 실력밖에 낼 수 없었던 것이 너무 분하다.

정답 (D) なれない → ならない

137

ぺらぺら文句ばかり言っていないで、ちょっと見方を変えればすごく楽しくなる事だって
　　　　　　　　　　　　　　　　　(B)　　　　　　(C)　　　　　　　　　　　　　(D)
あるのに。

해설 (A)의 「ぺらぺら」는 외국어 등을 유창하게 잘하는 모습을 나타내는 의태어이므로, 문장의 흐름과는 맞지 않는
　　　표현이다. (A) 다음에 「文句(불평, 불만)」라는 단어가 나오는 것으로 보아, (A)에는 투덜투덜 불평하는 모양을
　　　나타내는 의태어인 「ぶつぶつ」가 오는 것이 자연스럽다.

어휘 見方 보는 법　変える 바꾸나　楽しい 즐겁다

해석 투덜투덜 불평만 하지 말고, 조금만 보는 법을 바꾸면 굉장히 즐거워지는 일도 있을 텐데.

정답 (A) ぺらぺら → ぶつぶつ

138

彼は専門性を高めるための努力をさぼらず、日々の仕事に斬新な発想を活かそうとする人で
　　　　　　　　　　(A)　　　　　　　　　　　　　　　　　　(C)　　　　　(D)
ある。

해설 「さぼる」와 「怠る」 모두 '게을리하다'라는 의미이지만, '노력을 게을리하다'는 「努力を怠る」로 나타낸다. 따라서
　　　올바른 표현이 되려면 (B)를 「怠らず」로 바꿔야 한다.

어휘 専門性 전문성　高める 높이다　斬新 참신　発想 발상　活かす 살리다

해석 그는 전문성을 높이기 위한 노력을 게을리하지 않고, 매일 일에 참신한 발상을 살리려고 하는 사람이다.

정답 (B) さぼらず → 怠らず

139

このタイヤは<u>乗車感</u>がよい<u>反面</u>、作業現場に<u>落ちている</u>金属片などによってパンクする
    (A)   (B)   (C)

<u>おそれ</u>があります。
  (D)

해설   한일 어휘의 차이를 묻는 문제로, 일본어로 '승차감'은 「乗車感」이 아니라 「乗り心地」라고 한다. 따라서 (A)가
       틀린 부분이다.

어휘   反面 반면   作業 작업   現場 현장   金属片 금속 파편   〜によって 〜에 의해
       〜おそれがある 〜할 우려가 있다

해석   이 타이어는 승차감이 좋은 반면, 작업 현장에 떨어져 있는 금속 파편 등에 의해 펑크가 날 우려가 있습니다.

정답   (A) 乗車感 → 乗り心地

140

電気の価格が上がっている<u>こと</u>は、需要が<u>伸びつづけて</u>、原子力発電<u>による</u>発電余力がなく
                   (A)   (B)   (C)

なり<u>つつある</u>からです。
      (D)

해설   「こと」와 「の」의 구분 문제로, 바꿀 수 있는 명사가 존재하는 경우에는 「こと」가 아닌 「の」로 나타내야 한다.
       (A) 부분은 「原因(원인)」이나 「理由(이유)」로 바꿔도 의미가 통하므로, 정답은 (A)를 「の」로 바꾸면 된다. 참고
       로, '〜인 것은 〜이기 때문이다'라는 뜻의 이유를 강조하는 구문은 일본어로 「〜のは〜からだ」로 나타내는
       데, 이러한 표현은 하나의 문형으로 암기해 두는 것이 좋다.

어휘   電気 전기   価格 가격   需要 수요   原子力 원자력   発電 발전   余力 여력
       동사의 ます형 + つつある 계속 〜하다

해석   전기의 가격이 오르고 있는 것은 수요가 계속 늘어서 원자력발전에 의한 발전 여력이 계속 소모되고 있기 때문
       입니다.

정답   (A) こと → の

Memo

141

彼は世田谷区の高級住宅街______住んでいます。

(A) に 　　　(B) で 　　　(C) を 　　　(D) の

해설 '~에 살고 있다'는 「~に住んでいる」의 형태로 나타내므로, 공란에 들어갈 적절한 조사는 (A)의 「に」가 된다.

어휘 高級(こうきゅう) 고급 　住宅街(じゅうたくがい) 주택가

해석 그 사람은 세타가야구(世田谷区)의 고급 주택가에 살고 있습니다.

142

鈴木さんは貿易会社で働いていたが、すぐ辞めて今は銀行______勤めています。

(A) で 　　　(B) に 　　　(C) が 　　　(D) を

해설 '~에 근무하고 있다'는 일본어로 「~に勤(つと)めている」의 형태로 나타낸다. 따라서 적절한 조사는 (B)의 「に」가 된다.

어휘 貿易会社(ぼうえきがいしゃ) 무역회사 　~で働(はたら)いている ~에서 일하고 있다 　辞(や)める 일을 그만두다 　銀行(ぎんこう) 은행

해석 스즈키 씨는 무역회사에서 일하고 있었는데, 바로 그만두고 지금은 은행에 근무하고 있습니다.

143

講演が始まるまでにはまだ一時間も残っていたのに、駐車場はもう車______いっぱいでした。

(A) に 　　　(B) で 　　　(C) を 　　　(D) から

해설 문장 전체 내용으로 보아 공란 부분에는 충만의 대상, 즉 가득 차는 대상을 나타낼 때 쓰이는 조사가 필요하다는 것을 알 수 있다. 따라서 정답은 (B)의 「で」가 된다.

어휘 講演(こうえん) 강연 　始(はじ)まる 시작되다 　残(のこ)る 남다 　駐車場(ちゅうしゃじょう) 주차장

해석 강연이 시작되기까지는 아직 1시간이나 남아 있었는데도, 주차장은 벌써 자동차로 꽉 찼습니다.

144

○ スケジュールを＿＿＿＿＿して旅行に参加することにした。

(A) 修理　　　　　(B) 合理　　　　　(C) 調整　　　　　(D) 変心

해설　공란 앞에 '스케줄'이라는 단어가 나오고 뒷부분에 '여행에 참가하기로 했다'고 했으므로, 공란 부분에는 '조정'이라는 의미의 한자어인 「調整(ちょうせい)」가 들어가는 것이 가장 자연스럽다는 것을 알 수 있다. 따라서 정답은 (C)가 된다.

어휘　スケジュール 스케줄　旅行(りょこう) 여행　参加(さんか) 참가　～ことにする ～하기로 하다　修理(しゅうり) 수리　合理(ごうり) 합리　変心(へんしん) 변심

해석　스케줄을 조정해서 여행에 참가하기로 했다.

145

○ できる＿＿＿＿＿わかりませんが、最後まで全力を尽くしてやります。

(A) のに　　　　　(B) つつも　　　　　(C) かどうか　　　　　(D) ながらも

해설　문장 전체 내용으로 보아 공란 부분에는 '～인지 아닌지, ～일지 어떨지'라는 의미의 조사가 필요하므로, 정답은 (C)의 「かどうか」가 된다.

어휘　できる 할 수 있다　わかる 알다　最後(さいご) 최후, 마지막　全力(ぜんりょく)を尽(つ)くす 전력을 다하다

해석　할 수 있을지 어떨지 모르겠습니다만, 마지막까지 전력을 다해 하겠습니다.

146

○ 昨日、友達が＿＿＿＿＿お菓子は甘くてとても美味しかった。

(A) くれた　　　　　(B) あげた　　　　　(C) くださった　　　　　(D) いただいた

해설　남이 나에게 무언가를 줄 때에는 「くれる」나 「くださる」를 사용하는데, 문제에서는 친구가 나에게 과자를 준 것이므로 정답은 (A)가 된다.

어휘　友達(ともだち) 친구　お菓子(かし) 과자　甘(あま)い 달다　美味(おい)しい 맛있다

해석　어제 친구가 준 과자는 달고 아주 맛있었다.

147

申し訳ありませんが、只今＿＿＿＿＿しまいました。

(A) 売り切れる   (B) 売り切れて   (C) 売り切れた   (D) 売り切れよう

해설 '～해 버리다'라는 표현은「～てしまう」의 형태로 나타내므로, 적절한 접속 형태는 (B)의「売り切れて」가 된다.

어휘 只今(ただいま) 현재   売り切れる(うりきれる) 다 팔리다

해석 죄송합니다만, 현재 품절입니다.

148

もうこんな時間! ＿＿＿＿＿出発しましょうか。

(A) どんどん   (B) はらはら   (C) そろそろ   (D) くらくら

해설 공란 다음에 '출발할까요?'라는 표현이 있는 것으로 보아, 공란 부분에는 '슬슬'이라는 의미의 의태어가 필요하다는 것을 알 수 있다. 따라서 정답은 (C)의「そろそろ」가 된다.

어휘 もう 이제, 벌써   時間(じかん) 시간   出発(しゅっぱつ) 출발   どんどん 계속해서   はらはら 조마조마   くらくら 어질어질

해석 벌써 시간이 이렇게 되었네! 슬슬 출발할까요?

149

私は毎年正月には神社に行くのが＿＿＿＿＿です。

(A) 規則   (B) 約束   (C) 習慣   (D) 用事

해설 공란 앞부분에서 매년 정월에 신사에 간다고 했으므로, 정답은 (C)의「習慣(しゅうかん)(습관)」이 된다.

어휘 正月(しょうがつ) 정월, 설날   神社(じんじゃ) 신사   規則(きそく) 규칙   約束(やくそく) 약속   用事(ようじ) 볼일

해석 저는 매년 설날에는 신사에 가는 것이 습관입니다.

150

二人は昨日結婚を______ばかりです。

(A) 申し込む　　　　(B) 別れる　　　　(C) 入れた　　　　(D) 決めた ✓

해설　문장의 내용으로 보아 밑줄 부분은 '막 ~한, 방금 ~한'이라는 의미가 되어야 하므로, 「ばかり」 앞에는 동사의 た 형이 와야 한다. 그런데 의미상 (C)는 어색하므로, 따라서 정답은 (D)가 된다.

어휘　結婚(けっこん) 결혼　申(もう)し込(こ)む 신청하다　別(わか)れる 헤어지다　決(き)める 결정하다

해석　두 사람은 어제 막 결혼을 결정했습니다.

151

今日ボーナスも出たし、いつもご馳走になっているので、今日は私に______ください。

(A) おごって　　　(B) おごらせて ✓　　　(C) おごらされて　　　(D) おごりになって

해설　문제의 문장은 '오늘 보너스도 나왔고 항상 대접받았으니까, 오늘은 제가 사겠습니다'라는 의미이므로, 정답은 '한턱내다'라는 의미를 나타내는 「おごる」의 사역형인 (B)가 된다.

어휘　ボーナス 보너스　ご馳走(ちそう)になる 대접받다　いただく '먹다, 마시다, 받다'의 겸양어

해석　오늘 보너스도 나왔고 항상 대접받았으니까, 오늘은 저에게 한턱내게 해 주십시오(제가 사겠습니다).

152

うちの犬は______噛んだり吠えたりしないから、触ってもいいですよ。

(A) 大人しくて ✓　　　(B) 怪しくて　　　(C) 大きくて　　　(D) 親しくて

해설　공란 다음 문장에서 개가 물거나 짖거나 하지 않는다고 했으므로, 공란 부분에는 '얌전하다'라는 의미의 い형용사가 들어가는 것이 가장 자연스러울 것이다. 따라서 정답은 (A)가 된다.

어휘　犬(いぬ) 개　噛(か)む 물다　吠(ほ)える 짖다　触(さわ)る 만지다　怪(あや)しい 수상하다　大(おお)きい 크다　親(した)しい 친하다

해석　우리 개는 얌전해서 물거나 짖거나 하지 않으니까 만져도 돼요.

153

もしもし、片岡さん＿＿＿＿＿＿。

(A) でございますか

(B) でいらっしゃいますか

(C) になりますか

(D) におありですか

해설 '〜입니까'라는 의미인「〜ですか」의 존경 표현을 찾는 문제이므로, 정답은 (B)의「〜でいらっしゃいますか」가 된다.

어휘 もしもし 여보세요　〜になる 〜이 되다

해석 여보세요, 가타오카 씨인가요?

154

今度の出来事について先生は何と＿＿＿＿＿＿。

(A) なさいましたか

(B) おいでになりましたか

(C) おっしゃいましたか

(D) ご覧になりましたか

해설 문장의 내용으로 보아 공란 부분에는 '말하다'의 존경어인「おっしゃる(말씀하시다)」가 와야 한다는 것을 알 수 있다. 따라서 정답은 (C)가 된다.

어휘 出来事 일, 사건　〜について 〜에 대해서　なさる 하시다　おいでになる 오시다　ご覧になる 보시다

해석 이번 일에 대해서 선생님께서는 뭐라고 말씀하셨습니까?

155

今考えてみても、当時＿＿＿＿＿＿日本に留学してよかったと思う。

(A) おもいきって

(B) いくら

(C) いっこうに

(D) せめて

해설 문장 전체 내용으로 보아 공란 부분에는 '큰맘 먹고, 과감히'라는 의미의 부사가 필요하므로, 정답은 (A)의「思い切って」가 된다.

어휘 考える 생각하다　当時 당시　留学 유학　いくら 아무리　一向に 전혀　せめて 하다못해, 적어도

해석 지금 생각해 봐도 당시에 과감히 일본에 유학 갔다 와서 다행이었다고 생각한다.

156

今度の事件を＿＿＿＿に新しい法律が作られようとしている。

(A) 舞台　　　　(B) 契機　　　　(C) 根本　　　　(D) 困惑

해설　공란 다음에 '새로운 법률이 만들어지려고 하고 있다'는 말이 나오는 것으로 보아, 공란 부분에는 '계기'라는 한자어
　　　가 들어가는 것이 가장 자연스러울 것이다. 따라서 정답은 (B)의 「契機(けいき)」가 된다.

어휘　事件(じけん) 사건　新(あたら)しい 새롭다　法律(ほうりつ) 법률　作(つく)る 만들다　舞台(ぶたい) 무대　根本(こんぽん) 근본　困惑(こんわく) 곤혹

해석　이번 사건을 계기로 새로운 법률이 만들어지려 하고 있다.

157

鈴木君、英語がぺらぺらなんだって。＿＿＿＿、ドイツ語もできるそうよ。

(A) すると　　　　(B) それに　　　　(C) それで　　　　(D) しかし

해설　공란 전후의 내용으로 보아 공란 부분에는 '게다가'라는 의미의 접속사가 필요하므로, 정답은 (B)의 「それに」가 된다.

어휘　ぺらぺら 외국어 등을 유창하게 말하는 모양　すると 그러자　それで 그래서　しかし 그러나

해석　스즈키 군은 영어를 잘한대. 게다가 독일어도 할 수 있다고 해.

158

彼の料理の＿＿＿＿はプロ並みだ。

(A) て　　　　(B) かたち　　　　(C) かて　　　　(D) うでまえ

해설　공란 다음에 「プロ並(な)み(프로 수준)」라는 표현이 있으므로, 공란 부분에는 '솜씨, 실력'이라는 의미의 단어가 필요하
　　　다는 것을 알 수 있다. 따라서 정답은 (D)의 「腕前(うでまえ)」가 된다.

어휘　料理(りょうり) 요리　手(て) 손　形(かたち) 모양, 형태　糧(かて) 양식

해석　그 사람의 요리 솜씨는 프로 수준이다.

159

夜のパーティーだから、今日はちょっと＿＿＿＿＿の服を着てみよう。

 (A) 派手め　　　　(B) 派手だ　　　　(C) 派手で　　　　(D) 派手っぽい

해설　전체 내용으로 보아 조금 화려한 듯한 옷을 입고 가겠다는 의미가 되어야 하는데, 공란 다음에 나오는 조사 「の」에 주목을 해야 실수가 없는 문제이다. 적절한 접속 형태는 (A)의 「派手め」가 된다.

어휘　夜(よる) 밤　パーティー 파티　服(ふく) 옷　着(き)る 입다

해석　밤에 열리는 파티니까, 오늘은 조금 화려한 옷을 입어 봐야겠다.

160

朝から何も食べなくてお腹が＿＿＿＿＿です。

(A) ぺこぺこ　　　　(B) ぶかぶか　　　　(C) まごまご　　　　(D) ひしひし

해설　공란 앞부분에 아침부터 아무것도 먹지 않았다고 나오므로, 공란 부분에는 배고픔과 관련된 의태어가 오는 것이 가장 자연스러울 것이다. 따라서 정답은 몹시 배고픈 모양을 나타내는 의태어인 (A)의 「ぺこぺこ」가 된다.

어휘　朝(あさ) 아침　食(た)べる 먹다　お腹(なか) 배　ぶかぶか 헐렁헐렁　まごまご 우물쭈물　ひしひし 절실히, 뼈저리게

해석　아침부터 아무것도 먹지 않아서 몹시 배가 고픕니다.

161

きれい＿＿＿＿＿、必ずしも性格がいいとは限らない。

 (A) だからといって　　(B) はさておいて　　(C) もさることながら　(D) にもまして

해설　공란 다음에 '반드시 성격이 좋은 것은 아니다'라는 표현이 나오는 것으로 보아 공란 부분은 '예쁘다고 해서'라는 의미가 되어야 한다. 따라서 정답은 (A)의 「だからといって」가 된다.

어휘　きれいだ 예쁘다　必(かなら)ずしも 반드시　性格(せいかく) 성격　～とは限(かぎ)らない ～인 것은 아니다, ～라고는 볼 수 없다　～はさておいて ～은 제쳐 두고　～もさることながら ～도 물론이거니와　～にもまして ～보다 더

해석　예쁘다고 해서 반드시 성격이 좋은 것은 아니다.

162

○ 山田先生の授業は難しくてちょっと______にくい。

(A) わかる   (B) わかり   (C) わから   (D) わかろう

해설 「〜にくい」는 '〜하기 힘들다'라는 의미의 문법 표현으로, 동사의 ます형에 접속한다. 따라서 정답은 (B)가 되는데, 반대 의미의 표현인 「동사의 ます형 + やすい(〜하기 쉽다)」도 함께 기억해 두도록 하자.

어휘 授業 수업　難しい 어렵다

해석 야마다 선생님의 수업은 어려워서 조금 이해하기 힘들다.

163

○ ______不況で倒産する企業が続出しているそうだ。

(A) 長引く   (B) 遅延する   (C) 急増する   (D) 縮める

해설 공란 다음에 나오는 내용으로 보아 공란 부분에는 '길어지다, 장기화되다'라는 의미의 동사가 필요하다는 것을 알 수 있다. 따라서 정답은 (A)의 「長引く」가 된다.

어휘 不況 불황　倒産 도산　企業 기업　続出 속출　遅延 지연　急増 급증　縮める 줄이다, 축소시키다

해석 장기화된 불황으로 도산하는 기업이 속출하고 있다고 한다.

164

○ つまらないことで、先生の______をつぶしてしまい、本当に申し訳ありません。

(A) 体   (B) 頭   (C) 口   (D) 顔

해설 신체 부위를 사용한 관용 표현에 대한 이해를 묻는 문제로, 공란 다음에 「つぶす」라는 동사가 오는 것으로 보아 공란 부분에는 '체면을 손상시키다'라는 의미의 관용 표현이 와야 한다는 것을 알 수 있다. 따라서 정답은 (D)의 「顔」가 된다.

어휘 つまらない 시시하다, 쓸데없다　体 몸　頭 머리　口 입

해석 쓸데없는 일로 선생님의 체면을 손상시켜 버려서 정말로 죄송합니다.

165

鉄は長い間空気に触れていると、________ものだ。

(A) よじる　　　(B) わびる　　　(C) さびる ✓　　　(D) とける

해설 철이 오랫동안 공기에 접촉하면 녹이 슬 것이다. 따라서 공란 부분에는 '녹슬다'라는 의미의 동사가 필요하므로, 정답은 (C)의 「錆びる」가 된다.

어휘 鉄(てつ) 철　長(なが)い間(あいだ) 오랫동안　触(ふ)れる 접촉하다, 닿다　기본형 + ものだ ~인 법이다　よじる 비틀다
　　　詫(わ)びる 사과하다　溶(と)ける 녹다

해석 철은 오랫동안 공기에 접촉하면 녹스는 법이다.

166

勝敗は________、最後まで最善を尽くして戦いたい。

(A) ともかく ✓　　　(B) おろか　　　(C) ともに　　　(D) めぐって

해설 조사 「は」와 함께 사용되어 '~은 어쨌든 간에'라는 의미를 나타내는 문법 표현을 찾는 문제이다. 따라서 정답은 (A)의 「ともかく」가 된다.

어휘 勝敗(しょうはい) 승패　最後(さいご) 최후, 마지막　最善(さいぜん)を尽(つ)くす 최선을 다하다　戦(たたか)う 싸우다　~はおろか ~은 커녕

해석 승패는 어쨌든 간에 마지막까지 최선을 다해 싸우고 싶다.

167

体の弱かった娘が試合で優勝するなんて、________だ。

(A) 感無量 ✓　　　(B) 感嘆　　　(C) 感懐　　　(D) 感激

해설 몸이 약했던 딸이 시합에서 우승을 하면 감개무량할 것이다. 보기에 나오는 한자어의 의미로 보아 공란 부분에는 우리말의 '감개무량'이라는 의미의 한자어가 들어가는 것이 가장 자연스러우므로, 정답은 (A)의 「感無量(かんむりょう)」가 된다.

어휘 体(からだ) 몸　弱(よわ)い 약하다　娘(むすめ) 딸　試合(しあい) 시합　優勝(ゆうしょう) 우승　~なんて ~하다니, ~이라니　感嘆(かんたん) 감탄
　　　感懐(かんかい) 감회　感激(かんげき) 감격

해석 몸이 약했던 딸이 시합에서 우승하다니 감개무량하다.

168

子供______、まだ親の脛をかじっているなんて、本当に情けない。

(A) において (B) じゃあるまいし (C) ときたら (D) どころか

해설 공란 뒷부분이 '아직 부모님에게 의지하고 있다니 정말로 한심하다'라는 의미인 것으로 보아 공란 부분에는 '~은 아닐 텐데'라는 의미의 문법 표현이 필요하다는 것을 알 수 있다. 따라서 정답은 (B)의 「じゃあるまいし」가 된다.

어휘 親の脛をかじる 경제적으로 독립하지 못하고 부모에게 의지하다 情けない 한심하다

　　~において ~에 있어서 ~ときたら ~로 말하자면 ~どころか ~은 커녕

해석 아이도 아니고 아직 부모님에게 의지하고 있다니, 정말로 한심하다.

169

その企業は諸般の事情により、欧米市場からの撤退______。

(A) しても差し支えなかった　　(B) を余儀なくされた

(C) とは言い難かった　　(D) ばかりしていた

해설 문장 전체 내용으로 보아 공란 부분에는 '어쩔 수 없이 ~하게 되다'라는 의미의 문법 표현이 필요하다는 것을 알 수 있다. 따라서 정답은 (B)의 「を余儀なくされた」가 된다.

어휘 企業 기업　諸般 제반, 여러 가지　事情 사정　欧米 구미　市場 시장　撤退 철퇴

　　~ても差し支えない ~해도 지장이 없다　~とは言い難い ~라고는 말하기 힘들다

해석 그 기업은 여러 가지 사정으로, 구미 시장에서 어쩔 수 없이 물러나게 되었다.

170

新しく就任した社長は、傾いた会社を再建すべく、______決意を示した。

(A) とんちんかんの　(B) ちやほやされる　(C) 並々ならぬ　(D) めきめきと

해설 공란 다음에 나오는 한자어「決意(결의)」와 함께 사용할 수 있는 표현을 찾으면 정답이 쉽게 나오는 문제이다. 정답은 '보통 정도가 아닌, 예사롭지 않은'이라는 의미를 나타내는 (C)의「並々ならぬ」가 된다.

어휘 新しい 새롭다　就任 취임　傾く 기울다　再建 재건　示す 보여주다　とんちんかん 뚱딴지같음

　　ちやほや 애지중지하는 모양　めきめき 두드러지게 성장하는 모양, 무럭무럭

해석 새롭게 취임한 사장님은 기울어진 회사를 재건하기 위해서 굳은 결의를 보여주었다.

[171 ～ 174]

私は一昨年このアパートに引っ越してきた。このアパートは会社が提供する5階建ての建物で、1年以上勤務した人および独身の人だけが住むことができる。うちの会社は友達の会社に比べたら、ちょっと遅く終わるが、基本的に残業はないし、それに週末には会社に行くこともない。なぜなら、社長が週末は何があってもゆっくり休まなければならないと思っているからだ。こんな私を友達はいつも羨ましがっている。彼は結婚して子供もいるが、週末にも会社に行かなければならないので、子供と一緒に遊んであげられないのがとても残念だそうだ。

해석　나는 재작년에 이 아파트로 이사를 왔다. 이 아파트는 회사가 제공하는 5층 건물로, 1년 이상 근무한 사람 및 독신인 사람만이 살 수 있다. 우리 회사는 친구 회사에 비하면 조금 늦게 끝나지만 기본적으로 잔업은 없으며, 게다가 주말은 회사에 가는 일도 없다. 왜냐하면 사장님이 주말은 무슨 일이 있더라도 느긋하게 쉬어야만 한다고 생각하고 있기 때문이다. 친구는 이런 나를 항상 부러워하고 있다. 친구는 결혼해서 아이도 있는데, 주말에도 회사에 가야만 하기 때문에 아이와 함께 놀아줄 수 없는 것이 매우 유감이라고 한다.

어휘　引っ越す 이사하다　提供 제공　建物 건물　以上 이상　勤務 근무　～および ～및　独身 독신　住む 살다　友達 친구　比べる 비교하다　遅い 늦다　終わる 끝나다　基本的に 기본적으로　残業 잔업　それに 게다가　週末 주말　なぜなら 왜냐하면　社長 사장(님)　ゆっくり 느긋하게　休む 쉬다　羨ましがる 부러워하다　結婚 결혼　遊ぶ 놀다　残念だ 유감이다

171　この人は今のアパートにどのぐらい住んでいますか。

(A) ちょうど1年住んでいる。

(B) 1年以上住んでいる。 ✓

(C) 3年以上住んでいる。

(D) まだ6ヶ月も住んでいない。

해설　독해문의 첫 번째 문장에서 재작년에 이사를 왔다고 했으므로, 정답은 1년 이상 살고 있다고 한 (B)가 된다.

어휘　住む 살다　ちょうど 정확히

질문　이 사람은 지금의 아파트에 어느 정도 살고 있습니까?

정답　(B) 1년 이상 살고 있다.

172 この人が勤めている会社についての説明の中で、正しい
ものはどれですか。

(A) いつも残業が多くて大変だ。
(B) 友達の会社に比べて早く終わる。
(C) 週末は会社に行かなくてもいい。
(D) 独身の人だけ勤めることができる。

173 この人が住んでいるアパートについての説明の中で、正しく
ないものはどれですか。

(A) 5階建ての建物である。
(B) 独身の人だけ住むことができる。
(C) 1年以上勤めないと住めない。
(D) 結婚した人は子供がいる人に限って住むことができる。

174 この人の友達は何がとても残念だと思っていますか。

(A) 会社の給料が低いこと
(B) 結婚して自由時間が少ないこと
(C) 会社の福祉施設が足りないこと
(D) 週末に子供と一緒に遊んであげられないこと

[175 ～ 178]

母がジョギングを始めました。母はもともと運動が好きでしたが、最近ちょっと太り気味で、医者から適度な運動が必要だと言われたからです。運動を始めてから一週間後、母は「やっぱり一人で運動するのは嫌だわ」と言って、私に「一緒にしよう」と声をかけました。それで、一緒に運動することにしましたが、母は急に足が痛くなって当分の間ジョギングができなくなってしまいました。それに、私も仕事の都合で朝はつらかったから、夜一人でジョギングをすることにしました。夜の公園は人が少なくて暗いから、恐いだろうと思っていましたが、照明が多くて大勢の人々が運動をしていて、意外と活気に溢れていました。それで、今はつらい朝より気楽な夜のジョギングをしています。先週一人でジョギングをしていたら、大学時代の友達に偶然会いました。彼女とは大学時代に同じ授業に出ていましたが、話をしたことはありませんでした。でも、ジョギングをきっかけにずいぶん親しくなって、今は夜時々会って一緒に走ったり話したりしています。

해석 　어머니가 조깅을 시작했습니다. 어머니는 원래 운동을 좋아했었는데, 최근 조금 살이 찐 것 같았고 의사로부터 적당한 운동이 필요하다는 말을 들었기 때문입니다. 운동을 시작하고 일주일 후, 어머니는 '역시 혼자서 운동하는 건 싫어'라고 하시며 저에게 '함께 하자'고 권유했습니다. 그래서 함께 운동을 하기로 했는데, 어머니는 갑자기 다리가 아파서 당분간 조깅을 할 수 없게 되고 말았습니다. 게다가 저도 일 사정상 아침은 힘들어서 밤에 혼자서 조깅을 하기로 했습니다. 밤 공원은 사람이 적고 어두워서 무서울 거라고 생각했었는데, 조명이 많고 수많은 사람들이 운동을 하고 있어서 의외로 활기가 넘쳐흐르고 있었습니다. 그래서 지금은 힘든 아침보다 마음 편한 저녁에 조깅을 하고 있습니다. 지난주는 혼자서 조깅을 하고 있었는데, 대학 시절 친구를 우연히 만났습니다. 그녀와는 대학 시절에 같은 수업을 들었지만, 이야기를 나눈 적은 없었습니다. 하지만 조깅을 계기로 상당히 친해져, 지금은 밤에 때때로 만나 함께 달리거나 이야기하거나 하고 있습니다.

어휘 　母 어머니　始める 시작하다　もともと 원래　運動 운동　好きだ 좋아하다　太る 살찌다
　～気味 ～한 기운, ～한 기색　医者 의사　適度 적당　必要 필요　嫌だ 싫다　一緒に 함께
　声をかける 말을 걸다　急に 갑자기　足 다리　痛い 아프다　当分の間 당분간　都合 상황, 형편
　つらい 힘들다　夜 밤　公園 공원　少ない 적다　暗い 어둡다　恐い 무섭다　照明 조명　多い 많다
　意外と 의외로　活気 활기　溢れる 넘쳐흐르다　気楽 마음이 편함　大学 대학　時代 시절
　偶然 우연히　会う 만나다　同じだ 똑같다　授業 수업　～をきっかけに ～을 계기로
　ずいぶん 꽤, 상당히　親しい 친하다　時々 때때로　走る 달리다

175 この人のお母さんがジョギングを始めた理由として正しく
ないものはどれですか。

(A) もともと運動が好きだったから
(B) 最近少し太り気味だったから
(C) 家にいるのが退屈だったから ✓
(D) 医者から適当な運動が必要だと言われたから

해설	이 사람의 어머니가 조깅을 시작한 이유는 원래 운동을 좋아했었고 최근에 조금 살이 찐 것 같았으며, 그리고 의사에게서 적당한 운동이 필요하다는 말도 들었기 때문이다. 따라서 정답은 (C)가 된다.
어휘	もともと 원래　退屈 지루함　適当 적당
질문	이 사람의 어머니가 조깅을 시작한 이유로서 올바르지 않은 것은 어느 것입니까?
정답	(C) 집에 있는 것이 지루했기 때문에

176 この人がお母さんと一緒に運動することにした理由はどれ
ですか。

(A) 自分も少し太り気味だったから
(B) 体力が衰えて運動が必要だと思ったから
(C) 早起きして朝の時間を活用したかったから
(D) お母さんが一人で運動するのを寂しがっていたから ✓

해설	이 사람이 어머니와 함께 운동을 하기로 한 이유는 어머니가 혼자서 운동하는 것을 쓸쓸해했기 때문이다. 따라서 정답은 (D)가 된다.
어휘	体力 체력　衰える 약해지다　早起き 일찍 일어남
질문	이 사람이 어머니와 함께 운동하기로 한 이유는 어느 것입니까?
정답	(D) 어머니가 혼자서 운동하는 것을 쓸쓸해했기 때문에

177 この人が運動している夜の公園はどうでしたか。

(A) 暗くて人影が見えなかった。
(B) 朝とあまり変わらず、とても静かだった。
(C) 照明は明るいが、人はあまり見えなかった。
(D) 明るい照明や大勢の人々で賑やかだった。 ✓

해설	이 사람이 운동하고 있는 밤 공원은 밝은 조명과 많은 사람들로 떠들썩했다고 나오고 있다. 따라서 정답은 (D)가 된다.
어휘	人影 사람의 모습　賑やかだ 떠들썩하다
질문	이 사람이 운동하고 있는 밤 공원은 어땠습니까?
정답	(D) 밝은 조명과 많은 사람들로 떠들썩했다.

178 この人についての説明の中で、正しくないものはどれ
ですか。

(A) 今は夜よくジョギングをしている。
(B) 朝は時間の余裕があまりない。
(C) 夜の公園が気に入ったようだ。
(D) 時々一緒にジョギングをする友達とは大学時代
とても親しかった。 ✓

해설	본문 내용에 대한 정확한 이해를 묻는 문제로, 때때로 함께 조깅을 하는 친구는 대학 시절 같은 수업을 들었을 뿐 서로 이야기한 적이 없었다고 했다. 따라서 정답은 (D)가 된다.
어휘	余裕 여유　気に入る 마음에 들다
질문	이 사람에 대한 설명 중에서 올바르지 않은 것은 어느 것입니까?
정답	(D) 때때로 함께 조깅을 하는 친구와는 대학 시절 아주 친했다.

[179 ~ 182]

鈴木さんへ

　日増しに寒くなっておりますが、お変わりございませんか。毎年の冬ごとに鈴木さんのお宅で色々お世話になりました。本当にありがとうございました。鈴木さんのおかげで、スキーが嫌いだった息子も今は大分上手になって家族みんなで楽しい冬を過ごすことができました。実は今年も家族みんなで行こうと思いましたが、息子は友達と二人で行きたいと言って、(1)______今年の冬は家族旅行は諦めることにしました。それで、来年の春、妻と一緒に車で北海道のきれいな花を見ながらあちらこちらを回ってみようと思っております。その時にまたお世話になると思いますので、なにとぞよろしくお願いします。では、風邪を引かないようにお体にお気を付けください。

木村和夫

해석　스즈키 씨에게

　나날이 추워지고 있습니다만, 별고 없으십니까? 매년 겨울마다 스즈키 씨 댁에서 여러 가지로 신세를 졌습니다. 정말로 감사했습니다. 스즈키 씨 덕분에 스키를 싫어했던 아들도 지금은 상당히 능숙해져, 가족 모두가 즐거운 겨울을 보낼 수 있었습니다. 실은 올해도 가족 모두가 갈 생각이었지만, 아들이 친구와 둘이서 가고 싶다고 해서 유감스럽게도 올해 겨울은 가족 여행을 단념하기로 했습니다. 그래서 내년 봄에 아내와 함께 자동차로 홋카이도(北海道)의 예쁜 꽃을 보면서 여기저기를 돌아볼 생각입니다. 그때 또 신세를 질지도 모르니까, 부디 잘 부탁합니다. 그럼, 감기에 걸리지 않도록 몸 건강히 안녕히 계세요.

기무라 가즈오

어휘　日増しに 나날이　寒い 춥다　冬 겨울　~ごとに ~마다　お宅 댁　お世話になる 신세를 지다　嫌いだ 싫어하다　息子 아들　大分 꽤, 상당히　上手だ 능숙하다　家族 가족　楽しい 즐겁다　過ごす 보내다　実は 실은　残念ながら 유감스럽게도　旅行 여행　諦める 단념하다, 포기하다　妻 아내　~と一緒に ~와 함께　花 꽃　回る 돌다　風邪を引く 감기에 걸리다　気を付ける 조심하다, 주의하다

179 この人にとって鈴木さんはどんな人ですか。

(A) スキーを教えてくれた人
(B) 息子の世話を見てくれる人
(C) 息子にスキーを教えてくれた人
(D) 毎年の冬にお世話になっている人 ✓

해설　첫 번째 문장을 잘 읽어 보면 정답이 쉽게 나오는 문제이다. 스즈키 씨는 이 사람에게 매년 겨울마다 신세를 지고 있다고 했으므로, 정답은 (D)가 된다.

어휘　教える 가르쳐주다
世話を見る 돌보다

질문　이 사람에게 있어 스즈키 씨는 어떤 사람입니까?

정답　(D) 매년 겨울마다 신세를 지고 있는 사람

---

180 この人はどうして今年家族旅行を諦めましたか。

(A) 妻の体の調子が悪いから
(B) 忙しくて時間が取れないから
(C) 息子が友達と二人で行きたいと言ったから ✓
(D) 息子はまだスキーが嫌いで行きたがっていないから

해설　이 사람이 올해 가족 여행을 단념한 이유는 아들이 친구와 둘이서 가고 싶다고 했기 때문이다. 따라서 정답은 (C)가 된다.

어휘　体の調子が悪い 몸 상태가 나쁘다
忙しい 바쁘다

질문　이 사람은 왜 올해 가족 여행을 단념했습니까?

정답　(C) 아들이 친구와 둘이서 가고 싶다고 말했기 때문에

---

181 本文の内容からみて、(1)______に入るもっとも適当な表現はどれですか。

(A) 残念ながら ✓
(B) 幸いなことに
(C) もしかしたら
(D) よりによって

해설　공란 전후의 내용으로 보아 공란 부분에는 '유감스럽게도'라는 의미의 표현이 오는 것이 자연스러울 것이다. 따라서 정답은 (A)이다.

어휘　幸いなことに 다행스럽게도
もしかしたら 어쩌면
よりによって 하필이면

질문　본문의 내용으로 보아 (1)_____에 들어갈 가상 적당한 표현은 어느 것입니까?

정답　(A) 유감스럽게도

---

182 この人は来年どんな旅行を計画していますか。

(A) 初めての海外旅行
(B) 妻と二人だけでドライブをする旅行 ✓
(C) 家族みんなでスキーを楽しむ旅行
(D) 妻と二人だけでスキーを楽しむ旅行

해설　이 사람은 내년에 아내와 둘이서만 홋카이도를 드라이브하는 여행을 계획하고 있다. 따라서 정답은 (B)가 된다.

어휘　海外 해외　楽しむ 즐기다

질문　이 사람은 내년에 어떤 여행을 계획하고 있습니까?

정답　(B) 아내와 둘이서만 드라이브를 하는 여행

[183 ～ 186]

　先日、神奈川県のあるタクシー会社が「救急タクシーサービス」というのを実施することにした。救急タクシーサービスとは非常時に救急車が来るまでは少なくとも5分ぐらいはかかるが、このタクシー会社に電話をすれば3分以内にタクシーが来るというシステムのことである。この会社のすべてのタクシーは電話で繋がっていて、患者から一番近くにあるタクシーがすぐ駆け付けられる仕組みだそうだ。なお、運転手は専門的な救助活動まではできなくても、基本的で簡単な応急措置は教育を受けたので、全員できるそうだ。普通のタクシーと値段も同じで、病院の救急車より早く患者の元に到着するという点からこのサービスを実施するタクシー会社は今後もますます拡大する見込みである。

해석　일전에 가나가와현의 어느 택시 회사가 '구급택시서비스'라는 것을 실시하기로 했다. 구급택시서비스라고 하는 것은 비상시에 구급차가 올 때까지는 적어도 5분 정도 걸리지만, 이 택시 회사에 전화를 하면 3분 이내에 택시가 도착하는 시스템을 말한다. 이 회사의 모든 택시는 전화로 연결되어 있어, 환자로부터 가장 가까운 곳에 있는 택시가 바로 달려갈 수 있는 구조라고 한다. 또한 운전수는 전문적인 구급활동까지는 못하더라도 기본적이고 간단한 응급 조치는 교육을 받았기 때문에 전원 가능하다고 한다. 보통의 택시와 요금도 동일하고, 병원의 구급차보다 빨리 환자가 있는 곳에 도착한다는 점에서 이 서비스를 실시하는 택시 회사는 앞으로도 점점 확대될 전망이다.

어휘　救急 구급　実施 실시　～ことにする ～하기로 하다　非常時 비상시　救急車 구급차
少なくとも 적어도　以内 이내　繋がる 연결되다　患者 환자　駆け付ける 급히 달려가다
仕組み 구조　運転手 운전수　専門的 전문적　救助活動 구조활동　基本的 기본적　簡単 간단
応急措置 응급 조치　教育 교육　料金 요금　到着 도착　今後 금후, 이후　ますます 점점　拡大 확대
見込み 전망

---

183 **救急タクシー運転手の特徴として正しいものはどれですか。**

(A) 外国語が流暢である。

(B) 専門的な救助活動ができる。

(✓) 基本的で簡単な応急措置ができる。

(D) 救急車が来るまで適切な手当をしてくれる。

해설　구급택시의 운전수들은 전문적인 구조활동까지는 아니더라도 기본적이고 간단한 응급 조치는 모두 교육을 받았기 때문에 가능하다고 나오고 있다. 따라서 정답은 (C)가 된다.

어휘　流暢 유창　適切 적절
手当 응급 처치

질문　구급택시 운전수의 특징으로 올바른 것은 어느 것입니까?

정답　(C) 기본적이고 간단한 응급 조치를 할 수 있다.

184 救急タクシーサービスが可能になった理由として正しいものはどれですか。

(A) 会社のタクシー保有台数が多いから

(B) 救急患者に限って無料で病院まで行けるから

✓(C) すべてのタクシーが電話で繋がっているから

(D) 運転手のほとんどがもと病院に勤めていた人たちだから

185 救急タクシーサービスについての説明の中で、合っているものはどれですか。

✓(A) 普通のタクシーと同じ料金である。

(B) 患者のところまで5分ぐらいで行ける。

(C) 病院の救急車よりはやや遅く到着する。

(D) 専門的な救助活動までできるように教育している。

186 救急タクシーサービスは今後、どうなる見込みですか。

(A) ますます縮小する見込みだ。

✓(B) ますます拡大する見込みだ。

(C) 当分の間は今の状態が続く見込みだ。

(D) 今の段階では何とも言えない。

[187 ～ 189]

　NHK問題と言えば、未だにこれといった改善策もなく漫然と続けられている受信料の集金問題が外せない。集金率が低い理由は色々あると思うが、一番大きいのは高い受信料にあると思う。一世帯(1)＿＿＿＿＿の受信料を年間で計算してみると、決して(2)＿＿＿＿＿。つまり、受信料に見合うだけの情報をNHKから得ていないのに、受信料は高いからどうしても払いたくないという気持ちになってしまうのだ。しかし、それはもう一度考えてみる必要がある。都心部はさておいて、僻地であればNHKしか映らないところが多い。だから、NHKの貢献度を一概に低いとは言えないのである。国民一人一人が公共の利益を考え、受信料の集金に協力的になってほしいものである。

해석　　NHK문제라고 하면 아직까지 이렇다 할 개선책도 없이 만연하게 계속되는 수신료의 징수 문제를 빠뜨릴 수 없다. 징수율이 낮은 이유는 여러 가지가 있겠지만, 가장 큰 이유는 비싼 수신료에 있다고 생각한다. 한 가구 당 수신료를 연간으로 계산해 보면 결코 무시할 수 없다. 즉, 수신료에 걸맞는 정보를 NHK에서 얻고 있지 않은데도 수신료는 비싸기 때문에, 아무래도 지불하고 싶지 않은 마음이 생기고 마는 것이다. 그러나, 그것은 다시 한 번 생각해 볼 필요가 있다. 도심부는 제쳐 두고 벽지라면 NHK밖에 나오지 않는 곳이 많다. 따라서 NHK의 공헌도를 일괄적으로 낮다고는 말할 수 없는 것이다. 국민 한 사람 한 사람이 공공의 이익을 생각해, 수신료 징수에 적극적으로 참여해 주었으면 좋겠다.

어휘　問題 문제　　未だに 아직까지　　改善策 개선책　　漫然と 만연히　　続ける 계속하다　　受信料 수신료　　集金 집금　　外す 제외시키다　　低い 낮다　　理由 이유　　高い 비싸다　　年間 연간　　計算 계산　　決して 결코　　つまり 즉, 다시 말해서　　見合う 걸맞다, 적합하다　　情報 정보　　得る 얻다　　払う 지불하다　　しかし 그러나　　必要 필요　　都心部 도심부　　僻地 벽지　　映る 나오다　　多い 많다　　貢献度 공헌도　　一概に 일괄적으로, 일률적으로　　国民 국민　　公共 공공　　利益 이익　　協力的に 협력적으로

187 本文の内容からみて、(1)＿＿＿＿＿＿に入るもっとも適当な
表現はどれですか。

    (A) 当たり

    (B) によって

    (C) をよそに

    (D) にもまして

해설 공란 전후의 내용으로 보아 공란 부분에는 '～당'이라는 문법 표현이 들어가는 것이 가장 자연스러우므로, 정답은 (A)의 「当たり」가 된다.

어휘 ～によって ～에 의해
～をよそに ～을 아랑곳하지 않고
～にもまして ～보다 더

질문 본문의 내용으로 보아 (1)＿＿＿에 들어갈 가장 적당한 표현은 어느 것입니까?

정답 (A) 당

---

188 本文の内容からみて、(2)＿＿＿＿＿＿に入るもっとも適当な
表現はどれですか。

    (A) ばかにできない

    (B) 軌道に乗っている

    (C) 腑に落ちない

    (D) 決着を付けない

해설 적절한 관용 표현을 찾는 문제로, 공란 앞부분의 내용으로 보아 공란 부분에는 '무시할 수 없다'는 의미의 관용 표현이 들어가는 것이 자연스러울 것이다. 따라서 정답은 (A)가 된다.

어휘 軌道に乗る 궤도에 오르다
腑に落ちない 납득이 안 되다
決着を付ける 결말을 내다

질문 본문의 내용으로 보아 (2)＿＿＿에 들어갈 가장 적당한 표현은 어느 것입니까?

정답 (A) 무시할 수 없다

---

189 どうして一般市民たちはNHKの受信料をちゃんと払わない
のですか。

    (A) 経済的に困っている家庭が多いから

    (B) 支払い方法が複雑で面倒臭いから

    (C) 受信料が安いだけあって、放送の質も低いから

    (D) 受信料に見合うだけの情報をNHKから得ていないのに、
       受信料は高いから

해설 본문에 대한 이해를 묻는 문제로, 일반 시민들이 NHK 수신료를 잘 내지 않는 것은 수신료에 걸맞는 정보를 NHK에서 얻고 있지 않은데도 수신료가 비싸기 때문이다. 따라서 정답은 (D)가 된다.

어휘 経済的 경제적　家庭 가정
支払い 지불　方法 방법
面倒臭い 귀찮다
～だけあって ～인 만큼

질문 왜 일반 시민들은 NHK 수신료를 잘 내지 않는 것입니까?

정답 (D) 수신료에 걸맞는 정보를 NHK에서 얻고 있지 않은데도 수신료는 비싸기 때문에

[190 ～ 192]

　寿司ブームが欧米、そして中国にも拡大するに連れ、地中海の象徴とも言えるクロマグロが資源枯渇するリスクが高まっている。ギリシャローマ時代から、最大で900キロという(1)______とした体躯が愛でられてきたこのマグロについて、国際環境保護団体グリーンピースや世界自然保護基金に論文を寄稿したこともあるスペインのある専門家は、「日本人の消費だけでも脅威だが、欧州における寿司バーの人気に加えて、中国のマグロ消費量が伸び続けると、地中海にクロマグロがいなくなるかもしれない」と指摘する。寿司の人気は1990年代に欧米に広がった。中国でも寿司ブームが起こりつつあり、中国のマグロ消費量はこの6年で急激に伸びているという。だが、地中海で捕獲されるクロマグロの圧倒的多数を消費するのは(2)______日本だと、フランス国立海洋研究所の研究員、フロマンタン氏は指摘する。実に、捕獲量の80 ～ 85%が日本に輸出されるという。

해석　초밥 붐이 구미, 그리고 중국에도 확대됨에 따라 지중해의 상징이라고 말할 수 있는 쿠로마구로가 자원 고갈될 위험이 높아지고 있다. 그리스 로마 시대부터 최대 900킬로그램이라는 위풍당당한 크기로 사랑 받아 온 이 마구로에 대해서 국제환경보호단체 그린피스나 세계자연보호기금에 논문을 기고한 적도 있는 스페인의 어느 전문가는 '일본인의 소비만으로도 위협이지만, 유럽의 초밥 바의 인기에 더해 중국에서의 마구로 소비량이 계속 늘면 지중해의 쿠로마구로가 멸종될지도 모른다'고 지적한다. 초밥의 인기는 1990년대에 구미로 확대되었다. 중국에서도 초밥 붐이 계속 일어나고 있고, 중국의 마구로 소비량은 최근 6년 사이에 급격하게 늘어났다고 한다. 하지만, 프랑스 국립해양연구소의 연구원 프로만탕 씨는 지중해에서 포획된 쿠로마구로의 압도적 다수를 소비하는 것은 여전히 일본이라고 지적한다. 사실 포획량의 80 ～ 85퍼센트가 일본에 수출된다고 한다.

어휘　寿司 초밥　欧米 구미　中国 중국　拡大 확대　～に連れ ～함에 따라서　地中海 지중해　象徴 상징
資源 자원　枯渇 고갈　高まる 높아지다　時代 시대　最大 최대　体躯 체구　愛でる 사랑하다, 즐기다
国際 국제　環境 환경　保護 보호　団体 단체　世界 세계　自然 자연　基金 기금　論文 논문
寄稿 기고　専門家 전문가　消費 소비　脅威 위협　欧州 오주, 유럽주　～における ～에 있어서의
人気 인기　～に加えて ～에 더해　消費量 소비량　伸び続ける 계속 늘다　指摘 지적
広がる 확대되다　起こる 일어나다　동사의 ます형＋つつある 계속 ～하다　急激に 급격하게
捕獲 포획　圧倒的 압도적　多数 다수　国立 국립　海洋 해양　研究所 연구소　輸出 수출

190 本文の内容の流れからみて、(1)______に入るもっとも適当な言葉はどれですか。

(A) 順風満帆
(B) 威風堂々 ✓
(C) 言語道断
(D) 馬耳東風

191 本文の内容の流れからみて、(2)______に入るもっとも適当な言葉はどれですか。

(A) 依然として ✓
(B) 平然として
(C) 呆然として
(D) 唖然として

192 クロマグロが資源枯渇するリスクが高まっている理由として本文に出ていないものはどれですか。

(A) 日本の消費量が依然として多い。
(B) 中国の消費量が急激に伸び続けている。
(C) 地中海での捕獲が完全に禁止された。 ✓
(D) 寿司ブームで欧米での需要が拡大した。

[193 ～ 196]

　うちの会社は何回か倒産の危機に(1)______ こともあるが、その度に何とかうまく乗り越えることができた。その秘訣は雇用安定と社員たちの業務能力にあると思う。うちの会社では、既存の社員の徹底的な雇用安定の保障と同時に、業務能力向上に(2)______ いる。それに、他の企業から退職した能力のある方たちも積極的に再雇用している。その結果、売り上げはだんだん伸び、安定的に会社運営ができるようになったのだ。現在、ほとんどの日本企業は雇用が不安定で、専門技術を引き継ぐ人があまりいない状況である。そのためか、企業の競争力はだんだん落ち、売り上げも伸び悩んでいる企業が多い。遠い話かもしれないが、企業側が一刻も早く雇用の安定を保障し、社員たちが最大限の能力を発揮できる場を作ってほしいものだ。

해석　우리 회사는 몇 번인가 도산 위기에 몰린 적도 있지만, 그때마다 그럭저럭 잘 극복할 수 있었다. 그 비결은 고용 안정과 사원들의 업무능력에 있다고 생각한다. 우리 회사에서는 기존 사원의 철저한 고용 안정 보장과 동시에 업무 능력 향상에 힘을 쏟고 있다. 게다가, 다른 기업에서 퇴직한 능력 있는 분들도 적극적으로 재고용하고 있다. 그 결과 매상은 점점 늘어 안정적으로 회사 운영을 할 수 있게 된 것이다. 현재 대부분의 일본 기업은 고용이 불안정하고, 전문 기술을 이어갈 사람이 그다지 없는 상황이다. 그 때문인지 기업의 경쟁력은 점점 떨어지고, 매상도 침체되어 있는 기업이 많다. 먼 이야기일지도 모르겠지만, 기업 측이 한시라도 빨리 고용 안정을 보장하여 사원들이 최대한의 능력을 발휘할 수 있는 장을 만들어 주었으면 좋겠다.

어휘　倒産 도산　危機 위기　追い込む 몰아넣다　何とか 그럭저럭, 어떻게든　乗り越える 극복하다　秘訣 비결　雇用 고용　安定 안정　社員 사원　業務 업무　能力 능력　既存 기존　徹底的 철저한　保障 보장　～と同時に ～와 동시에　向上 향상　力を注ぐ 힘을 쏟다　それに 게다가　企業 기업　退職 퇴직　積極的に 적극적으로　結果 결과　売り上げ 매상　だんだん 점점　伸びる 늘다　運営 운영　現在 현재　ほとんど 거의, 대부분　専門 전문　技術 기술　引き継ぐ 이어가다　状況 상황　競争力 경쟁력　落ちる 떨어지다　伸び悩む 침체되다　多い 많다　遠い 멀다　最大限 최대한　発揮 발휘

193　本文の内容からみて、(1)______ に入るもっとも適当な言葉はどれですか。

(A) 追い込まれた
(B) 立て替えられた
(C) 取り替えられた
(D) 巻き起こされた

해설　공란 전후의 내용으로 보아 공란 부분에는 '몰렸다'라는 의미가 오는 것이 가장 자연스러울 것이다. 따라서 정답은 (A)가 된다.

어휘　立て替える 대신 지불하다　取り替える 교체하다　巻き起こす 불러일으키다

질문　본문의 내용으로 보아 (1)____ 에 들어갈 가장 적당한 말은 어느 것입니까?

정답　(A) 몰린

194 この人の会社が倒産の危機を乗り越えることができた秘訣は何ですか。

(A) 流動的な資金調達

(B) 工場設備の全面的な自動化

✔ (C) 雇用安定と社員たちの業務能力

(D) 他社からの専門技術者の投入

해설 이 사람의 회사가 도산 위기를 극복할 수 있었던 비결은 고용 안정과 사원들의 업무 능력에 있었다. 따라서 정답은 (C)가 된다.

어휘 資金 자금　調達 조달
　　　設備 설비　投入 투입

질문 이 사람의 회사가 도산 위기를 극복할 수 있었던 비결은 무엇입니까?

정답 (C) 고용 안정과 사원들의 업무 능력

---

195 本文の内容からみて、(2)______に入るもっとも適当な言葉はどれですか。

✔ (A) 力を注いで

(B) 手を抜いて

(C) 腰を下ろして

(D) 腕を揮って

해설 공란 전후의 내용으로 보아 공란 부분에는 '힘을 쏟다'라는 의미가 오는 것이 가장 자연스러우므로, 정답은 (A)가 된다.

어휘 手を抜く 일을 건성으로 하다
　　　腰を下ろす 앉다
　　　腕を揮う 솜씨를 발휘하다

질문 본문의 내용으로 보아 (2)______에 들어갈 가장 적당한 말은 어느 것입니까?

정답 (A) 힘을 쏟고

---

196 この人の主張として正しいものはどれですか。

(A) 専門技術者の確保は会社の運命を決める。

(B) 設備の自動化なしには雇用の安定は実現できない。

(C) 企業の売り上げ向上のためには専門経営者が必要である。

✔ (D) 雇用の安定を保障し、社員たちが最大限の能力を発揮できる場を作ってほしい。

해설 이 사람의 주장은 독해문의 마지막 부분에 나오고 있다. 이 사람은 고용 안정을 보장하여 사원들이 최대한의 능력을 발휘할 수 있는 장을 만들어 주었으면 좋겠다고 생각하고 있으므로, 정답은 (D)가 된다.

어휘 確保 확보　運命 운명

질문 이 사람의 주장으로서 올바른 것은 어느 것입니까?

정답 (D) 고용 안정을 보장하여 사원들이 최대한의 능력을 발휘할 수 있는 장을 만들어 주었으면 좋겠다.

[197 ～ 200]

　今も日本のあちらこちらの学校で苛めが行われている。苛めの問題は学校のみならず、親と社会全体が力を合わせて (1)＿＿＿＿べき問題なのに、日本ではまだあくまでも学校だけの問題という認識があるようだ。苛めの深刻化に伴って、自殺率も上昇しているというから、後の祭りにならないように一刻も早くみんなで (2)＿＿＿＿を揃えて苛めの深刻性を再認識すべきである。普通、苛めと言えば、苛められている生徒に何らかの問題があると思いがちだが、だからといって、人を苛めるのが許されることはあるまい。人が肉体的、または精神的にある人を苛めるのはどんな弁解の言葉を聞いても犯罪に過ぎない。苛めは乗り越えるべき対象でもなければ、どんな理由であれ許されるべき問題でもないからだ。生徒一人一人が互いの気持ちを分かち合えばこそ、苛めの問題は少しずつでも解決できるのではないだろうか。まだ遠い話かもしれないが、生徒の個性や人権が保護される温かな教室を期待してみたい。

해석　　지금도 일본의 여러 학교에서 이지메가 행해지고 있다. 이지메 문제는 학교뿐만 아니라 부모와 사회 전체가 힘을 모아 해결해야 할 문제인데도, 일본에서는 여전히 어디까지나 학교만의 문제라는 인식이 있는 듯하다. 이지메가 심각해짐에 따라 자살률도 증가하고 있다고 하니, 때늦은 후회가 되지 않도록 한시라도 빨리 모두 보조를 맞춰 이지메의 심각성을 재인식해야만 한다. 보통 이지메라고 하면 이지메를 당하는 학생에게 어떤 문제가 있다고 생각하기 쉽지만, 그렇다고 해서 사람을 괴롭히는 것을 용서받을 수는 없는 것이다. 사람이 육체적, 또는 정신적으로 어떤 사람을 괴롭히는 것은 어떠한 변명의 말을 들어도 범죄에 지나지 않는다. 이지메는 극복해야만 하는 대상도 아니고 어떤 이유로든 용서받을 수 있는 문제도 아니기 때문이다. 학생 한 명 한 명이 서로의 마음을 이해하면 이지메 문제는 조금씩이라도 해결할 수 있지 않을까? 아직 먼 이야기일지도 모르겠지만, 학생의 개성이나 인권이 보호되는 따뜻한 교실을 기대해 보고 싶다.

어휘　苛め 이지메, 집단 따돌림　　行う 행하다　　問題 문제　　～のみならず ～뿐만 아니라　　親 부모　　全体 전체
　　力を合わせる 힘을 모으다　　あくまでも 어디까지나　　認識 인식　　深刻化 심각화
　　～に伴って ～에 동반하여　　自殺率 자살률　　上昇 상승, 증가　　後の祭り 때늦은 후회
　　一刻も早く 한시라도 빨리　　揃える 갖추다　　再認識 재인식　　普通 보통
　　동사의 ます형 + がちだ ～하기 쉽다　　許す 용서하다　　肉体的 육체적　　精神的 정신적　　弁解 변명
　　犯罪 범죄　　～に過ぎない ～에 지나지 않는다　　乗り越える 극복하다　　対象 대상　　理由 이유　　互い 서로
　　分かち合う 서로 나누어 가지다　　～ずつ ～씩　　解決 해결　　遠い 멀다　　個性 개성　　人権 인권
　　保護 보호　　温かい 따뜻하다　　教室 교실　　期待 기대

197 本文の内容からみて、(1)______に入るもっとも適当な言葉はどれですか。

(✓A) 取り組む
(B) 取り出す
(C) 取り入れる
(D) 取り戻す

해설 독해문 전체 내용으로 보아, 공란 부분에는 '힘쓰다'라는 의미의 복합 동사가 들어가는 것이 가장 자연스러울 것이다. 따라서 정답은 (A)의「取り組む」가 된다.

어휘 取り出す 꺼내다
取り入れる 받아들이다
取り戻す 회복하다

질문 본문의 내용으로 보아 (1)______에 들어갈 가장 적당한 말은 어느 것입니까?

정답 (A) 힘쓸

198 学校での苛めに対するこの人の考えとして正しいものはどれですか。

(✓A) 学校だけに問題があるとは言い難い。
(B) 学校で苛めが起きるのは問題生徒が多いからである。
(C) 生徒の立場から見れば、ある程度の苛めは許されないこともない。
(D) 親と社会全体が苛め問題に力を合わせても根本的な解決には至らない。

해설 이지메는 학교만의 문제가 아니라 부모와 사회 전체가 힘을 모아 해결해야만 한다는 것이 이 사람의 생각이다. 따라서 정답은 (A)가 된다.

어휘 多い 많다　程度 정도
根本的 근본적

질문 학교에서의 이지메에 대한 이 사람의 생각으로 올바른 것은 어느 것입니까?

정답 (A) 학교에만 문제가 있다고는 말하기 어렵다.

199 本文の内容からみて、(2)______に入るもっとも適当な言葉はどれですか。

(A) 足踏み
(✓B) 足並み
(C) 足場
(D) 足跡

해설 공란 바로 뒤에 나온「揃える」라는 동사와 함께 사용할 수 있는 표현을 찾으면 된다. 따라서 정답은 (B)이며,「足並みを揃える」라고 하면 '보조를 맞추다'라는 의미의 관용 표현이 된다.

어휘 足踏み 답보　足場 발판
足跡 발자국

질문 본문의 내용으로 보아 (2)______에 들어갈 가장 적당한 말은 어느 것입니까?

정답 (B) 보조

200 この人が苛め問題の解決案として考えているのはどれですか。

(✓A) 生徒たちが相手の気持ちを理解し合うこと
(B) 苛め防止のための法案を整備すること
(C) 苛めをした生徒に対する処罰を強化すること
(D) 問題のある生徒を指導できる教員を確保すること

해설 이 사람이 이지메 문제의 해결책으로 생각하고 있는 것은 학생들이 상대방의 마음을 서로 이해하는 것이다. 따라서 정답은 (A).

어휘 理解 이해　処罰 처벌
教員 교원　確保 확보

질문 이 사람이 이지메 문제의 해결책으로서 생각하고 있는 것은 어느 것입니까?

정답 (A) 학생들이 상대방의 마음을 서로 이해하는 것

PART 1 사진 묘사

(1)	(2)	(3)	(4)	(5)	(6)	(7)	(8)	(9)	(10)
(D)	(D)	(A)	(B)	(D)	(D)	(C)	(D)	(C)	(D)

(11)	(12)	(13)	(14)	(15)	(16)	(17)	(18)	(19)	(20)
(D)	(C)	(D)	(A)	(A)	(D)	(C)	(C)	(D)	(A)

PART 2 질의 응답

(21)	(22)	(23)	(24)	(25)	(26)	(27)	(28)	(29)	(30)
(C)	(B)	(A)	(A)	(C)	(B)	(D)	(A)	(A)	(C)

(31)	(32)	(33)	(34)	(35)	(36)	(37)	(38)	(39)	(40)
(C)	(C)	(A)	(A)	(A)	(D)	(D)	(B)	(A)	(B)

(41)	(42)	(43)	(44)	(45)	(46)	(47)	(48)	(49)	(50)
(C)	(B)	(C)	(A)	(A)	(C)	(B)	(D)	(B)	(C)

PART 3 회화문

(51)	(52)	(53)	(54)	(55)	(56)	(57)	(58)	(59)	(60)
(C)	(D)	(A)	(B)	(A)	(B)	(B)	(B)	(C)	(B)

(61)	(62)	(63)	(64)	(65)	(66)	(67)	(68)	(69)	(70)
(C)	(C)	(A)	(C)	(D)	(C)	(A)	(D)	(C)	(D)

(71)	(72)	(73)	(74)	(75)	(76)	(77)	(78)	(79)	(80)
(D)	(A)	(D)	(D)	(C)	(B)	(D)	(C)	(B)	(A)

PART 4 설명문

(81)	(82)	(83)	(84)	(85)	(86)	(87)	(88)	(89)	(90)
(D)	(A)	(A)	(D)	(B)	(B)	(C)	(C)	(C)	(A)

(91)	(92)	(93)	(94)	(95)	(96)	(97)	(98)	(99)	(100)
(C)	(D)	(A)	(D)	(C)	(D)	(C)	(D)	(C)	(D)

PART 5 정답 찾기

(101)	(102)	(103)	(104)	(105)	(106)	(107)	(108)	(109)	(110)
(A)	(B)	(D)	(A)	(A)	(D)	(C)	(B)	(D)	(C)
(111)	(112)	(113)	(114)	(115)	(116)	(117)	(118)	(119)	(120)
(D)	(C)	(A)	(B)	(C)	(A)	(D)	(C)	(D)	(D)

PART 6 오문 정정

(121)	(122)	(123)	(124)	(125)	(126)	(127)	(128)	(129)	(130)
(A)	(B)	(C)	(A)	(B)	(B)	(B)	(C)	(D)	(D)
(131)	(132)	(133)	(134)	(135)	(136)	(137)	(138)	(139)	(140)
(C)	(D)	(D)	(D)	(C)	(B)	(D)	(B)	(D)	(C)

PART 7 공란 메우기

(141)	(142)	(143)	(144)	(145)	(146)	(147)	(148)	(149)	(150)
(A)	(C)	(A)	(A)	(A)	(A)	(A)	(B)	(B)	(B)
(151)	(152)	(153)	(154)	(155)	(156)	(157)	(158)	(159)	(160)
(A)	(B)	(B)	(B)	(R)	(D)	(D)	(A)	(B)	(B)
(161)	(162)	(163)	(164)	(165)	(166)	(167)	(168)	(169)	(170)
(B)	(D)	(D)	(B)	(C)	(C)	(B)	(A)	(D)	(B)

PART 8 독해

(171)	(172)	(173)	(174)	(175)	(176)	(177)	(178)	(179)	(180)
(C)	(B)	(D)	(D)	(D)	(C)	(A)	(A)	(B)	(A)
(181)	(182)	(183)	(184)	(185)	(186)	(187)	(188)	(189)	(190)
(B)	(D)	(C)	(D)	(C)	(A)	(A)	(A)	(D)	(D)
(191)	(192)	(193)	(194)	(195)	(196)	(197)	(198)	(199)	(200)
(A)	(A)	(D)	(B)	(C)	(C)	(B)	(A)	(B)	(D)

01

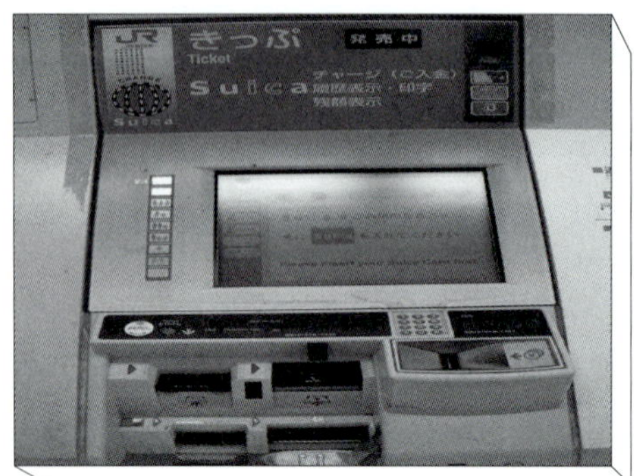

(A) この機械でたばこを買うことができます。
　　이 기계로 담배를 살 수 있습니다.

(B) この機械で飲み物を買うことができます。
　　이 기계로 음료수를 살 수 있습니다.

(C) この機械でお金を引き出すことができます。
　　이 기계로 돈을 인출할 수 있습니다.

(D) この機械で電車の切符を買うことができます。
　　이 기계로 전철표를 살 수 있습니다.

해설　문제의 사진은 JR표 판매기 사진이므로, 이 기계로 전철표를 살 수 있다고 한 (D)가 정답이다.

어휘　機械 기계　たばこ 담배
　　　お金を引き出す 돈을 인출하다　切符 표

02

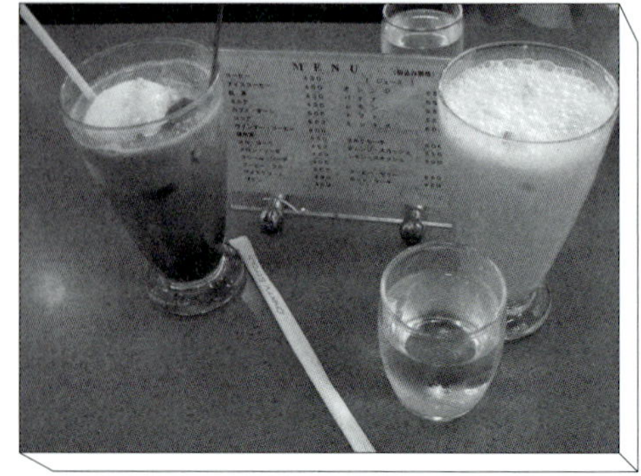

(A) 同じ形のコップが置いてあります。
　　같은 모양의 컵이 놓여 있습니다.

(B) 同じ大きさのコップが置いてあります。
　　같은 크기의 컵이 놓여 있습니다.

(C) コップには全部ストローが差してあります。
　　컵에는 전부 빨대가 꽂혀 있습니다.

(D) コップには全部飲み物が入っています。
　　컵에는 전부 음료가 들어 있습니다.

해설　사물의 특징을 파악하는 문제로, 정답은 컵에 전부 음료가 들어 있다고 한 (D)가 된다.

어휘　同じだ 똑같다　形 모양　コップ 컵
　　　置く 두다　大きさ 크기　全部 전부
　　　差す 꽂다　飲み物 음료

03

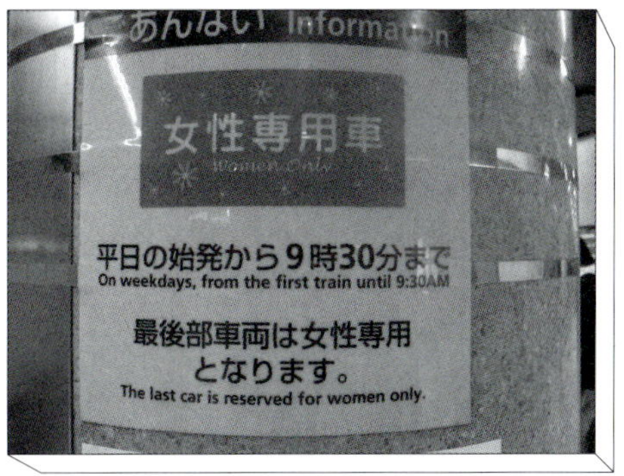

04

(A) 落し物はここに届けます。

분실물은 여기에 신고합니다.

(B) 洗濯物はここに預けます。

세탁물은 여기에 맡깁니다.

(C) ここで食事をすることができます。

여기에서 식사를 할 수 있습니다.

(D) ここでお風呂に入ることができます。

여기에서 목욕을 할 수 있습니다.

(A) 始発には男性しか乗れません。

첫차에는 남성밖에 탈 수 없습니다.

(B) 女性専用車は朝9時半までです。

여성 전용차는 아침 9시 반까지입니다.

(C) 9時には男性が乗ってもいいです。

9시에는 남성이 타도 됩니다.

(D) 始発から全車両が女性専用車です。

첫차부터 모든 차량이 여성 전용차입니다.

해설　사진의 글씨로 보아 문제에 나오는 장소는 파출소
라는 것을 알 수 있다. 따라서 정답은 (A)가 된다.

어휘　落し物 분실물　届ける 신고하다
洗濯物 세탁물　預ける 맡기다
食事をする 식사를 하다
お風呂に入る 목욕을 하다

해설　여성 전용차에 대한 안내글로, 평일 첫차부터 9시
반까지 차량의 마지막 칸이 여성 전용이라는 내용
이다. 따라서 정답은 (B)가 된다.

어휘　始発 첫차　男性 남성　乗る 타다　女性 여성
専用車 전용차　車両 차량

05

(A) 二つのコップは空っぽです。
두 개의 컵은 텅 비어 있습니다.

(B) コップに飲み物を注いでいます。
컵에 음료를 따르고 있습니다.

(C) お盆のそばにコップが二つあります。
쟁반 옆에 컵이 두 개 있습니다.

(D) 二つのコップには飲み物がほぼいっぱい入っています。
두 개의 컵에는 음료가 거의 가득 들어 있습니다.

06

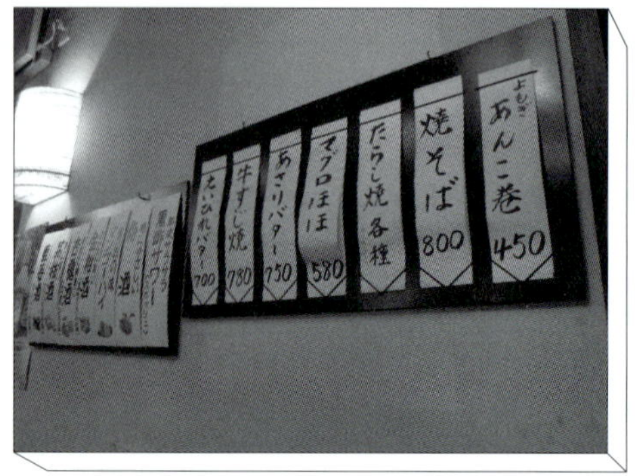

(A) 食べ物の見本が並べてあります。
음식의 견본이 진열되어 있습니다.

(B) メニューは全部英語で書いてあります。
메뉴는 전부 영어로 쓰여 있습니다.

(C) テーブルの上にメニューが置いてあります。
테이블 위에 메뉴가 놓여 있습니다.

(D) 各メニューの下には値段が書いてあります。
각 메뉴 아래에는 가격이 적혀 있습니다.

해설 쟁반 위에 음료가 든 컵이 두 개 놓여 있는 사진이므로, 정답은 (D)가 된다.

어휘 空っぽ 텅 빔　注ぐ 따르다　お盆 쟁반

해설 문제에 나온 사진은 음식점의 메뉴 사진으로, 메뉴 아래에 가격이 적혀 있다고 한 (D)가 정답이 된다.

어휘 見本 견본　並べる 늘어놓다　英語 영어
値段 가격

07

(A) この道を左に曲がると西新です。

　　이 길을 왼쪽으로 돌면 니시진(西新)입니다.

(B) この道を右に曲がると都市高速です。

　　이 길을 오른쪽으로 돌면 도시고속입니다.

(C) 福浜はこの道をまっすぐ行くとあります。

　　후쿠하마(福浜)는 이 길을 곧장 가면 나옵니다.

(D) 都市高速はこの道をまっすぐ行くとあり
　　ます。

　　도시고속은 이 길을 곧장 가면 나옵니다.

해설　도로 표지판의 방향을 정확하게 들을 수 있는지를
　　묻는 문제로, 이 길을 곧장 가면 후쿠하마가 나온
　　다고 한 (C)가 정답이 된다.

어휘　道 길　左に曲がる 왼쪽으로 돌다　右 오른쪽
　　高速 고속　まっすぐ 곧장, 똑바로

(A) 全部食べ終わったところです。

　　방금 전부 다 먹었습니다.

(B) お茶碗と箸が並べてあります。

　　밥공기와 젓가락이 나란히 놓여 있습니다.

(C) お茶碗の中には何も入っていません。

　　밥공기 안에는 아무것도 들어 있지 않습니다.

(D) まだ何も食べ始めていないようです。

　　아직 아무것도 먹기 시작하지 않은 것 같습니다.

해설　테이블 위에 음식이 놓여 있는 사진으로, 아직
　　아무것도 먹지 않은 것 같다고 한 (D)가 정답이
　　된다.

어휘　食べ終わる 다 먹다　お茶碗 밥공기
　　箸 젓가락
　　동사의 ます형 + 始める ～하기 시작하다

09

(A) テーブルの上には何もありません。
　　테이블 위에는 아무것도 없습니다.

(B) 部屋のカーテンが半開きになって
　　います。
　　방의 커튼이 반쯤 열려 있습니다.

(C) ソファーが向かい合って並べてあり
　　ます。
　　소파가 마주 보고 놓여 있습니다.

(D) テーブルの前には全部座椅子が置いて
　　あります。
　　테이블 앞에는 전부 좌식 의자가 놓여 있습니다.

해설　실내 풍경 묘사에 대한 이해를 묻는 문제로, 사물
　　　의 특징이나 위치 관계 등에 주목해야 한다. 정답은
　　　소파가 마주 보고 놓여 있다고 한 (C)가 된다.

어휘　部屋 방　半開き 반쯤 열림
　　　向かい合う 마주 보다　並べる 늘어놓다
　　　座椅子 좌식 의자　置く 두다, 놓다

10

(A) これは歯医者の診療時間の案内です。
　　이것은 치과 의사의 진료시간 안내입니다.

(B) これはパソコン専門売り場の案内図
　　です。
　　이것은 컴퓨터 전문 매장의 안내도입니다.

(C) ここで薬や日用品を買うことができ
　　ます。
　　여기에서 약이나 일용품을 살 수 있습니다.

(D) この広告はパソコンに問題があった
　　時に利用します。
　　이 광고는 컴퓨터에 문제가 있을 경우에 이용합
　　니다.

해설　컴퓨터 수리나 고장 전문점 광고이므로, 컴퓨터에
　　　문제가 있을 때 이용한다고 한 (D)가 정답이 된다.

어휘　歯医者 치과 의사　診療 진료　案内 안내
　　　専門 전문　売り場 매장　薬 약
　　　日用品 일용품　広告 광고　問題 문제

11

11

(A) 二人とも足を組んで座っています。

두 사람 모두 다리를 꼬고 앉아 있습니다.

(B) 二人は向かい合って座っています。

두 사람은 마주 보고 앉아 있습니다.

(C) 二人ともマフラーをしています。

두 사람 모두 머플러를 하고 있습니다.

✓ (D) 二人の間にもう一人分の席が空いています。

두 사람 사이에 한 사람분의 자리가 비어 있습니다.

12

(A) これは授業の時間割りです。

이것은 수업 시간표입니다.

(B) これは到着便の案内です。

이것은 도착 비행기의 안내입니다.

✓ (C) 離陸する飛行機が時間順に表示されています。

이륙하는 비행기가 시간순으로 표시되어 있습니다.

(D) 電光掲示板に飛行機の運賃が表示されています。

전광게시판에 비행기의 운임이 표시되어 있습니다.

해설 전철 안 풍경으로, 두 사람 사이에 한 사람분의 자리가 비어 있다고 한 (D)가 정답이 된다.

어휘 足を組む 다리를 꼬다

マフラーをする 머플러를 하다　間 사이

席 자리　空く 비다

해설 전광게시판에 출발 비행기의 편명이 게시된 사진이므로, 정답은 (C)가 된다.

어휘 授業 수업　時間割り 시간표

到着便 도착 편, 도착 비행기　離陸 이륙

飛行機 비행기　〜順に 〜순으로　表示 표시

電光掲示板 전광게시판　運賃 운임

13

(A) ここは月極め駐輪場です。
　　여기는 월정으로 자전거를 세워두는 곳입니다.

(B) 数台の自転車が倒れています。
　　몇 대의 자전거가 넘어져 있습니다.

(C) 駐輪場に自転車が隙間なく並んでいます。
　　자전거를 세워두는 곳에 자전거가 빈틈없이 세워져 있습니다.

(✔) 自転車を止めるスペースにはまだ余裕があります。
　　자전거를 세울 공간에는 아직 여유가 있습니다.

해설　자전거가 띄엄띄엄 세워져 있는 사진으로, 세울 수 있는 공간에는 아직 여유가 있다고 한 (D)가 정답이 된다.

어휘　月極め 월정
　　駐輪場 자전거나 오토바이를 세워두는 곳
　　倒れる 넘어지다, 쓰러지다　隙間 빈틈
　　余裕 여유

14

(✔) 車が横断歩道を通り過ぎています。
　　자동차가 횡단보도를 지나가고 있습니다.

(B) 大勢の人が横断歩道を渡っています。
　　많은 사람이 횡단보도를 건너고 있습니다.

(C) 車が停止線の前に停車しています。
　　자동차가 정지선 앞에 정차해 있습니다.

(D) 車が横断歩道にさしかかっています。
　　자동차가 횡단보도에 다가오고 있습니다.

해설　자동차가 횡단보도를 지나가고 있는 사진으로, 「通り過ぎる(지나가다)」라는 동사가 포인트. 따라서 정답은 (A)가 된다.

어휘　横断歩道 횡단보도　大勢の人 많은 사람
　　渡る 건너다　停止線 정지선
　　停車 정차　さしかかる 다가오다

15 

(A) 服がハンガーに整然とかけてあり
ます。

옷이 옷걸이에 정연하게 걸려 있습니다.

(B) 畳の上に服がきれいに畳んであり
ます。

다다미 위에 옷이 가지런히 개어져 있습니다.

(C) 色々な服がベランダに干してあり
ます。

여러 가지 옷이 베란다에 널려 있습니다.

(D) 部屋の中に服が乱雑に積んであり
ます。

방 안에 옷이 난잡하게 쌓여 있습니다.

16 

(A) 床の上に正座しています。

마루 위에 정좌하고 있습니다.

(B) 井戸から水を汲んでいます。

우물에서 물을 푸고 있습니다.

(C) 海岸で水着を着て泳いでいます。

해안에서 수영복을 입고 헤엄치고 있습니다.

(D) ズボンをまくって足をお湯の中に
浸しています。

바지를 걷어올리고 발을 뜨거운 물 속에 담그고
있습니다.

해설 옷이 옷걸이에 가지런히 걸려 있는 사진으로,
「整然と(정연하게)」라는 표현이 포인트. 따라서
정답은 (A)가 된다.

어휘 服 옷　ハンガー 옷걸이　畳 다다미
畳む 개다, 접다　ベランダ 베란다
干す 말리다, 널다　部屋 방
乱雑に 난잡하게　積む 쌓다

해설 인물의 동작에 주목해야 정답을 찾을 수 있는 문제
로, 바지를 걷어올리고 발을 뜨거운 물 속에 담그고
있다고 한 (D)가 정답이 된다.

어휘 正座 정좌　井戸 우물　水を汲む 물을 푸다
海岸 해안　水着 수영복　着る 입다
泳ぐ 헤엄치다　まくる 걷어올리다
お湯 뜨거운 물　浸す 담그다

17

(A) 道路に花吹雪が舞っています。
도로에 꽃이 흩날리고 있습니다.

(B) 柵越しに大きな花壇が見えます。
울타리 너머로 큰 화단이 보입니다.

✓(C) 店先に鉢植えが置いてあります。
가게 앞에 화분이 놓여 있습니다.

(D) 裏庭に色々な花が植えられています。
뒤뜰에 여러 가지 꽃이 심어져 있습니다.

18

(A) 職人が扇子を作っています。
장인이 접는 부채를 만들고 있습니다.

(B) 扇子を広げ、扇いでいます。
접는 부채를 펼쳐 부채질하고 있습니다.

✓(C) 様々な絵柄の扇子が所狭しと並べられています。
여러 가지 무늬의 접는 부채가 비좁게 진열되어 있습니다.

(D) 帯に扇子を差し込んでいるところです。
띠에 접는 부채를 꽂고 있는 중입니다.

해설 가게 앞에 화분이 놓여 있는 사진으로, 「鉢植え(화분)」라는 단어가 포인트. 따라서 정답은 (C)가 된다.

어휘 花吹雪 꽃이 눈보라처럼 날림　舞う 흩날리다
柵越しに 울타리 너머로　花壇 화단
店先 가게 앞　裏庭 뒤뜰, 뒷마당　植える 심다

해설 여러 가지 무늬의 접는 부채가 진열된 사진이다. 따라서 정답은 (C)가 된다.

어휘 職人 직인, 장인　扇子 접는 부채　作る 만들다
広げる 펼치다　扇ぐ 부채질하다　絵柄 무늬
所狭しと 비좁게　帯 띠
差し込む 꽂아 넣다, 끼우다

19

(A) 屋内で公演を見ている人たちが見え
ます。

옥내에서 공연을 보고 있는 사람들이 보입니다.

(B) 大勢の観客が席に座って試合を眺めて
います。

많은 관객이 자리에 앉아 시합을 바라보고 있습
니다.

(C) 大勢の人が一列に並んで順番を待って
います。

많은 사람들이 한 줄로 늘어서서 순번을 기다리고
있습니다.

(D) 大勢の人が道端に座ってパフォーマン
スを眺めています。

많은 사람들이 길가에 앉아 퍼포먼스를 바라보고
있습니다.

해설 문제에 나온 사진은 많은 사람들이 길가에 앉아서
공연을 바라보고 있는 사진이므로, 정답은 (D)가
된다.

어휘 屋内 옥내　公演 공연　観客 관객　試合 시합
眺める 바라보다　並ぶ 늘어서다　順番 순번
道端 길가　パフォーマンス 퍼포먼스

20

(A) 高層ビルがそびえ立っている都心部の
風景です。

고층빌딩이 우뚝 솟아 있는 도심부 풍경입니다.

(B) 古い家屋が軒を並べている住宅街の
風景です。

오래된 가옥이 처마를 나란히 하는 주택가 풍경
입니다.

(C) 広々とした田んぼが広がっている田舎の
風景です。

널찍한 논이 펼쳐져 있는 시골 풍경입니다.

(D) 商店がせせこましく立ち並んでいる
商店街の風景です。

상점이 비좁게 늘어서 있는 상점가 풍경입니다.

해설 문제에 나온 사진은 고층빌딩이 우뚝 솟아 있는
도심부의 풍경이므로, 정답은 (A)가 된다.

어휘 高層ビル 고층빌딩　そびえ立つ 우뚝 솟다
都心部 도심부　風景 풍경　古い 오래되다
家屋 가옥　軒を並べる 처마를 나란히 하다
住宅街 주택가　広々 널찍한 모양　田んぼ 논
広がる 펼쳐지다　せせこましい 비좁다
立ち並ぶ 늘어서다

21

冬休みに何をしますか。겨울방학 때는 뭘 하나요?

(A) あの機械を使ってください。
저 기계를 사용하세요.

(B) 雨が降って今朝はしませんでした。
비가 내려서 오늘 아침에는 하지 않았어요.

✔ (C) 中国語を勉強します。
중국어를 공부할 거예요.

(D) 今日は用事があって、明日行くつもりです。
오늘은 볼일이 있어서, 내일 갈 생각이에요.

해설 문제에서 겨울방학 때 무엇을 할 생각인지를 물었으므로, 내용은 물론이고 시제까지 주의해서 들어야 한다. 따라서 정답은 중국어를 공부할 거라고 한 (C)가 된다.

어휘 冬休み 겨울방학　機械 기계　使う 사용하다　雨が降る 비가 내리다　中国語 중국어　用事 볼일

22

まだ時間がありますか。아직 시간이 있나요?

(A) いいえ、まだあります。
아니요, 아직 있어요.

✔ (B) いいえ、もうありません。
아니요, 이제 없어요.

(C) 冷蔵庫の中にあります。
냉장고 안에 있어요.

(D) はい、その時間には出発するつもりです。
네, 그 시간에는 출발할 생각이에요.

해설 기본적인 의문문에 대한 이해를 묻는 문제이다. 아직 시간이 있느냐는 질문에 대한 적절한 응답은 이제 없다고 한 (B)가 된다.

어휘 時間 시간　もう 이제, 이미　冷蔵庫 냉장고　出発 출발

23

○ その<ruby>男<rt>おとこ</rt></ruby>の<ruby>子<rt>こ</rt></ruby>は<ruby>今何歳<rt>いまなんさい</rt></ruby>ですか。 그 남자 아이는 지금 몇 살인가요?

 ちょうど10歳です。

정확히 열 살입니다.

(B) <ruby>全部<rt>ぜんぶ</rt></ruby>で15<ruby>人<rt>にん</rt></ruby>ぐらいです。

전부해서 열다섯 명 정도입니다.

(C) 3歳<ruby>違<rt>ちが</rt></ruby>いです。

세 살 차이입니다.

(D) 8個<ruby>入<rt>こ</rt></ruby>っていました。

여덟 개 들어 있었어요.

해설 「<ruby>何歳<rt>なんさい</rt></ruby>(몇 살)」라는 의문사를 알아듣는 것이 포인트. 문제에서는 나이를 물었으므로, 나이로 대답한 보기를 찾으면 된다. 따라서 정답은 (A)가 된다.

어휘 ちょうど 정확히   <ruby>全部<rt>ぜんぶ</rt></ruby>で 전부해서   ～<ruby>違<rt>ちが</rt></ruby>い ～차이   ～<ruby>個<rt>こ</rt></ruby> ～개   <ruby>入<rt>はい</rt></ruby>る 들어 있다

24

○ <ruby>寒<rt>さむ</rt></ruby>いですね。<ruby>窓<rt>まど</rt></ruby>を<ruby>閉<rt>し</rt></ruby>めましょうか。 춥네요. 창문을 닫을까요?

（A） そうしましょう。

그렇게 해요.

(B) いいえ、どういたしまして。

아니요, 천만에요.

(C) さっき<ruby>私<rt>わたし</rt></ruby>が<ruby>開<rt>あ</rt></ruby>けましたよ。

방금 제가 열었어요.

(D) じゃ、私がかけてきます。

그럼, 제가 잠그고 올게요.

해설 기본적인 의문문에 대한 이해를 묻는 문제로, 여자가 추우니까 창문을 닫아도 되는지를 남자에게 묻고 있다. 따라서 적절한 응답은 그렇게 하자고 한 (A)가 된다.

어휘 <ruby>寒<rt>さむ</rt></ruby>い 춥다   <ruby>窓<rt>まど</rt></ruby>を<ruby>閉<rt>し</rt></ruby>める 창문을 닫다   さっき 조금 전, 방금   <ruby>開<rt>あ</rt></ruby>ける 열다   かける 잠그다, 채우다

25

誰と買い物に行きましたか。 누구와 쇼핑하러 갔었나요?

(A) 一人で行くつもりです。
혼자서 갈 생각이에요.

(B) 地下鉄で行きました。
지하철로 갔었어요.

✔ (C) 友達と行きました。
친구와 갔었어요.

(D) 野菜を買いました。
채소를 샀어요.

해설 의문사를 사용한 의문문에서는 의문사의 정확한 의미와 함께 시제에도 주의를 해야 한다. 문제에서 누구와 쇼핑하러 갔었는지를 물었으므로, 적절한 응답은 친구와 갔었다고 한 (C)가 된다.

어휘 買い物 쇼핑　地下鉄 지하철　友達 친구　野菜 채소

26

いらっしゃいませ、ご注文は何になさいますか。
어서 오세요, 주문은 무엇으로 하시겠습니까?

(A) コーラとジュースを飲みました。
콜라와 주스를 마셨어요.

✔ (B) すみません、後でもう一人来るので待ってもらえますか。
죄송한데, 좀 있다가 한 명 더 오니까 기다려 주시겠어요?

(C) ええ、オムライスを注文しました。
네, 오므라이스를 주문했어요.

(D) 美味しそうな料理ですね。そうしましょう。
맛있어 보이는 요리네요. 그렇게 해요.

해설 문제에서 주문을 무엇으로 하겠냐고 물었다고 해서, 뭔가 사물로 대답해야 한다고 생각하고 보기를 들으면 정답을 찾기 힘든 문제이다. 정답은 좀 있다가 한 명 더 오니까 기다려 달라고 한 (B)가 된다.

어휘 注文 주문　コーラ 콜라　ジュース 주스　飲む 마시다　後で 나중에　オムライス 오므라이스
美味しい 맛있다　料理 요리

27

(A) うん、来週からまた海外出張らしいよ。

응, 다음 주부터 또 해외 출장이래.

(B) 来週の月曜日にはお戻りになると思うよ。

다음 주 월요일에는 돌아오실 거야.

(C) この雑誌に出てるんじゃない?

이 잡지에 나와 있지 않아?

(D) 2時からずっと会議だそうだ。

2시부터 계속 회의래.

해설 여자가 남자에게 사장님의 오후 일정을 알고 있냐고 물었으므로, 보기 중에서 가장 적절한 응답은 2시부터 계속 회의가 있다고 한 (D)가 된다. 나머지 보기는 질문과는 거리가 먼 응답들이다.

어휘 午後 오후　予定 예정　知る 알다　海外 해외　出張 출장　月曜日 월요일　戻る 돌아오다　雑誌 잡지　ずっと 쭉, 계속　会議 회의

28

(A) 消しゴムとセロテープを頼んでください。

지우개와 셀로판테이프를 주문해 주세요.

(B) ええ、あちらにあるエスカレーターを利用してください。

네, 저쪽에 있는 에스컬레이터를 이용해 주세요.

(C) え〜と、サンドイッチもお願いします。

어디 보자〜, 샌드위치도 부탁해요.

(D) じゃ、この服を洗濯に出してもらえますか。

그럼, 이 옷을 세탁소에 좀 맡겨 주시겠어요?

해설 문제에서 뭔가 주문할 문구가 있는지 물었으므로, 지우개와 셀로판테이프를 주문해달라고 한 (A)가 정답이 된다.

어휘 注文 주문　文房具 문방구, 문구　消しゴム 지우개　セロテープ 셀로판테이프　頼む 주문하다, 부탁하다　利用 이용　服 옷　洗濯に出す 세탁소에 맡기다

29

このマンションでは動物を飼ってもかまいませんか。
이 맨션에서는 동물을 길러도 상관없나요?

(A) ペットはちょっと困るんですが。
애완동물은 조금 곤란합니다만.

(B) 動物園はどうでしょうか。
동물원은 어떠세요?

(C) はい、子供の時、犬と猫を一匹ずつ飼ったことがあります。
네, 어릴 때 개와 고양이를 한 마리씩 기른 적이 있어요.

(D) はい、近くに公園や川があってとてもいいです。
네, 근처에 공원이랑 강이 있어서 아주 좋아요.

해설 허가나 승낙을 요구하는 표현에 대한 이해를 묻는 문제이다. 여자가 이 맨션에서는 동물을 길러도 상관없느냐고 물었으므로, 가장 적절한 응답은 애완동물은 조금 곤란하다고 한 (A)가 된다.

어휘 動物 동물 飼う 기르다, 사육하다 〜てもかまいませんか 〜해도 상관없습니까? 困る 곤란하다
動物園 동물원 犬 개 猫 고양이 一匹 한 마리 〜ずつ 〜씩 近く 근처 公園 공원 川 강

30

岡山さんはヨーロッパに行ったことがありますか。
오카야마 씨는 유럽에 간 적이 있나요?

(A) はい、実は息子がアメリカに住んでいるもので。
네, 실은 아들이 미국에 살고 있거든요.

(B) 少なくとも10時間以上はかかると思いますが。
적어도 열 시간 이상은 걸릴 것 같은데요.

(C) はい、仕事で2回行ったことがあります。
네, 일 때문에 두 번 간 적이 있어요.

(D) はい、先週友達と一緒に食べに行きました。
네, 지난주에 친구와 함께 먹으러 갔었어요.

해설 「동사의 た형 + ことがある」는 '〜한 적이 있다'라는 의미로, 과거의 경험을 물을 때 사용하는 표현이다. 따라서 적절한 응답은 일 때문에 두 번 간 적이 있다고 한 (C)가 된다.

어휘 実は 실은 息子 아들 住む 살다 〜もので 〜이기 때문에 少なくとも 적어도 以上 이상
かかる 걸리다 友達 친구 〜と一緒に 〜와 함께 동사의 ます형 + に 〜하러

31

(A) はい、朝刊でいいですか。

네, 조간신문도 괜찮나요?

(B) いいえ、郵便でお願いします。

아니요, 우편으로 부탁해요.

(C) はい、あそこの棚の上にあります。

네, 저기 선반 위에 있어요.

(D) いいえ、住所は書かなくてもいいです。

아니요, 주소는 쓰지 않아도 돼요.

해설 문제에서 여자가 잠시 전화부를 보여달라고 했으므로, 보기 중에서 가장 적절한 응답은 저쪽 선반 위에 있다고 한 (C)가 된다.

어휘 電話帳 전화부　朝刊 조간　郵便 우편　棚 선반　住所 주소　書く 쓰다

32

(A) 脂っこい物の食べすぎじゃないですか。

기름진 음식을 과식한 거 아닌가요?

(B) 残念ながら、それが急用でキャンセルになっちゃったんです。

유감스럽게도 그게 급한 용무로 취소가 되었어요.

(C) いいですよ。ゆっくり疲れを取ってきてください。

괜찮아요. 느긋하게 피로를 풀고 오세요.

(D) 家族水入らずで遊園地にでも行こうと思っています。

가족끼리 유원지라도 갈 생각이에요.

해설 「～てもいいですか」는 '～해도 좋습니까?'라는 의미로, 허가나 승낙을 요구할 때 사용하는 표현이다. 따라서 적절한 응답은 괜찮으니까 느긋하게 피로를 풀고 오라고 한 (C)가 된다.

어휘 休暇を取る 휴가를 받다　脂っこい 기름지다　食べすぎる 과식하다　残念ながら 유감스럽게도
急用 급한 볼일　キャンセル 취소　ゆっくり 느긋하게　疲れを取る 피로를 풀다
家族水入らず 가족끼리　遊園地 유원지

33

すみません、こちらの商品は税込みですか。
저기요, 이쪽 상품은 세금이 포함되어 있나요?

(A) いいえ、消費税は含まれておりませんが。
아니요, 소비세는 포함되어 있지 않습니다만.

(B) はい、それで旅行する時は小銭がたくさん要るんです。
네, 그래서 여행할 때는 잔돈이 많이 필요하답니다.

(C) じゃ、この価格より高くなるというわけですね。
그럼, 이 가격보다 비싸진다는 말이군요.

(D) すべての商品に5パーセントの税金が付きますよ。
모든 상품에 5퍼센트의 세금이 붙습니다.

해설 「税込み」는 '세금이 포함됨'이라는 의미로, 문제에서는 이쪽 상품에 세금이 포함되어 있는지를 묻고 있다. 따라서 가장 적절한 응답은 소비세는 포함되어 있지 않다고 한 (A)가 된다.

어휘 商品 상품　消費税 소비세　含む 포함하다　旅行 여행　小銭 잔돈　要る 필요하다　価格 가격
高い 비싸다　税金 세금

34

給料日まではまだ十日も残ってるのに、もうお金を使い果たしちゃったわ。
월급날까지는 아직 열흘이나 남았는데, 벌써 돈을 다 써 버렸어.

(A) 君は無駄遣いが多いからなあ。
당신은 낭비가 심해서 그래.

(B) じゃ、美味しい物でも食べに行こうか。
그럼, 맛있는 거라도 먹으러 갈까?

(C) ああ〜、帰る途中鈴木君に会って立て替えてもらったんだ。
아〜, 돌아가는 도중에 스즈키 군이 대신 지불해 줬어.

(D) うん、それで金遣いが荒いって妻に文句言われちゃった。
응, 그래서 돈 씀씀이가 헤프다고 아내에게 한 소리 들었어.

해설 「使い果たす(다 쓰다)」라는 동사를 알아듣는 것이 포인트. 월급날까지는 아직 열흘이나 남았는데 벌써 돈을 다 써 버렸다고 했으므로, 가장 적절한 응답은 당신은 낭비가 심해서 그렇다고 한 (A)가 된다.

어휘 給料日 월급날　十日 열흘　残る 남다　無駄遣い 낭비　多い 많다　途中 도중　会う 만나다
立て替える 대신 지불하다　それで 그래서　金遣いが荒い 돈 씀씀이가 헤프다　妻 아내
文句を言う 불평을 하다, 불만을 말하다

35

湯加減はいかがですか。 물 온도는 어떤가요?

(A) ちょっと温いですので、沸かしていただけますか。

조금 미지근하니까 데워 주시겠어요?

(B) いつもいい加減に仕事をしていたせいだと思います。

항상 일을 대충 하고 있었던 탓이라고 생각해요.

(C) 大丈夫ですか。火傷はしませんでしたか。

괜찮아요? 화상은 입지 않았나요?

(D) そうですね。ちょっと水を入れて味を薄めた方がいいと思います。

그러네요. 물을 조금 넣어서 맛을 연하게 하는 게 좋을 것 같아요.

해설 「湯加減(목욕물 등의 온도의 정도)」이라는 단어를 알아듣는 것이 포인트. 물 온도가 어떤지를 물었으므로, 적절한 응답은 조금 미지근하니까 데워달라고 한 (A)가 된다.

어휘 温い 미지근하다　沸かす 데우다　いい加減に 적당히　～せいだ ～탓이다　大丈夫だ 괜찮다　火傷 화상
水 물　味 맛　薄める 연하게 하다

36

近くの踏み切りで衝突事故があったらしいわ。
근처 철도 건널목에서 충돌 사고가 있었대.

(A) 本当？ 消防車は公園の中まで入れたのかな。

정말? 소방차는 공원 안까지 들어갔을까?

(B) それで電車に乗ってきたのか。

그래서 전철을 타고 왔군.

(C) それで君も火を消すのを手伝ってあげたの？

그래서 당신도 불 끄는 걸 도와 줬어?

(D) ラッシュアワーの時間だったから、大変だっただろうね。

러시아워 시간이어서 힘들었겠네.

해설 「～らしい」는 '～인 것 같다'라는 의미도 있지만, '～라고 한다'라는 전문의 의미를 나타내기도 한다. 따라서 문제의 문장은 근처 철도 건널목에서 충돌 사고가 있었다고 한다는 의미이므로, 적절한 응답은 (D)가 된다.

어휘 近く 근처　踏み切り 철도 건널목　衝突 충돌　事故 사고　消防車 소방차　公園 공원　乗る 타다
火を消す 불을 끄다　手伝う 돕다　ラッシュアワー 러시아워　大変だ 힘들다

37

うちの子、初めて見る物はいくら美味しい物でも食べず嫌いで困ってるわ。

우리 애, 처음 보는 음식은 아무리 맛있는 음식이라도 먹어 보지도 않고 덮어놓고 싫어해서 큰일이야.

(A) だから、そんなに健康なんだね。

그래서 그렇게 건강하구나.

(B) いくら美味しくても、それがずっと続くと、誰でも飽きてしまうよ。

아무리 맛있어도 그 음식이 계속 나오면 누구든지 질리고 말 거야.

(C) じゃ、好物の物で消化がいい物を食べさせたら?

그럼, 좋아하는 것으로 소화가 잘 되는 음식을 먹여 보는 건 어때?

(D) 好きな物に混ぜて食べさせるのはどうかな?

좋아하는 음식에 섞어서 먹여 보는 건 어떨까?

해설 「食べず嫌い(먹어 보지도 않고 덮어놓고 싫어함)」라는 표현을 알아듣는 것이 포인트. 문제에서 여자의 아이는 처음 보는 음식은 아무리 맛있더라도 먹어 보지도 않고 덮어놓고 싫어한다고 했으므로, 적절한 응답은 좋아하는 음식에 섞어서 먹여보는 것은 어떻겠냐고 제안을 한 (D)가 된다.

어휘 美味しい 맛있다　困る 곤란하다　だから 그러니까　健康だ 건강하다　いくら 아무리　ずっと 쭉, 계속　続く 계속되다　飽きる 질리다　好物 좋아하는 음식　消化 소화　好きだ 좋아하다　混ぜる 섞다

38

彼女は晩年にとても幸せだったらしいわ。

그녀는 만년에 아주 행복했다고 해.

(A) いいよ。彼女の訪問ならいつでも歓迎だよ。

좋아. 그녀의 방문이라면 언제든지 환영이야.

(B) 若い頃、色々苦労したらしいから、きっと報われたんだね。

젊었을 때 여러 가지로 고생했다고 하니까, 틀림없이 보상을 받은 거야.

(C) 結局、不幸な一生だったというわけだね。

결국, 불행한 일생이었다는 말이네.

(D) 若いのに、考え方が古くさいという評判だからなあ。

젊은데도 사고방식이 케케묵었다는 평판이니까 말이야.

해설 「晩年(만년)」이라는 단어를 놓치면 정답을 찾기 힘든 문제이다. 문제에서 그녀는 만년에 아주 행복했다고 했으므로, 가장 적절한 응답은 젊었을 때 여러 가지로 고생했다고 하니까 잘 됐다고 한 (B)가 된다.

어휘 幸せ 행복　訪問 방문　歓迎 환영　若い 젊다　苦労 고생　きっと 꼭, 틀림없이　報う 보답하다　結局 결국　不幸 불행　一生 일생, 평생　考え方 사고방식　古くさい 케케묵다, 낡아빠지다　評判 평판

39

今回の新人は見掛けによらず、みんな真面目だね。

이번에 들어온 신참은 겉보기와는 달리 모두 성실하네.

(A) うん、最初は僕も心配したんだけどね。

응, 처음에는 나도 걱정했는데 말이야.

(B) 見た目は健康そうだったのに、残念だね。

겉보기에는 건강한 것처럼 보였는데, 유감이네.

(C) じゃ、僕ともいい友達になれるはずだね。

그럼, 나와도 좋은 친구가 될 수 있겠군.

(D) やっぱり人柄は顔に出るって本当だなあ。

역시 인품은 얼굴에 나타난다고 하더니, 정말이군.

해설 「見掛けによらず」라는 표현은 '겉보기와는 달리'라는 의미이므로, 문제의 문장은 이번에 들어온 신참은 겉보기와는 달리 모두 성실하다는 의미가 된다. 따라서 가장 적절한 응답은 처음에는 나도 걱정했다고 한 (A)가 된다.

어휘 新人 신참　真面目だ 성실하다　最初 최초, 처음　心配 걱정　見た目 겉보기, 외견　健康 건강　残念だ 유감이다　友達 친구　やっぱり 역시(「やはり」의 강조 표현)　人柄 인품　顔 얼굴

40

池田係長って何としても例外を認めないから、大変だわ。

이케다 계장님은 무슨 일이든지 예외를 인정하지 않아서 힘들어.

(A) うん、それで僕も係長を金科玉条にして仕事をしようと思ってるんだ。

그래서 나도 계장님을 금과옥조로 삼아서 일을 하려고 해.

(B) そういう頭の固い人ってどんな組織にもいるもんだよ。

그런 고지식한 사람은 어느 조직에나 있는 법이야.

(C) 受付は親切な態度が基本中の基本なのになあ。

접수처는 친절한 태도가 기본 중에 기본인데 말이야.

(D) じゃ、正直に断った方が彼のためにもなると思うよ。

그럼, 솔직하게 거절하는 게 그 사람을 위해서도 좋다고 생각해.

해설 문제에서 이케다 계장은 무슨 일이든지 예외를 인정하지 않아서 힘들다고 했으므로, 적절한 응답은 그런 고지식한 사람은 어느 조직에나 있는 법이라고 한 (B)가 된다.

어휘 係長 계장　例外 예외　認める 인정하다　大変だ 힘들다　金科玉条 금과옥조, 중요한 법률이나 규칙　頭が固い 고지식하다　組織 조직　受付 접수(처)　親切 친절　態度 태도　基本 기본　正直 정직, 솔직　断る 거절하다　ため 이익, 도움

41

● チームが負けた原因は何でしょうか。 팀이 진 원인은 뭘까요?

(A) 実は悪天候で中止になっちゃったんです。

실은 악천후로 중지되고 말았어요.

(B) ええ、一人一人が大いに活躍しましたから。

네, 한 사람 한 사람이 크게 활약했으니까요.

(✓) 練習不足という以外ありません。

연습부족이라고 밖에 말할 수 없겠군요.

(D) 一概には言えませんが、職員のモラルの管理が必要でしょう。

일괄적으로는 말할 수 없지만, 직원의 윤리의식 관리가 필요하겠군요.

해설 여자가 팀이 진 원인에 대해 물었으므로, 그 이유에 대한 대답을 찾으면 될 것이다. 따라서 적절한 응답은 연습부족이라고 밖에 말할 수 없다고 한 (C)가 된다.

어휘 負ける 지다, 패배하다　原因 원인　実は 실은　悪天候 악천후　中止 중지　大いに 크게　活躍 활약
練習 연습　以外 이외　一概に 일괄적으로, 일률적으로　職員 직원　モラル 윤리의식　管理 관리
必要 필요

42

● 今回の契約で、今後3年間は独占的に販売ができます。
이번 계약으로 앞으로 3년간은 독점적으로 판매할 수 있어요.

(A) 結局、競合会社と同時に売り出すわけですね。

결국 경쟁회사와 동시에 판매한다는 말이군요.

(✓) この商品を我が社だけが販売できるんですね。

이 상품을 우리 회사만 판매할 수 있다는 말이군요.

(C) つまり、従来の実績は評価されないということですね。

즉, 종래의 실적은 평가되지 않는다는 말이군요.

(D) ということは、シェアを50%以上占めるのは無理かもしれませんね。

그렇다는 말은 시장점유율을 50퍼센트 이상 점하는 것은 무리일지도 모르겠군요.

해설 「独占的に(독점적으로)」라는 단어를 놓치면 정답을 찾기 힘든 문제이다. 문제에서 이번 계약으로 앞으로 3년간은 독점적으로 판매할 수 있다고 했으므로, 정답은 (B)가 된다.

어휘 契約 계약　販売 판매　結局 결국　競合会社 경쟁회사　～と同時に ～와 동시에　売り出す 팔기 시작하다
商品 상품　我が社 우리 회사　つまり 즉, 다시 말해서　従来 종래　実績 실적　評価 평가
シェア 시장점유율　占める 점하다, 차지하다　無理 무리

43

이 호텔, 고급이라고는 말할 수 없지만 방은 멋지지 않아?

(A) そう？ 高いだけあって、設備は最高だったじゃない？

그래? 비싼 만큼 설비는 최고였지 않아?

(B) そうかな……。2万円でこれくらいの部屋なら充分だと思うけど。

글쎄……. 이만 엔으로 이 정도 방이라면 충분하다고 생각하는데.

(C) うん、カーテンも家具もなかなかの物だね。

응, 커텐이나 가구도 상당하군.

(D) うん、部屋はあまりきれいじゃないけど、予算を考えるとこっちにするしかないなあ。

응, 방은 그다지 깨끗하지 않지만 예산을 생각하면 이쪽으로 할 수밖에 없겠네.

해설 여자가 어느 호텔에 대해 고급이라고는 말할 수 없지만, 방은 멋지지 않느냐고 남자에게 동의를 구하고 있는 상황이다. 따라서 정답은 여자의 말에 동의를 하고 커텐이나 가구도 상당히 멋지다고 한 (C)가 된다.

어휘 高級 고급　素敵だ 멋지다　高い 비싸다　～だけあって ～인 만큼　設備 설비　最高 최고　充分だ 충분하다　家具 가구　あまり 그다지　予算 예산　～しかない ～할 수밖에 없다

44

새롭게 개발된 여객기는 연료 보급 없이도 상당히 날 수 있다고 하더군.

(A) うん、従来のものより圧倒的に飛行距離が伸びたんだよ。

응, 종래의 비행기보다 압도적으로 비행 거리가 늘어났어.

(B) うん、必要な物資が足りなくて困っている人が多いからなあ。

응, 필요한 물자가 모자라서 곤란한 사람이 많으니까.

(C) じゃ、頻繁に離着陸を繰り返すことになるんだろうね。

그럼, 빈번하게 이착륙을 되풀이하게 되겠군.

(D) 客室スタッフのサービスがそんなに悪かったの？

객실 스태프의 서비스가 그렇게 나빴어?

해설 문제에서 새롭게 개발된 여객기가 연료 보급 없이도 상당히 날 수 있다고 했으므로, 가장 적절한 응답은 종래의 비행기보다 압도적으로 비행 거리가 늘어났다고 한 (A)가 된다.

어휘 新開発 신개발　旅客機 여객기　燃料 연료　補給 보급　相当 상당히　飛ぶ 날다　従来 종래　圧倒的 압도적　飛行 비행　距離 거리　伸びる 늘다　物資 물자　足りない 모자라다, 부족하다　困る 곤란하다　多い 많다　頻繁に 빈번하게　離着陸 이착륙　繰り返す 되풀이하다, 반복하다　～ことになる ～하게 되다　客室 객실　スタッフ 스태프　サービス 서비스　悪い 나쁘다

45

お隣のワンちゃん、もう二十歳なんだって。人間ならもう相当な年ね。

옆집 개, 벌써 스무 살이래. 사람이라면 이미 상당한 나이야.

✔ (A) そのわりにはまだ元気だね。

그런 것치고는 아직 건강하네.

(B) そうだったのか。どうりで元気なわけだ。

그랬구나. 그래서 건강하구나.

(C) それじゃ、まだまだ成長して大きくなるんだね。

그럼, 더욱 성장해서 커지겠네.

(D) へえ、本当に珍しい犬だね。僕も初めて見たよ。

와〜, 정말로 신기한 개구나. 나도 처음 봤어.

해설 문제의 문장은 옆집 개가 벌써 스무 살인데, 사람이라면 이미 상당한 나이라는 의미이다. 따라서 적절한 응답은 그런 것치고는 아직 건강하다고 한 (A)가 된다.

어휘 隣 이웃, 옆　人間 인간　相当 상당　〜わりには 〜에 비해서는　どうりで 그러면 그렇지, 어쩐지
まだまだ 더욱, 아직　成長 성장　大きい 크다　珍しい 진귀하다　犬 개　初めて 최초로, 처음으로

46

ご免なさい。急に呼び出したりして。　죄송해요. 갑자기 불러내서.

(A) うん、こうして会うのは5年ぶりかな。今日が待ち遠しかったよ。

응, 이렇게 만나는 건 5년만인가? 오늘을 몹시 기다렸어.

(B) 詳しい事情は後で話すと思うから、焦らないで待ってなよ。

상세한 사정은 나중에 이야기할 테니까, 초조해하지 말고 기다려.

✔ (C) どうせ暇だったんだから、気にしなくていいよ。

어차피 한가했으니까, 신경 쓰지 않아도 돼.

(D) 夜中に悪いね。ちょっと相談したいことがあって。

밤중에 미안해. 잠시 상담할 게 있어서.

해설 문제에서 여자가 갑자기 불러내서 미안하다고 사과를 하고 있으므로, 사과에 대한 적절한 응답을 찾으면 된다. 따라서 정답은 어차피 한가했으니까 신경 쓰지 않아도 된다고 한 (C)가 된다.

어휘 急に 갑자기　呼び出す 불러내다　会う 만나다　待ち遠しい 몹시 기다려지다　詳しい 상세하다
事情 사정　焦る 안달하다, 초조하게 굴다　待つ 기다리다　どうせ 어차피　暇 한가함
気にする 신경을 쓰다　夜中 밤중　悪い 나쁘다, 미안하다　相談 상담

47

(A) 家族との同居生活は捨てがたいからね。

가족과 함께 사는 걸 포기하기는 힘드니까.

(B) そうなんだけど、親の脛かじりは相変わらずなんだよ。

그렇지만, 부모님에게 경제적으로 의지하는 건 여전해.

(C) さあ、職務に忠実になりすぎたあまり、却って孤立したんじゃない?

글쎄, 직무에 너무 충실한 나머지 도리어 고립되어 버린 건 아닐까?

(D) 僕も妻子があるなんて話は聞いてないよ。

나도 처자식이 있다는 얘기는 못 들었어.

해설 「親の脛をかじる(경제적으로 독립하지 못하고 부모에게 의존하다)」라는 관용 표현을 알고 있어야 정답을 찾을 수 있는 문제이다. 따라서 자립을 구실로 부모님 곁을 떠났다는 것에 대한 적절한 응답은 (B)가 된다.

어휘 自立 자립　口実 구실　親元 부모님 곁　離れる 떠나다　家族 가족　同居 동거, 함께 생활함
生活 생활　捨てる 버리다　동사의 ます형 + がたい ~하기 힘들다　相変わらず 여전히, 변함없이
職務 직무　忠実 충실　~あまり ~한 나머지　却って 도리어, 오히려　孤立 고립　妻子 처자식

48

(A) 了解。留守番なら任せてよ。

알았어. 집 보는 건 맡겨 줘.

(B) はいはい、きちんと片付けておくって。

알았어, 확실히 정리해 둔다니까.

(C) 安心して。僕がちゃんと面倒見るから。

안심해. 내가 확실히 돌볼 테니까.

(D) オーケー。すぐに追い付くよ。

오케이. 바로 따라갈게.

해설 문제에서 여자가 먼저 가서 기다리고 있을 테니까 문단속을 부탁한다고 했으므로, 보기 중에서 가장 적절한 응답은 바로 따라가겠다고 한 (D)가 된다.

어휘 戸締まり 문단속　了解 잘 이해함, 깨달아 알아냄　留守番 남의 빈 집을 지켜줌　任せる 맡기다
きちんと 확실히　片付ける 치우다, 정리하다　安心 안심　面倒を見る 돌보다, 보살피다
追い付く 따라가다

49

課長が取締役会の資料を早く見せろと言ってるわよ。

과장님께서 이사회의 자료를 빨리 보여달라고 하던데?

(A) じゃ、今すぐ角のコンビニで買ってくるよ。

그럼, 지금 바로 모퉁이에 있는 편의점에서 사 올게.

(B) 来週なんだから、そんなに焦らなくてもいいのに……。

다음 주니까, 그렇게 안달하지 않아도 될 텐데…….

(C) よく似合うと思うよ。今日はこのスタイルにしたら?

잘 어울려. 오늘은 이 스타일로 하는 게 어때?

(D) さあ、みんなで食事に行った時にでも発表したら?

글쎄, 모두 식사하러 갔을 때라도 발표하는 게 어때?

해설 「焦る(안달하다, 초조하게 굴다)」라는 동사를 알아듣는 것이 포인트. 과장이 이사회의 자료를 빨리 보여달라고 한 것에 대한 적절한 응답은 다음 주니까 그렇게 안달하지 않아도 될 거라고 대답한 (B)가 된다.

어휘 取締役会 이사회   資料 자료   角 모퉁이   コンビニ 편의점   似合う 어울리다   スタイル 스타일
食事 식사   発表 발표

50

先進国による発展途上国への支援は滞っていると思わない？

선진국의 개발도상국 지원은 정체되고 있다고 생각하지 않아?

(A) 欧米の各首脳の溝がより深まるだろうな。

구미 각 수뇌간 감정의 골이 더 깊어지겠군.

(B) 僕も聞いたよ。そろそろ地球規模での温暖化対策が必要かもしれないね。

나도 들었어. 슬슬 지구 규모에서의 온난화 대책이 필요할 것 같아.

✓(C) 先進国も自分の利益にならない援助はしないからね。

선진국도 자신들에게 이익이 되지 않는 원조는 하지 않으니까.

(D) 業績の悪化は無計画な投資にあると思うよ。

실적 악화는 무계획적인 투자에 있다고 생각해.

해설 「支援(지원)」과「滞る(정체되다)」라는 단어가 포인트. 문제에서 선진국의 발전도상국 지원은 정체되고 있는 것 같다고 했으므로, 이에 대한 적절한 응답은 선진국도 자신들에게 이익이 되지 않는 원조는 하지 않는다고 한 (C)가 된다.

어휘 先進国 선진국　発展途上国 개발도상국　欧米 구미　首脳 수뇌　溝 감정의 골　深まる 깊어지다　そろそろ 슬슬　地球 지구　規模 규모　温暖化 온난화　対策 대책　必要 필요　利益 이익　援助 원조　業績 업적, 실적　悪化 악화　無計画 무계획　投資 투자

51

女の人はいつ散歩をしていますか。 여자는 언제 산책을 하고 있습니까?

(A) 月曜日だけ　월요일에만

(B) 金曜日だけ　금요일에만

✓ (C) 月曜日から金曜日まで　월요일부터 금요일까지

(D) 土曜日と日曜日だけ　토요일과 일요일에만

男：散歩ですか。산책 가시나요?

女：はい、公園まで。네, 공원까지요.

男：毎日していますか。매일 하고 있나요?

女：いいえ、土日はしていません。아니요, 토요일과 일요일은 안 해요.

해설　요일만 정확하게 청취하면 정답이 쉽게 나오는 문제이다. 여자의 마지막 대화에서 토요일과 일요일은 산책을 하지 않는다고 했으므로, 정답은 (C)가 된다.

어휘　散歩 산책　月曜日 월요일　金曜日 금요일　土曜日 토요일　日曜日 일요일　公園 공원

52

女の人はいつ戻りますか。 여자는 언제 돌아옵니까?

(A) 1時　1시

(B) 2時　2시

(C) 4時　4시

✓ (D) 5時　5시

男：すみませんが、今時間大丈夫ですか。

　　죄송한데, 지금 시간 괜찮으신가요?

女：え〜と、もうすぐ1時ですよね。1時から銀行へ行く予定ですが。

　　음……, 이제 곧 1시죠? 1시부터 은행에 갈 예정인데요.

男：そうですか。じゃ、何時に戻りますか。

　　그래요? 그럼, 몇 시에 돌아오나요?

女：5時頃になりますが……。5시쯤 될 것 같은데요…….

해설　숫자에 대한 정확한 청취 능력을 묻는 문제로, 여자의 두 번째 대화만 잘 들으면 정답이 쉽게 나온다. 따라서 정답은 (D)가 된다.

어휘　戻る 돌아오다　大丈夫だ 괜찮다　銀行 은행　予定 예정

53

○ 二人はこれからどうしますか。 두 사람은 이제부터 어떻게 합니까?

(A) 海岸を散歩する。 해안을 산책한다. ✓

(B) 公園を散歩する。 공원을 산책한다.

(C) ドライブする。 드라이브한다.

(D) 車で海に行く。 자동차로 바다에 간다.

女：いい天気ですね。海がきれい。 날씨가 좋네요. 바다가 아름다워요.

男：窓からの風が気持ちいいですね。 창문에서 느껴지는 바람이 상쾌하네요.

女：海岸でジョギングをしている人もたくさんいますよ。

해안에서 조깅을 하고 있는 사람도 많이 있네요.

男：私たちも車を置いて少し歩きましょう。

우리도 자동차를 두고 조금 걸어 봐요.

해설　남자의 마지막 대화에 주목하면 정답이 쉽게 나온다. 마지막 대화에서 남자가 자동차를 두고 조금 걸어 보자고 했으므로, 정답은 해안을 산책한다고 한 (A)가 된다.

어휘　海岸 해안　車 자동차　海 바다　窓 창문　風 바람　置く 두다　歩く 걷다

54

○ 女の人はどんな物を見ますか。 여자는 어떤 물건을 봅니까?

(A) 白い鞄　흰 가방

(B) 茶色の鞄　갈색 가방 ✓

(C) 白い靴　흰 구두

(D) 茶色の靴　갈색 구두

男：その鞄もいいですが、白もきれいですよ。

그 가방도 괜찮지만, 흰색도 예뻐요.

女：白はあまり……。 흰색은 그다지…….

男：同じので茶色もありますよ。 같은 물건으로, 갈색도 있어요.

女：あ〜、よく茶色の靴をはきますから、それを見せてください。

아〜, 갈색 구두를 자주 신으니까 그걸 보여 주세요.

해설　문제에서는 여자가 어떤 물건을 보는지 물었으므로, 여자의 대화에 주목하면 된다. 여자는 두 번째 대화에서 갈색 구두를 자주 신으니까 갈색 가방을 보여달라고 했다. 따라서 정답은 (B)가 된다.

어휘　白い 희다　茶色 갈색　鞄 가방　靴 구두　同じだ 똑같다　はく 신다　見せる 보여 주다

55

 **男の人は女の人から何を借りましたか。** 남자는 여자에게서 무엇을 빌렸습니까?

(A) 海のビデオ　바다 비디오

(B) 海の写真　바다 사진

(C) 山のビデオ　산 비디오

(D) 山の写真　산 사진

男：借りていたビデオ、遅くなってすみません。
　　빌려간 비디오, 늦어져서 죄송해요.

女：いいですよ。ところで、色がとてもきれいだったでしょ?
　　괜찮아요. 그런데 색깔이 정말 예뻤죠?

男：ええ、海の色も魚の色も本当にきれいでした。
　　네, 바다도 물고기도 색깔이 정말로 예뻤어요.

女：それはよかったですね。그거 다행이네요.

해설　남자가 여자에게서 빌린 물건을 묻고 있으므로 청취할 때는 산인지 바다인지, 그리고 비디오인지 사진인지를 잘 들어야 한다. 따라서 정답은 (A)가 된다.

어휘　借りる 빌리다　海 바다　ビデオ 비디오　写真 사진　山 산　遅い 늦다　魚 물고기, 생선

56

男の人はこれからどうしますか。 남자는 이제부터 어떻게 합니까?

(A) 白ワインを持ってくる。백포도주를 가져온다.

(B) 赤ワインを持ってくる。적포도주를 가져온다.

(C) パンを持ってくる。빵을 가져온다.

(D) コーヒーを持ってくる。커피를 가져온다.

男：パンとライス、どちらがよろしいでしょうか。빵과 밥, 어느 쪽이 좋으신가요?

女：パンをお願いします。食事の後でコーヒーも。
　　빵으로 부탁해요. 식사 후에 커피도 주세요.

男：はい、わかりました。では、今すぐワインをお持ちします。
　　네, 알겠습니다. 그럼, 지금 바로 포도주를 가져오겠습니다.

女：あの……、白じゃなくて赤をお願いします。저……, 백포도주 말고 적포도주로 부탁해요.

해설　남자의 두 번째 대화에서 지금 바로 포도주를 가져오겠다고 하자 이에 여자가 백포도주 말고 적포도주로 부탁한다고 했으므로, 남자는 적포도주를 가져오면 된다. 따라서 정답은 (B)가 된다.

어휘　白ワイン 백포도주　赤ワイン 적포도주　食事 식사

57

女の人はこれからどうしますか。 여자는 이제부터 어떻게 합니까?

(A) 銀行から駅に行く。 은행에서 역으로 간다.

✔ (B) 銀行の前で男の人を待つ。 은행 앞에서 남자를 기다린다.

(C) 駅の階段で男の人を待つ。 역 계단에서 남자를 기다린다.

(D) 駅のホームで男の人を待つ。 역 홈에서 남자를 기다린다.

男：今どちらですか。 지금 어디신가요?

女：今駅に着いて階段を降りました。向こうに日本銀行が見えます。
　　지금 역에 도착해서 계단을 내려왔어요. 건너편에 일본 은행이 보여요.

男：じゃ、その銀行まで行ってください。うちからすぐですから、今行きます。
　　그럼, 그 은행까지 가세요. 저희 회사에서 바로니까, 지금 가겠습니다.

女：はい、わかりました。 네, 알겠어요.

해설 성별에 따른 행동 구분 문제로, 여기서는 남자의 두 번째 대화에 주목해야 한다. 남자의 두 번째 대화에서 은행까지 가라고 했으므로, 정답은 은행 앞에서 남자를 기다린다고 한 (B)가 된다.

어휘 銀行 은행　駅 역　待つ 기다리다　階段 계단　着く 도착하다　向こう 건너편　見える 보이다

58

女の人は今週の土曜日に何をするつもりですか。
여자는 이번 주 토요일에 무엇을 할 생각입니까?

(A) 男の人とゴルフに行くつもりだ。 남자와 골프를 치러 갈 생각이다.

✔ (B) 友達とテニスに行くつもりだ。 친구와 테니스를 치러 갈 생각이다.

(C) 彼氏と映画館に行くつもりだ。 남자친구와 영화관에 갈 생각이다.

(D) 何もしないで家でゆっくり休むつもりだ。 아무것도 하지 않고 집에서 느긋하게 쉴 생각이다.

男：今週の土曜日にゴルフに行きませんか。 이번 주 토요일에 골프 치러 안 갈래요?

女：あの……、土曜日は友達とテニスで……。
　　저……, 토요일은 친구와 테니스 약속이 있어서…….

男：そうですか。じゃ、来週はどうですか。 그래요? 그럼, 다음 주는 어때요?

女：すみません。来週も彼氏と映画館に行く約束があってちょっと……。
　　죄송해요. 다음 주도 남자친구와 영화관에 갈 약속이 있어서 좀…….

해설 여자가 이번 주 토요일에 무엇을 할 것인지에 대해 물었으므로, 여자의 대화에 주목하면 된다. 여자의 첫 번째 대화에서 이번 주 토요일은 친구와 테니스를 치러 갈 생각이라고 했으므로, 정답은 (B)가 된다.

어휘 映画館 영화관　ゆっくり 느긋하게　休む 쉬다　約束 약속

59

● みんなどこで待っていますか。 모두 어디에서 기다리고 있습니까?

(A) 一階の部屋　1층 방

(B) 二階の部屋　2층 방

✓(C) 三階の部屋　3층 방

(D) 四階の部屋　4층 방

女：鈴木さん、三階の部屋でみんな待っていますよ。
　　스즈키 씨, 3층 방에서 모두 기다리고 있어요.

男：えっ？ 二階だと思っていたんですが。
　　네? 2층이라고 생각했는데요.

女：先週はそうでしたが、今週は三階です。
　　지난주는 그랬는데, 이번 주는 3층이에요.

男：そうですか。すぐ行きます。
　　그래요? 바로 갈게요.

해설　여자의 첫 번째 문장만 잘 들어도 정답이 쉽게 나오는 문제이다. 모두 3층 방에서 기다리고 있다고 했으므로, 정답은 (C)가 된다.

어휘　待つ 기다리다　部屋 방　先週 지난주　今週 이번 주

60

● これから男の人はどうしますか。 이제부터 남자는 어떻게 합니까?

(A) バスに乗って駅まで行く。 버스를 타고 역까지 간다.

✓(B) タクシーに乗って駅まで行く。 택시를 타고 역까지 간다.

(C) 駅から自動車に乗って家に帰る。 역에서 자동차를 타고 집에 돌아간다.

(D) 駅からタクシーに乗って家に帰る。 역에서 택시를 타고 집에 돌아간다.

男：次のバスは何時に来ますか。 다음 버스는 몇 시에 오나요?

女：5時までありませんが。 5시까지 없습니다만.

男：じゃ、タクシーを呼んでもらえますか。5時の電車に乗らなければなりませんから。
　　그럼, 택시를 불러 주시겠어요? 5시 전철을 타야 하거든요.

女：はい、わかりました。 네, 알겠습니다.

해설　남자의 앞으로의 행동에 대해 물었으므로, 남자의 대화에 주목하면 된다. 남자의 두 번째 대화에서 5시 전철을 타야 하니까 택시를 불러 달라고 했으므로, 정답은 (B)가 된다.

어휘　乗る 타다　駅 역　自動車 자동차　帰る 돌아가(오)다　次 다음　呼ぶ 부르다

61

○ 二人は昼ご飯をどうしますか。 두 사람은 점심을 어떻게 합니까?

(A) 会社で仕事をしながら食べる。 회사에서 일을 하면서 먹는다.

(B) 外に出て食べる。 밖에 나가서 먹는다.

✔ (C) 何かを買ってきて食べる。 무언가를 사 와서 먹는다.

(D) 持ってきたお弁当を食べる。 가져온 도시락을 먹는다.

女 : この仕事、昼ご飯を食べながらやりましょうか。
　　 이 일, 점심을 먹으면서 할까요?

男 : ちょっと休んだ方がいいですよ。 잠시 쉬는 게 좋을 것 같아요.

女 : じゃ、外に食べに行きますか。 그럼, 밖으로 먹으러 나갈까요?

男 : どこも込んでいるから、何か買ってきませんか。
　　 어디나 붐빌 테니까, 무언가 사 오지 않을래요?

해설　대화 내용에 대한 이해를 묻는 문제로, 두 사람의 대화 내용으로 보아 두 사람은 무언가를 사 와서 먹는다는 것을
　　 알 수 있다. 따라서 정답은 (C)가 된다.

어휘　外に出る 밖에 나가다　お弁当 도시락　休む 쉬다　込む 붐비다

62

○ 山田さんはどうなりましたか。 야마다 씨는 어떻게 되었습니까?

(A) 昇進して部長になった。 승진해서 부장이 되었다.

(B) 昇進して東京に転勤する。 승진해서 도쿄로 전근 간다.

✔ (C) 課長のまま東京へ転勤する。 과장인 채로 도쿄로 전근 간다.

(D) 部長のまま東京へ転勤する。 부장인 채로 도쿄로 전근 간다.

女 : ねえ、掲示板見て。鈴木さん課長になったんだ。
　　 여기 게시판 좀 봐. 스즈키 씨 과장이 되었네.

男 : 本当だ。よかったね。 정말이네. 잘됐군.

女 : あら、山田課長は？ 部長になったのかな。
　　 어머, 야마다 과장님은? 부장으로 승진한 걸까?

男 : 違うよ。ここ見て。課長のまま東京へ行くみたい。
　　 아니야. 여기를 봐. 과장인 채로 도쿄로 가는 것 같아.

해설　남자의 마지막 대화에서 정답이 나오고 있다. 야마다 씨는 승진하지 못하고 과장인 채로 도쿄로 간다고 했으므로,
　　 정답은 (C)가 된다.

어휘　昇進 승진　部長 부장(님)　転勤 전근　課長 과장(님)　掲示板 게시판　違う 다르다

63

女の人についての説明の中で、正しいものはどれですか。
여자에 대한 설명 중에서 올바른 것은 어느 것입니까?

(A) 先週買った傘はすぐ壊れてしまった。
지난주에 산 우산은 바로 고장 나버렸다.

(B) 先週買った傘は電車の中で忘れてしまった。
지난주에 산 우산은 전철 안에서 잃어버렸다.

(C) 先週買った傘は何の問題もなくよく使っている。
지난주에 산 우산은 아무런 문제도 없이 잘 사용하고 있다.

(D) 壊れたり忘れたりした傘は今年三本目である。
고장 나거나 잃어버린 우산은 올해 세 번째이다.

女 : 先週買った傘、丈夫だと聞いて買ったのに、すぐ壊れちゃった。
지난주에 산 우산, 튼튼하다고 해서 샀는데 바로 고장 나버렸어.

男 : 今日の風が強すぎたんだよ。
오늘 바람이 너무 강해서 그런 거야.

女 : 今年はこれで二本目だわ。
올해는 이걸로 두 번째야.

男 : 前のは電車の中で忘れたんだろう?
전에 것은 전철 안에서 잃어버렸지?

해설 대화 내용을 요약해 보면 여자는 지난주에 튼튼하다고 해서 우산을 샀는데 바로 고장 나버렸고, 예전에 전철 안에서 잃어버린 우산을 합쳐 올해로 못쓰게 된 우산은 두 번째이다. 따라서 정답은 (A)가 된다.

어휘 傘 우산 壊れる 부서지다, 고장 나다 忘れる 잊다 使う 사용하다 丈夫だ 튼튼하다 風 바람
強い 강하다

二人の会話の内容と合っているものはどれですか。

두 사람의 대화 내용과 맞는 것은 어느 것입니까?

(A) 女の人のお酒の瓶は全部割れてしまった。

여자의 술병은 전부 깨지고 말았다.

(B) 女の人はお酒の瓶を何にも包まずに鞄の中に入れておいた。

여자는 술병을 아무것도 싸지 않고, 가방 안에 넣어 두었다.

✔ (C) 女の人はお酒の瓶を紙で包んで鞄の中に入れておいた。

여자는 술병을 종이로 싸서, 가방 안에 넣어 두었다.

(D) 男の人は鞄に割れ物注意のカードを付けてほしいと思っている。

남자는 가방에 파손주의 카드를 달아 주었으면 좋겠다고 생각하고 있다.

男：お荷物はこちらにどうぞ。

짐은 이쪽에 두세요.

女：はい。あの……、鞄の中にお酒の瓶があるんですが、大丈夫でしょうか。

네. 저기……, 가방 안에 술병이 있는데 괜찮을까요?

男：じゃ、割れ物注意のカードを付けておきましょうか。

그럼, 파손주의 카드를 달아 둘까요?

女：はい、一応紙で包んではありますが、そうしてください。

네, 일단 종이로 싸 두었지만 그렇게 해 주세요.

해설 두 사람의 대화 내용을 정확하게 파악해야만 실수가 없는 문제이다. 정답은 여자는 술병을 종이로 싸서 가방 안에 넣어 두었다고 한 (C)가 된다.

어휘 お酒 술　瓶 병　割れる 깨지다　包む 감싸다　鞄 가방　紙 종이　割れ物注意 파손주의　荷物 짐
一応 일단, 우선

65

男の人はどうしてコーヒーを飲みますか。
남자는 왜 커피를 마십니까?

(A) とても好きだから　　아주 좋아하기 때문에

(B) 昨夜遅く寝たから　　어젯밤 늦게 잤기 때문에

(C) 急に飲みたくなったから　　갑자기 마시고 싶어졌기 때문에

✓(D) 会議で眠りたくないから　　회의에서 자고 싶지 않기 때문에

女：あら、今朝はコーヒーですか。
어머, 오늘 아침은 커피에요?

男：好きじゃないけど、眠くならないようにね。
좋아하지는 않지만, 졸리지 않으려고 말이야.

女：昨夜は遅かったんですか。
어젯밤에 늦게 잤어요?

男：いや、今から大切な会議なんだよ。
아니, 지금부터 중요한 회의가 있거든.

해설　문제에서는 남자가 왜 커피를 마시는지 물었으므로, 남자의 대화에 주목하면 된다. 남자의 첫 번째 대화에서 졸리지 않으려고 마신다고 했고 두 번째 대화에서 지금부터 중요한 회의가 있다고 했으므로, 정답은 (D)가 된다.

어휘　好きだ 좋아하다　遅い 늦다　急に 갑자기　会議 회의　眠る 자다　眠い 졸리다　大切だ 중요하다

二人の会話の内容と合っていないものはどれですか。
두 사람의 대화 내용과 맞지 않는 것은 어느 것입니까?

(A) 男の人はコンサートに行きたがっていた。 남자는 콘서트에 가고 싶어했다.

(B) コンサートは来月の三日に行われる。 콘서트는 다음 달 3일에 열린다.

(C) 野球の練習は来月の四日にある。 야구 연습은 다음 달 4일에 있다.

(D) 来月の四日は男の人の誕生日である。 다음 달 4일은 남자의 생일이다.

女：コンサートに行きたがってたでしょ？ 予約する？

　　콘서트에 가고 싶어했지? 예약할까?

男：いつだったかな。

　　언제였지?

女：来月の三日。あなたの誕生日の前の日よ。

　　다음 달 3일. 당신 생일 전날이야.

男：あっ、駄目だ。その日は久しぶりに野球の練習があるんだ。

　　앗, 안 돼. 그날은 오랜만에 야구 연습이 있거든.

해설 두 사람의 대화 내용을 요약해 보면 남자는 콘서트에 가고 싶어했는데, 날짜는 생일 전날인 다음 달 3일이다. 그런데 그날은 야구 연습이 있어서 갈 수가 없다. 따라서 대화 내용과 맞지 않는 것은 야구 연습은 다음 달 4일에 있다고 한 (C)가 된다.

어휘 行う 행하다, 실시하다　野球 야구　練習 연습　誕生日 생일　予約 예약　駄目 안 됨
　　久しぶりに 오랜만에

67

二人の会話の内容と合っているものはどれですか。
두 사람의 대화 내용과 맞는 것은 어느 것입니까?

(A) 女の人は大人二人分の料金さえ払えばいい。
여자는 어른 두 사람분의 요금만 지불하면 된다.

(B) 来週の金曜日は満室で、空いている部屋がない。
다음 주 금요일은 만실이기 때문에, 비어 있는 방이 없다.

(C) 日本ホテルでは3歳までの子供でも大人と同じ宿泊料金をもらっている。
일본 호텔에서는 세 살까지의 아이에게도 어른과 동일한 숙박 요금을 받고 있다.

(D) 女の人は来週の金曜日に夫婦二人きりで日本ホテルに泊まろうとしている。
여자는 다음 주 금요일에 부부 둘만 일본 호텔에 묵으려 하고 있다.

女：もしもし、日本ホテルですか。来週の金曜日に大人二人と子供一人で泊まりたいんですが。
여보세요, 일본 호텔이죠? 다음 주 금요일에 어른 두 명과 아이 한 명 해서 세 명이 숙박하고 싶은데요.

男：はい、まだ空いているお部屋がございます。そして、宿泊料金はお一人様につき1万円でございます。
네, 아직 비어 있는 방이 있습니다. 그리고 숙박 요금은 한 분당 만 엔입니다.

女：そうですか。ところで、子供はまだ1歳なんですが……。
그래요? 그런데, 아이는 아직 한 살인데요…….

男：3歳までのお子さんの料金はいただいておりません。
세 살까지의 자제분의 요금은 받지 않습니다.

해설 대화 내용을 요약해 보면 여자는 다음 주 금요일 일본 호텔에 어른 두 명과 아이 한 명까지 세 명이 머무를 생각이며, 다행히 비어 있는 방이 있다. 그리고 여자의 아이는 아직 한 살인데, 일본 호텔에서는 세 살까지의 아이에게는 요금을 받지 않는다고 한다. 따라서 두 사람의 대화 내용과 맞는 것은 (A)가 된다.

어휘 料金 요금　〜さえ〜ば 〜만 〜하면　払う 지불하다　満室 만실　空く 비다　宿泊 숙박　夫婦 부부
泊まる 머무르다, 묵다　〜につき 〜당　ところで 그런데

二人が聞いている曲について正しいものはどれですか。
두 사람이 듣고 있는 곡에 대해 올바른 것은 어느 것입니까?

(A) 男の人は今日初めて聞いた。
남자는 오늘 처음으로 들었다.

(B) 女の人は今日初めて聞いた。
여자는 오늘 처음으로 들었다.

(C) 女の人は学生の頃、この曲でよく踊ったものだ。
여자는 학생 때 이 곡으로 자주 춤을 추곤 했다.

(D) 男の人は学生の頃、この曲でよく踊ったものだ。
남자는 학생 때 이 곡으로 자주 춤을 추곤 했다.

女：この曲、懐かしいね。
이 곡, 그립네.

男：うん、僕は今もよく聞いてるよ。学生の頃はこの曲でよく踊ったなあ。
응, 나는 지금도 자주 듣고 있어. 학생 때는 이 곡으로 자주 춤도 췄지.

女：そう？ 私はそんなことしなかったわ。
그래? 난 그런 건 하지 않았어.

男：僕はよく踊りに行ったもんだよ。
나는 자주 춤추러 가곤 했어.

해설 두 사람의 첫 번째 대화를 통해 이 곡에 대해 알고 있다는 것을 알 수 있고, 두 번째 대화에서 학생 때 여자는 춤을 추지 않았지만 남자는 자주 춤을 추곤 했다는 것을 알 수 있다. 따라서 정답은 (D)가 된다.

어휘 曲 곡　初めて 처음으로　学生 학생　踊る 춤추다　懐かしい 그립다

69

女の人の考えとして正しいものはどれですか。
여자의 생각으로 올바른 것은 어느 것입니까?

(A) 子供でもたまには夜遅くまでテレビを見させてもいい。
아이라도 가끔은 밤늦게까지 텔레비전을 보게 해도 된다.

(B) 理由が何であれ、子供にテレビを見させるのはよくない。
이유가 뭐든 아이에게 텔레비전을 보게 하는 것은 좋지 않다.

✔ (C) 子供には限られた時間だけテレビを見させてもいい。
아이에게는 정해진 시간에만 텔레비전을 보게 해도 된다.

(D) 親と一緒にいる時に限って、子供にテレビを見させてもいい。
부모와 함께 있을 때는 아이에게 텔레비전을 보게 해도 된다.

男 : お姉さんの子供たち、朝から眠そうだったなあ。
누나네 아이들, 아침부터 졸려 보이던데.

女 : あんな遅くまでテレビを見させるからよ。
그렇게 늦게까지 텔레비전을 보게 하니까 그렇지.

男 : 友達と同じ番組を見ないと、話が合わないんだって。
친구와 같은 프로그램을 보지 않으면 이야기가 안 통한대.

女 : それって単なる言い訳よ。やっぱり時間をちゃんと決めないと……。
그건 단순한 변명이야. 역시 시간을 확실히 정하지 않으면…….

해설 문제에서는 여자의 생각을 묻고 있으므로, 여자의 대화에만 주목하면 된다. 여자는 아이에게 텔레비전을 보게 할 때는 시간을 확실히 정해야 한다고 했으므로, 정답은 (C)가 된다.

어휘 夜 밤　理由 이유　〜であれ 〜이라 할지라도, 〜이든　限る 한정하다　時間 시간　親 부모　〜と一緒に 〜와 함께　眠い 졸리다　同じだ 똑같다　番組 프로그램　単なる 단순한　言い訳 변명　やっぱり 역시(「やはり」의 강조 표현)　ちゃんと 확실히　決める 정하다

二人の会話の内容と合っていないものはどれですか。

두 사람의 대화 내용과 맞지 않는 것은 어느 것입니까?

(A) 最近、池田課長は服装がちょっと派手になった。

최근 이케다 과장은 복장이 조금 화려해졌다.

(B) 鈴木課長は池田課長の大学の後輩である。

스즈키 과장은 이케다 과장의 대학 후배이다.

(C) 女の人は池田課長が鈴木課長に張り合っていると思っている。

여자는 이케다 과장이 스즈키 과장과 경쟁하고 있다고 생각하고 있다.

(D) 鈴木課長は池田課長に負けたくないと思ってもっと服装に気を使うようになった。

스즈키 과장은 이케다 과장에게 지고 싶지 않다고 생각해, 더욱 복장에 신경을 쓰게 되었다.

男：池田課長、この頃服装がちょっと派手になったよなあ。

이케다 과장님은 요즘 복장이 좀 화려해졌군.

女：鈴木さんが課長になってからよ。

스즈키 씨가 과장님이 된 후부터야.

男：そう言えば、鈴木さんは池田課長の大学の後輩だったね。いつもおしゃれな後輩に負けたくないんだろうなあ。

그러고 보니 스즈키 씨는 이케다 부장님의 대학 후배였지? 항상 멋진 후배에게 지고 싶지 않을 거야.

女：でも、相手は一向に気にしていないみたいだけど。

하지만, 스즈키 씨는 전혀 신경 쓰고 있지 않은 것 같던데.

해설 두 사람의 대화 내용을 요약해 보면 요즘 이케다 과장의 복장이 좀 화려해졌는데, 그 이유는 대학 후배인 스즈키 씨가 과장이 된 이후부터이다. 하지만 스즈키 씨는 그런 것을 전혀 신경 쓰고 있지 않다고 한다. 따라서 대화 내용과 맞지 않는 것은 (D)가 된다.

어휘 服装 복장　派手 화려함　後輩 후배　張り合う 맞서다, 경쟁하다　負ける 지다, 패배하다
気を使う 신경을 쓰다　そう言えば 그러고 보니　相手 상대　一向に 전혀
気にする 마음에 담아두다, 신경을 쓰다

71

河村さんはどんな人ですか。
가와무라 씨는 어떤 사람입니까?

(A) おしゃべりである。
수다쟁이이다.

(B) 聞く耳を持たない人である。
남의 이야기를 듣지 않는 사람이다.

(C) いつも自分の意見を全然話さない人である。
항상 자신의 의견을 전혀 이야기하지 않는 사람이다.

(D) とても寡黙だが、必要な時はちゃんと話す人である。
아주 과묵하지만, 필요할 때는 확실히 이야기하는 사람이다.

女:河村さんって自分の考えを話すのが苦手なようですね。口が重すぎますよ。
가와무라 씨는 자신의 생각을 이야기하는 게 서툰 것 같네요. 너무 과묵해요.

男:話はよく聞いてくれますが……。
이야기는 잘 들어줍니다만…….

女:もっと意見を言ってもらいたいんですけど。
좀 더 자신의 의견을 말해 주었으면 좋겠는데요.

男:でも、必要なことならはっきり話す人ですよ。
하지만, 필요한 경우라면 확실하게 이야기하는 사람이에요.

해설 두 사람의 대화에 등장하는 가와무라 씨는 과묵하지만 남의 이야기를 잘 들어주고, 필요한 경우라면 확실하게 이야기하는 사람이다. 따라서 정답은 (D)가 된다.

어휘 おしゃべり 수다쟁이　聞く耳を持たない 남의 이야기를 잘 듣지 않다　意見 의견　寡黙 과묵　必要 필요　ちゃんと 확실히　苦手だ 서툴다　口が重い 과묵하다　はっきり 확실히

最近、岡山さんが張り切っている一番大きな理由は何ですか。
최근에 오카야마 씨가 의욕이 넘치는 가장 큰 이유는 무엇입니까?

(A) 大きな契約が取れたから
큰 계약을 따냈기 때문에

(B) 新しい部下ができたから
새로운 부하가 생겼기 때문에

(C) 恋人とうまくいっているから
애인과 잘 되어가고 있기 때문에

(D) 今の仕事に大分慣れたから
지금 일에 상당히 익숙해졌기 때문에

女 : 最近、岡山さん張り切ってるね。部下ができたからかな。
최근에 오카야마 씨 의욕이 넘치네. 부하가 생겼기 때문일까?

男 : それもあるだろうけど、大企業との契約を成功させたからだよ。
그것도 있겠지만, 대기업과의 계약을 성공시켰기 때문이야.

女 : そっちか。大きな仕事を取ってやる気が出たんだね。
그쪽이군. 큰일을 해내서 의욕이 생겼구나.

男 : それに、恋人ともうまくいっているようだし。
게다가 애인과도 잘 되어가는 것 같고.

해설 두 사람의 대화에서 오카야마 씨가 최근에 의욕이 넘치는 가장 큰 이유를 찾아내는 문제이다. 따라서 정답은 큰 계약을 따냈기 때문이라고 한 (A)가 된다.

어휘 張り切る 의욕이 넘치다　理由 이유　契約 계약　新しい 새롭다　部下 부하
恋人 애인　うまくいく 순조롭게 진행되다　大分 꽤, 상당히　大企業 대기업　やる気 할 마음, 의욕

73

男の人はこれからどうしますか。
남자는 이제부터 어떻게 합니까?

(A) 会議が終わるのを待つ。
회의가 끝나기를 기다린다.

(B) 今日の午後、もう一度訪問する。
오늘 오후에 다시 한 번 방문한다.

(C) 今日中に前以て電話をしてから訪問する。
오늘 중에 미리 전화를 한 후 방문한다.

(D) 別の日に前以て電話をしてから訪問する。
다른 날에 미리 전화를 한 후 방문한다.

女 : 申し訳ありませんが、加藤はあいにく会議中なもので……。
죄송한데, 가토 씨는 공교롭게도 회의 중이라서요…….

男 : そうですか。それでは、日を改めてまいります。
그래요? 그럼, 다른 날에 찾아뵙겠습니다.

女 : 予めお電話を頂戴できると、確実だと存じます。
미리 전화를 주시면, 확실하게 만나뵐 수 있을 겁니다.

男 : そうですね。そういたします。
그렇군요. 그렇게 하겠습니다.

해설 여자와 남자의 두 번째 대화에 주목하면 정답이 쉽게 나오는 문제이다. 여자의 두 번째 대화에서 미리 전화를 주고 방문하면 확실하게 만날 수 있다고 했고 이에 남자가 그렇게 하겠다고 했으므로, 정답은 (D)가 된다.

어휘 会議 회의　終わる 끝나다　待つ 기다리다　午後 오후　訪問 방문　前以て 미리, 사전에　改める 고치다, 개정하다　予め 미리, 사전에　確実 확실　存じる 「思う(생각하다)」의 겸양 표현

二人の会話の内容と合っていないものはどれですか。
두 사람의 대화 내용과 맞지 않는 것은 어느 것입니까?

(A) 男の人は女の人を羨ましがっている。
남자는 여자를 부러워하고 있다.

(B) 女の人は以前夫とヨーロッパ旅行をしたことがある。
여자는 이전에 남편과 유럽 여행을 한 적이 있다.

(C) 女の人は今回娘と一緒にヨーロッパ旅行をするつもりだ。
여자는 이번에 딸과 함께 유럽 여행을 할 생각이다.

(D) 女の人は今回の旅行の費用を各自負担することにした。
여자는 이번 여행의 비용을 각자 부담하기로 했다.

男 : またヨーロッパ旅行とは、ご夫婦で仲がいいですね。
또 유럽 여행이라니, 부부사이가 참 좋네요.

女 : いいえ、今回は娘とよ。費用は娘が出すからって。
아니요, 이번에는 딸과 함께 가요. 비용은 딸이 낸다면서.

男 : 母親はいいですよね。うちも誘われるのは家内ばかりで。
어머니는 좋겠어요. 우리 집도 권유를 받는 건 아내뿐이거든요.

女 : そうは言っても、向こうで色々買わされたりするんですよ。
그렇다고는 해도 그쪽에서 딸이 여러 가지 사게 하거든요.

해설 여자의 첫 번째 대화만 잘 들으면 정답이 쉽게 나오는 문제이다. 여자가 이번 유럽 여행 비용은 딸이 낸다고 했으므로, 비용을 각자 부담하기로 했다고 한 (D)가 정답이 된다.

어휘 羨ましがる 부러워하다　以前 이전　夫 남편　旅行 여행　娘 딸　費用 비용　各自 각자　負担 부담
夫婦 부부　仲 사이　母親 어머니　誘う 권유하다　家内 아내

75

二人の会話の内容と合っていないものはどれですか。
두 사람의 대화 내용과 맞지 않는 것은 어느 것입니까?

(A) 作ったカードは今日からすぐ使える。
만든 카드는 오늘부터 바로 사용할 수 있다.

(B) 作ったカードは次回から10%の割引がある。
만든 카드는 다음번부터 10퍼센트 할인이 된다.

(C) カードは身分証明書がないと作れない。
카드는 신분증명서가 없으면 만들 수 없다.

(D) カードは特別な証明書なしにサインだけで作れる。
카드는 특별한 증명서 없이 사인만으로 만들 수 있다.

女 : あの……、デパートのカードを作りたいんですが。
저……, 백화점 카드를 만들고 싶은데요.

男 : お申し込みありがとうございます。本日のお買い物は5%、次回からは10%割引になります。
신청해 주셔서 감사합니다. 오늘 쇼핑은 5퍼센트, 다음 쇼핑부터는 10퍼센트 할인이 됩니다.

女 : そうですか。自動車の免許証なんかが必要ですか。
그래요? 자동차 면허증 등이 필요한가요?

男 : いいえ、サインだけでけっこうです。
아니요, 사인만으로도 충분합니다.

해설　남자의 마지막 대화에서 정답이 쉽게 나오는 문제이다. 여자가 자동차 면허증 등이 필요하냐고 묻자 남자가 사인만으로도 충분하다고 했으므로, 정답은 신분증명서가 없으면 만들 수 없다고 한 (C)가 된다.

어휘　使う 사용하다　次回 다음번　割引 할인　身分証明書 신분증명서　特別 특별　申し込み 신청
　　　買い物 쇼핑　自動車 자동차　免許証 면허증　必要 필요

76

女の人の考えとして正しいものはどれですか。

여자의 생각으로 올바른 것은 어느 것입니까?

(A) 一刻も早く持ち帰りできるようにするべきだ。

한시라도 빨리 가져갈 수 있도록 해야 한다.

✓(B) 売る場所を限定して価値を高めるべきだ。

파는 장소를 한정해서 가치를 높여야 한다.

(C) 他の物の販売にももっと力を入れるべきだ。

다른 물건의 판매에도 좀 더 힘을 쏟아야 한다.

(D) 伸び悩んでいる売り上げを上げるために何か工夫するべきだ。

침체되어 있는 매상을 올리기 위해서는 무언가 궁리를 해야 한다.

女：先月メニューに入れたアイスクリームの注文は順調のようですね。

지난달 메뉴에 넣었던 아이스크림의 주문은 순조로운 것 같네요.

男：持ち帰りできるようにすれば、更に売れるのではないでしょうか。

가져갈 수 있도록 하면, 더욱더 팔리지 않을까요?

女：逆にここでしか食べられないことで価値を高めたいんです。

반대로 여기에서밖에 먹을 수 없는 것으로 해서 가치를 높이고 싶어요.

男：ああ～、そうですね。店に来てもらうと、他の物も注文するでしょうしね。

아～, 그렇네요. 가게에 오면 다른 물건도 주문할 테니까요.

해설　여자의 생각을 묻고 있으므로 여자의 대화에 주목해야 한다. 여자의 두 번째 대화에서 여기에서밖에 먹을 수 없는 것으로 해서 가치를 높이고 싶다고 했으므로, 정답은 (B)가 된다.

어휘　一刻も早く 한시라도 빨리　持ち帰り 가지고 돌아감, 포장판매　場所 장소　限定 한정　価値 가치
高める 높이다　販売 판매　力を入れる 힘을 쏟다　伸び悩む 침체되다　売り上げ 매상　工夫 궁리
注文 주문　順調 순조　更に 더욱더　逆に 반대로, 역으로　店 가게

77

男の人は女の人にどうしてほしいと言っていますか。
남자는 여자에게 어떻게 해 주었으면 좋겠다고 말하고 있습니까?

(A) 決まった内容はすぐ報告してほしい。
결정된 내용은 바로 보고해 주었으면 좋겠다.

(B) 今の記録の仕方をこれからも守ってほしい。
지금의 기록 방식을 앞으로도 지켜 주었으면 좋겠다.

(C) 決まっていない内容は報告書から削除してほしい。
결정되지 않은 내용은 보고서에서 삭제해 주었으면 좋겠다.

✓(D) 話し合う必要がある項目は記録の仕方をわかりやすく工夫してほしい。
의논할 필요가 있는 항목은 기록 방식을 알기 쉽게 궁리해 주었으면 좋겠다.

男：昨日の会議では発表会の会場も決定したの？
어제 회의에서는 발표회의 회장도 결정되었어?

女：いいえ、決まったのは大体の日時と主な役割分担です。
아니요, 결정된 것은 대체적인 일시와 주된 역할 분담입니다.

男：そう？ ところで、この記録の仕方だとわからないから、わかるように工夫して。
그래? 그런데 이 기록 방식으로는 알 수가 없으니까, 알기 쉽도록 궁리를 좀 해 봐.

女：じゃ、また話し合う必要があるものには下線で印を付けておきます。
그럼, 다시 의논할 필요가 있는 것에는 밑줄을 그어 표시를 해 두겠습니다.

해설 문제에서는 남자가 여자에게 바라는 점을 물었으므로, 남자의 대화에 주목하면 된다. 남자의 두 번째 대화에서 이 기록 방식으로는 알 수가 없으니까 알기 쉽도록 궁리를 해 보라고 했으므로, 정답은 (D)가 된다.

어휘 決まる 결정되다 　 内容 내용 　 報告 보고 　 記録 기록 　 守る 지키다 　 削除 삭제 　 話し合う 의논하다
必要 필요 　 項目 항목 　 工夫 궁리 　 会議 회의 　 発表会 발표회 　 会場 회장 　 決定 결정 　 日時 일시
主だ 주되다 　 役割 역할 　 分担 분담 　 下線 밑줄 　 印 표시 　 付ける 붙이다

女の人の考えとして正しいものはどれですか。
여자의 생각으로 올바른 것은 어느 것입니까?

(A) 女の人は車の値段が高すぎると思っている。
여자는 자동차 가격이 너무 비싸다고 생각하고 있다.

(B) 女の人は乗り心地があまりよくないと思っている。
여자는 승차감이 그다지 좋지 않다고 생각하고 있다.

✓ (C) 女の人は燃費の問題で買うかどうか迷っている。
여자는 연비 문제로 살지 말지 망설이고 있다.

(D) 女の人は車体のデザインがあまりよくないと思っている。
여자는 차체의 디자인이 그다지 좋지 않다고 생각하고 있다.

男：乗り心地はいかがでしたか。抜群でしょ？
승차감은 어떠셨나요? 뛰어나죠?

女：ええ、確かに。価格も払えない額でもないし。
네, 확실히. 가격도 지불할 수 없는 액수도 아니고.

男：そうしますと、お客様のご心配はやはり……。
그렇다면 손님이 걱정하시는 건 역시…….

女：ええ、最近のガソリンの値上がりを考えるとね。うん……。
네, 최근 가솔린의 가격 인상을 생각하면 좀……. 음…….

해설 대화 내용을 종합해 보면 남자가 여자에게 보여준 자동차는 승차감도 좋고 가격 면에서도 충분히 살 수 있는 금액이지만, 여자는 가솔린 가격 인상 때문에 망설이고 있다. 따라서 정답은 (C)가 된다.

어휘 値段 가격　高い 비싸다, 높다　乗り心地 승차감　あまり 그다지　燃費 연비
〜かどうか 〜인지 아닌지, 〜일지 어떨지　迷う 망설이다　車体 차체　抜群 발군, 뛰어남　確かに 확실히
払う 지불하다　額 금액　心配 걱정　値上がり 가격 인상

79

二人の会話の内容と合っているものはどれですか。
두 사람의 대화 내용과 맞는 것은 어느 것입니까?

(A) 安部さんは今もカードでよく買い物をしている。
아베 씨는 지금도 카드로 자주 쇼핑을 하고 있다.

(B) 安部さんは以前カードでひどい目に遭ったことがあるそうだ。
아베 씨는 이전에 카드로 호되게 당한 적이 있다고 한다.

(C) 女の人はカードより現金での買い物の方が楽だと思っている。
여자는 카드보다 현금으로 쇼핑하는 것이 편하다고 생각하고 있다.

(D) 男の人は現金で買い物をすると、予算以上に使ってしまうおそれがあると思っている。
남자는 현금으로 쇼핑을 하면, 예산 이상으로 사용해 버릴 우려가 있다고 생각하고 있다.

女 : 安部さんは買い物をする時、カードは全然使わないんだって。現金だと色々不便だと
　　思うけど。
아베 씨는 쇼핑을 할 때, 카드는 전혀 사용하지 않는대. 현금은 여러 가지로 불편할 텐데 말이야.

男 : カードが嫌いなのかな……。
카드를 싫어하는 걸까…….

女 : 以前カードのせいで恐い経験をしたからって。
이전에 카드 탓에 무서운 경험을 했기 때문이래.

男 : カードだと、予算以上の買い物もあまり気にならなくなるからなあ。
카드라면 예산 이상으로 쇼핑을 해도 그다지 걱정을 안 하게 되니까 그럴 거야.

해설　두 사람의 대화 내용의 핵심은 아베 씨는 쇼핑을 할 때 카드를 전혀 사용하지 않는데, 그 이유는 이전에 카드로 무서운 경험을 했기 때문이라는 것이다. 따라서 두 사람의 대화 내용과 맞는 것은 (B)가 된다.

어휘　買い物をする 쇼핑을 하다　以前 이전　ひどい目に遭う 호되게 당하다　現金 현금　予算 예산
　　　〜おそれがある 〜할 우려가 있다　使う 사용하다　不便 불편　嫌いだ 싫어하다　恐い 무섭다
　　　経験 경험　あまり 그다지　気になる 걱정이 되다

二人の会話の内容と合っていないものはどれですか。

두 사람의 대화 내용과 맞지 않는 것은 어느 것입니까?

(A) 女の人は保険の対象ではない病気で入院した。

여자는 보험 대상이 아닌 병으로 입원했다.

(B) 二日だけの入院では保険金が支払われない。

이틀만 입원해서는 보험금을 받을 수 없다.

(C) 男の人はいざという時に使えない保険は保険の意味がないと思っている。

남자는 위급할 때 사용할 수 없는 보험은 보험의 의미가 없다고 생각하고 있다.

(D) 女の人の入院は保険の適用外だったので、女の人は保険金をもらえなかった。

여자의 입원은 보험 적용에서 제외되기 때문에, 여자는 보험금을 받을 수 없었다.

女：今回の入院、保険の適用外なんだって。

이번 입원은 보험 적용에서 제외된대.

男：保険の対象外の病気だったんだ。

보험 대상이 아닌 병이었구나.

女：ううん、そうじゃなくて二日だけの入院では支払われないのよ。

아니, 그게 아니라 이틀만 입원해서는 보험금을 받을 수 없다는데.

男：いざという時に使えないんじゃ、保険の意味がないなあ。

위급할 때 사용할 수 없다면, 보험의 의미가 없잖아.

해설 대화 내용의 핵심은 여자가 병으로 이틀 동안 입원을 했는데, 이틀만 입원해서는 보험금을 받을 수 없다는 것이다. 따라서 대화의 내용과 맞지 않는 것은 (A)가 된다.

어휘 保険 보험　対象 대상　病気 병　入院 입원　支払う 지불하다　いざという時 위급할 때　意味 의미
適用 적용　外 외, 밖

[81 ～ 84]

　私は去年から姉と二人で住んでいます。二人で住んだ方が安心だと姉が言うので、会社からは少し遠くなってしまいましたが、私が姉のアパートに引っ越しました。家賃や生活にかかるお金は全部半分ずつ払い、洗濯や掃除は週末に一緒にやっています。料理は姉の方が上手なので、姉が作って、食器を片付けるのは私の仕事です。二人で住み始めて半年ぐらいになりますが、とてもよかったと思っています。今まであまり食べなかった朝ご飯を食べるようになりましたし、一人で住んでいた時より夜ぐっすり眠れるようになりました。

해석　저는 작년부터 언니랑 둘이서 살고 있습니다. 언니가 둘이 사는 것이 안심이 된다고 해서 회사에서는 조금 멀어졌지만, 제가 언니 아파트로 이사했습니다. 집세나 생활에 드는 돈은 전부 반씩 내고, 세탁이나 청소는 주말에 함께 하고 있습니다. 요리는 언니가 더 잘하기 때문에 언니가 만들고, 식기를 치우는 것은 제 일입니다. 둘이서 살기 시작한 지 반년 정도가 됐는데, 아주 잘했다고 생각합니다. 지금까지 그다지 먹지 않았던 아침을 먹게 되었고, 혼자 살았을 때보다 밤에 푹 잘 수 있게 되었습니다.

어휘　姉 언니, 누나　住む 살다　安心 안심　会社 회사　遠い 멀다　引っ越す 이사하다　家賃 집세　生活 생활　～ずつ ～씩　払う 지불하다　洗濯 세탁　掃除 청소　週末 주말　料理 요리　上手だ 능숙하다　作る 만들다　食器 식기　片付ける 치우다, 정리하다　동사의 ます형 + 始める ～하기 시작하다　半年 반년　あまり 그다지　食べる 먹다　～ようになる ～하게 되다　夜 밤　ぐっすり 푹, 편안히　眠る 자다

81　この人は今誰と一緒に住んでいますか。

(A) 両親
(B) 一人で
(C) お兄さん
(D) お姉さん ✓

해설 설명문의 첫 번째 문장에서 언니와 함께 살고 있다고 했으므로, 정답은 (D)가 된다.

어휘 住む 살다　両親 부모님

질문 이 사람은 지금 누구와 함께 살고 있습니까?

정답 (D) 언니

82 この人とお姉さんの生活についての説明の中で、正しく
ないものはどれですか。

 (A) 料理はこの人が作っている。

(B) 洗濯や掃除は週末に一緒にやっている。

(C) 食器を片付けるのはこの人の仕事である。

(D) 家賃や生活にかかるお金は全部半分ずつ払っている。

83 この人がお姉さんと一緒に住み始めてどのくらいになり
ますか。

(A) 6ヶ月

(B) 1年

(C) 2年

(D) 3年

84 この人はお姉さんと一緒に住み始めてどんなことが変わり
ましたか。

(A) ずいぶん太ってしまった。

(B) 夜よく眠れないようになった。

(C) 朝ご飯を欠かす時が多くなった。

(D) 今まであまり食べなかった朝ご飯を食べるように
なった。

[85 ～ 88]

私には小学生の息子と娘がいます。年が近いので、仕方がないと思いますが、よく喧嘩をします。この間も買い物から帰ってみると、喧嘩の後のようで二人は全然話をしませんでした。娘は泣いたような顔をしていました。息子にどうしたのかと聞いても何も言いませんでした。娘に聞いてみると、「お父さんのパソコンに触ってごめんなさい」と泣きながら謝ってきました。「絶対に触るな」と言われたパソコンに触って息子と喧嘩になったようです。私は息子が妹が怒られないように何も言わなかったんだろうと思って息子も優しいなあと思いました。

해석　저에게는 초등학생인 아들과 딸이 있습니다. 나이 차가 얼마 나지 않아서 어쩔 수 없다고 생각하지만, 둘은 자주 싸웁니다. 얼마 전에도 장을 보고 돌아오니 싸운 후인 듯 둘은 전혀 말을 하지 않았습니다. 딸은 운 듯한 얼굴을 하고 있었습니다. 아들에게 어떻게 된 건지 물어 봐도 아무것도 말해 주지 않았습니다. 딸에게 물어 보니 '아버지의 컴퓨터를 만져서 죄송해요'라고 울면서 사과했습니다. 아버지가 '절대로 만지지 마'라고 한 컴퓨터를 만져서 아들과 싸움이 난 것 같았습니다. 저는 여동생이 야단맞지 않도록 아들이 아무것도 말하지 않았다고 생각하니, 아들한테도 다정한 면이 있다는 생각이 들었습니다.

어휘　息子 아들　娘 딸　年 나이　近い 가깝다　よく 잘, 자주　喧嘩 싸움　買い物 장을 봄, 쇼핑　帰る 돌아가(오)다　泣く 울다　触る 만지다　謝る 사과하다　絶対に 절대로　妹 여동생　怒る 꾸짖다, 화내다　優しい 다정하다, 상냥하다

85　**この人の息子と娘はどうしてよく喧嘩をしますか。**

(A) 同性だから
✓(B) 年が近いから
(C) もともと仲が悪かったから
(D) 年の差がかなりあるから

해설 이 사람의 아들과 딸이 자주 싸우는 이유는 나이 차이가 얼마 나지 않기 때문이다. 따라서 정답은 (B)가 된다.

어휘 同性 동성　仲 사이　年の差 나이 차이

질문 이 사람의 아들과 딸은 왜 자주 싸웁니까?

정답 (B) 나이 차이가 얼마 나지 않기 때문에

86 この間買い物から帰ってきた時に、この人は何を見て
息子と娘が喧嘩したと思いましたか。

(A) 息子が泣いていたから

(B) 二人が全然話をしなかったから

(C) 息子が険しい顔をしていたから

(D) 二人とも自分の部屋から出なかったから

해설 얼마 전 장을 보고 돌아왔을 때 이 사람은 아들과 딸이 전혀 말을 하지 않는 것을 보고 싸웠다고 생각했다. 따라서 정답은 (B)가 된다.

어휘 泣く 울다　険しい 험악하다

질문 얼마 전 장을 보고 돌아왔을 때, 이 사람은 무엇을 보고 아들과 딸이 싸웠다고 생각했습니까?

정답 (B) 아들과 딸이 전혀 말을 하지 않았기 때문에

---

87 この人の息子と娘が喧嘩した原因は何でしたか。

(A) 娘が一人でおもちゃで遊んでいたから

(B) 息子が一人でおもちゃで遊んでいたから

(C) 娘が触ってはいけない物を触ってしまったから

(D) 息子が触ってはいけない物を触ってしまったから

해설 이 사람의 아들과 딸이 싸운 원인은 딸이 만져서는 안 되는 물건을 만졌기 때문이다. 따라서 정답은 (C)가 된다.

어휘 おもちゃ 장난감　遊ぶ 놀다
触る 만지다

질문 이 사람의 아들과 딸이 싸운 원인은 무엇이었습니까?

정답 (C) 딸이 만져서는 안 되는 물건을 만졌기 때문에

---

88 この人はどうして息子が優しいと思いましたか。

(A) 妹を慰めてあげたから

(B) 妹と一緒に遊んであげたから

(C) 妹をかばって何も言わなかったから

(D) 妹のわがままをずっと我慢していたから

해설 이 사람이 아들을 다정하다고 생각한 이유는 여동생을 감싸기 위해 아무것도 말하지 않았기 때문이다. 따라서 정답은 (C)가 된다.

어휘 優しい 다정하다, 상냥하다
慰める 위로하다
我慢 참음, 인내

질문 이 사람은 왜 아들이 다정하다고 생각했습니까?

정답 (C) 여동생을 감싸 아무것도 말하지 않았기 때문에

[89 ～ 91]

　図書館でアルバイトをしませんか。仕事は本を貸し出したり戻ってきた本を片付けたりすることです。それから、週に一度小さい子供達に本を読んであげることです。休みは月曜日で、土曜日と日曜日は休みではありません。また、図書館は午後8時まで開いていますから、午後3時から8時まで働ける人がいいです。今アルバイトをしている人が10月で辞めるので、11月1日から働ける人を探しています。アルバイトをやりたい人は10月15日までに図書館に電話してください。

해석　도서관에서 아르바이트를 해 보지 않겠습니까? 일은 책을 대출해 주거나 반납된 책을 정리하는 것입니다. 그리고 일주일에 한 번 어린 아이들에게 책을 읽어 주는 것입니다. 휴일은 월요일이며, 토요일과 일요일은 쉬지 않습니다. 그리고 도서관은 오후 8시까지 열려 있으므로, 오후 3시부터 8시까지 일할 수 있는 사람이 좋습니다. 지금 아르바이트를 하고 있는 사람이 10월로 그만두기 때문에, 11월 1일부터 일할 수 있는 사람을 찾고 있습니다. 아르바이트를 하고 싶은 분은 10월 15일까지 도서관에 전화해 주십시오.

어휘　図書館 도서관　貸し出す 대출하다　戻る 돌아오다　片付ける 치우다, 정리하다　小さい 작다, 어리다　休み 휴일　月曜日 월요일　土曜日 토요일　日曜日 일요일　午後 오후　開く 열리다　働く 일하다　辞める 일을 그만두다　探す 찾다　電話する 전화하다

89　このアルバイトをする人の仕事ではないものはどれですか。

(A) 本を貸し出すこと
(B) 戻ってきた本を片付けること
(C) 週に一回図書館を掃除すること
(D) 週に一回小さい子供達に本を読んであげること

해설 도서관에서 아르바이트를 하는 사람의 주된 일은 책을 대출해 주거나 반납된 책을 정리하는 것, 그리고 일주일에 한 번 어린 아이들에게 책을 읽어 주는 것이다. 따라서 정답은 (C)가 된다.

어휘 アルバイト 아르바이트　仕事 일　掃除 청소

질문 이 아르바이트를 하는 사람의 일이 아닌 것은 어느 것입니까?

정답 (C) 일주일에 한 번 도서관을 청소하는 것

90 このアルバイトの休みはいつですか。

(A) 月曜日

(B) 金曜日

(C) 土曜日

(D) 日曜日

91 このアルバイトの条件として正しくないものはどれですか。

(A) 11月1日から働ける人を探している。

(B) 午後3時から8時まで働ける人を探している。

(C) アルバイトをやりたい人は図書館にメールを送る。

(D) アルバイトをやりたい人は10月15日までに図書館に
申し込む。

[92 ～ 94]

じゃ、次はカメラの紹介です。美しい風景に出会った時に人はその一瞬を残したいという気持ちが高まるものですよね。そんな時、素早く手軽に思いを満たしてくれるのがカメラです。ポケットやかばんからさっと取り出して撮る。そのカメラが素敵ならもっと楽しくなるはずです。そこで、ご紹介したいのがこちらです。高級感溢れるデザインと動いている物でもきれいに撮れる機能付きです。しかも、海の中での撮影も可能になりました。本日、お申し込みの方に限り、なんと通常価格の30パーセント引きです。是非、この機会にお買い求めください。

해석 자, 다음은 카메라 소개입니다. 아름다운 풍경을 접했을 때, 사람들은 그 한순간을 남기고 싶다는 마음을 강하게 갖는 법이죠. 그럴 때 빠르고 간편하게 그런 마음을 충족시켜 주는 것이 카메라입니다. 주머니나 가방에서 잽싸게 꺼내서 찍는다. 그 카메라가 멋진 것이라면 더욱 즐거워질 겁니다. 그래서 소개하고 싶은 카메라가 이 물건입니다. 고급감이 넘쳐흐르는 디자인과 움직이는 사물도 깨끗하게 찍을 수 있는 기능이 들어 있습니다. 게다가 바다 속에서의 촬영도 가능합니다. 오늘 신청하신 분들에 한해 놀랍게도 통상 가격의 30퍼센트를 할인해 드립니다. 꼭 이 기회에 구입하세요.

어휘 次 다음　紹介 소개　美しい 아름답다　風景 풍경　出会う 만나다　一瞬 한순간　残す 남기다
高まる 높아지다　素早い 재빠르다, 민첩하다　手軽 간편함, 손쉬움　満たす 충족시키다　さっと 잽싸게
取り出す 꺼내다　撮る 찍다, 촬영하다　素敵だ 멋지다　もっと 더, 더욱　楽しい 즐겁다
高級感 고급감　溢れる 넘쳐흐르다　動く 움직이다　機能 기능　海 바다　撮影 촬영　可能 가능
申し込む 신청하다　限る 한정하다　通常 통상　価格 가격　～引き ～할인　是非 제발, 부디
機械 기회　買い求める 구매하다

---

92 **この人はどんな時にカメラが必要だと言っていますか。**

(A) 長い間外国に旅行する時

(B) 旅行に行って何も書く物がない時

(C) 珍しい物を見た時や重要な事件の時

(✓) 美しい風景に出会ったその一瞬を残したい時

해설 설명문의 앞부분을 잘 들으면 정답이 쉽게 나오는 문제이다. 이 사람은 아름다운 풍경을 접한 그 한순간을 남기고 싶을 때 카메라가 필요하다고 말했으므로, 정답은 (D)가 된다.

어휘 外国 외국　旅行 여행
珍しい 진귀하다　重要 중요
残す 남기다

질문 이 사람은 어떨 때 카메라가 필요하다고 말하고 있습니까?

정답 (D) 아름다운 풍경을 접한 그 한순간을 남기고 싶을 때

93　この人が紹介しているカメラの特徴として正しくない
ものはどれですか。

(A)　とても軽くて操作しやすい。
(B)　高級感が溢れるデザインである。
(C)　動いている物でもきれいに撮れる。
(D)　海の中での撮影も可能である。

94　今日申し込んだ人にはどんな特典がありますか。

(A)　通常価格の半額で買える。
(B)　1年間無償で修理してくれる。
(C)　保証期間を1年以上延ばしてくれる。
(D)　通常価格より30パーセント安く買える。

[95 ～ 97]

私は眠れない夜によくアルバムに写真を貼ります。まだ貼っていない子供たちの写真がいっぱいあるからです。私は写真が趣味で、撮り方を習うために、学校に通ったことがあります。そのため、主人より私の方が撮ることが多くて、私が写っている写真はあまりありません。ところで、昨夜アルバムを作りながら私の写っている写真を見て、私は写真の中でいつも一番右側にいることがわかりました。それに、笑っている顔もほとんど同じです。見ていてつまらないので、今度撮ってもらう時には色々な笑い方をしてみようと思いました。

해석　저는 잠이 잘 오지 않는 밤이면 자주 앨범에 사진을 붙입니다. 아직 붙이지 않은 아이들 사진이 많이 있기 때문입니다. 저는 사진이 취미로, 찍는 법을 배우기 위해서 학교에 다닌 적이 있습니다. 그 때문에 남편보다 제가 사진을 찍는 경우가 많아, 제가 찍힌 사진은 별로 없습니다. 그런데 어젯밤 앨범을 만들면서 제가 찍힌 사진을 보고, 저는 사진 속에서 항상 가장 오른쪽에 있다는 것을 알 수 있었습니다. 게다가 웃고 있는 얼굴도 거의 똑같았습니다. 보고 있으니 무미건조해서, 다음번에 찍을 때는 다양하게 웃는 표정으로 찍어 볼 생각입니다.

어휘　眠る 자다　夜 밤　アルバム 앨범　写真 사진　貼る 붙이다　趣味 취미　撮り方 찍는 법　習う 배우다　通う 다니다　主人 남편　多い 많다　写る 찍히다　あまり 그다지　作る 만들다　右側 오른쪽　笑う 웃다　ほとんど 거의, 대부분　同じだ 똑같다

95　**この人は眠れない夜によく何をしますか。**

(A) 写真を撮る。

(B) アルバムを見る。

(C) アルバムに写真を貼る。 ✓

(D) 子供たちに本を読んであげる。

해설　이 사람이 잠이 잘 오지 않는 밤에 자주 하는 것은 앨범에 사진을 붙이는 일이다. 따라서 정답은 (C)가 된다.

어휘　写真を撮る 사진을 찍다
本を読む 책을 읽다

질문　이 사람은 잠이 잘 오지 않는 밤에 자주 무엇을 합니까?

정답　(C) 앨범에 사진을 붙인다.

96 この人についての説明の中で、正しいものはどれですか。

(A) 写真を撮るのはあまり好きではない。

(B) 写真が趣味で、よく自分の写真を撮る。

(C) 写真の撮り方を習いに行こうと思っている。

(D) 写真の撮り方を教える学校に通ったことがある。

해설 이 사람은 사진이 취미로, 사진 찍는 법을 배우기 위해서 학교에 다닌 적이 있다. 따라서 정답은 (D)가 된다.

어휘 趣味 취미　習う 배우다
教える 가르치다

질문 이 사람에 대한 설명 중에서 올바른 것은 어느 것입니까?

정답 (D) 사진 찍는 법을 가르치는 학교에 다닌 적이 있다.

97 この人がアルバムを作りながら気付いたのはどれですか。

(A) 自分の写真が多すぎること

(B) 子供の写真があまりにも少ないこと

(C) いつも似ているポーズで自分が写っていること

(D) いつも自分が写真の左側に立っていること

해설 이 사람이 앨범을 만들면서 깨달은 점은 사진에 자신이 항상 비슷한 포즈로 찍혀 있다는 것이다. 따라서 정답은 (C)가 된다.

어휘 多い 많다　少ない 적다

질문 이 사람이 앨범을 만들면서 깨달은 점은 어느 것입니까?

정답 (C) 항상 자신이 비슷한 포즈로 찍혀 있는 것

[98 ~ 100]

　物価上昇について1、000人にアンケートを実施しました。節約についての質問でもっとも多かった回答は「外での食事を控える」で、続いて「ガソリンをなるべく使わない」でした。もともと、外食産業は高齢化が進む社会の状況を受けて市場の拡大があまり期待できない厳しい状態にあります。そんな中でも、デザートや飲み物など100円でたっぷり食べられる商品を揃えている店や新鮮で上等な寿司が安く食べられる店は客を増やしています。客は質や量から見て値段が安い、つまり、いかに得だと感じられるかという点で店を選んでいるようです。

해석　물가 상승에 대해서 천 명에게 설문 조사를 실시했습니다. 절약에 대한 질문에서 가장 많았던 회답은 '밖에서의 식사를 삼간다'였고, 그 다음이 '가솔린을 가능한 한 사용하지 않는다'였습니다. 원래 외식 산업은 고령화가 진행되는 사회의 상황 때문에 그 시장의 확대를 그다지 기대할 수 없는 혹독한 상태에 있습니다. 그런 속에서도 디저트나 음료 등 백 엔으로 듬뿍 먹을 수 있는 상품을 갖춘 가게나, 신선하고 고급스러운 초밥을 싸게 먹을 수 있는 가게는 손님이 늘고 있습니다. 손님은 질이나 양으로 봐서 가격이 싸다, 다시 말해 얼마나 이득을 봤다고 느낄 수 있는가에 따라서 가게를 선택하고 있는 것 같습니다.

어휘　物価 물가　上昇 상승　実施 실시　節約 절약　質問 질문　もっとも 가장　多い 많다　回答 회답　食事 식사　控える 삼가다　続く 계속되다　なるべく 가능한 한　もともと 원래　外食 외식　産業 산업　高齢化 고령화　進む 진행되다　状況 상황　市場 시장　拡大 확대　期待 기대　厳しい 혹독하다　状態 상태　デザート 디저트　飲み物 음료　たっぷり 듬뿍　商品 상품　揃える 갖추다　店 가게　新鮮 신선　上等 훌륭함　寿司 초밥　安い 싸다　増やす 늘리다　質 질　量 양　値段 가격　つまり 즉, 다시 말해　得 이득　選ぶ 고르다, 선택하다

98　節約についての質問で、二番目に多かった回答はどれですか。

(A) 外での食事を控える。
(B) 子供の小遣いを減らす。
(C) 旅行に行くのを控える。
(D) ✔ ガソリンをなるべく使わない。

해설 절약에 대한 질문에서 두 번째로 많았던 회답은 '가솔린을 가능한 한 사용하지 않는다'였다. 따라서 정답은 (D)가 된다.

어휘 控える 삼가다　小遣い 용돈　減らす 줄이다

질문 절약에 대한 질문에서 두 번째로 많았던 회답은 어느 것입니까?

정답 (D) 가솔린을 가능한 한 사용하지 않는다.

99 **外食産業の現状として正しいものはどれですか。**

(A) 高級レストランが脚光を浴びている。
(B) 値段より質を重視する店が多くなっている。
(C) 市場の拡大があまり期待できないほど厳しい。
(D) 高齢化の影響で、お年寄り向きの店が多くなっている。

100 **この人が言っている客が店を選んでいる基準として正しいものはどれですか。**

(A) 豪華な料理を食べられるか。
(B) 高齢者のための施設が近くにあるか。
(C) 高くても量の多い料理を食べられるか。
(D) どれほど自分に利益になったと感じられるか。

101

この欄には<u>太い</u>字で書いてください。

✓ (A) ふとい   (B) ほそい   (C) ながい   (D) こまかい

해설   밑줄의 い형용사는 「ふとい」라고 읽으며, '두껍다'라는 의미이다. 따라서 정답은 (A)가 된다.

어휘   欄란 字 글자 書く 쓰다 細い 가늘다 長い 길다 細かい 세세하다

해석   이 칸에는 두꺼운 글자로 써 주세요.

102

人の第一<u>印象</u>は15秒で決まってしまうそうだ。

(A) いんしょ   ✓ (B) いんしょう   (C) にんしょ   (D) にんしょう

해설   밑줄의 「印象」은 「いんしょう」라고 읽으며, '인상'이라는 의미이다. 따라서 정답은 (B)가 되며, 참고로 「第一印象」는 우리말의 '첫인상'이라는 의미의 표현이다.

어휘   秒 초 決まる 결정되다 기본형 + そうだ ~라고 한다

해석   사람의 첫인상은 15초 만에 결정되어 버린다고 한다.

103

この服は<u>絹</u>でできていて肌触りがとても柔らかい。

(A) けん   (B) めん   (C) ぬの   ✓ (D) きぬ

해설   밑줄의 한자는 「きぬ」라고 읽으며, '비단'이라는 의미이다. 따라서 정답은 (D)가 된다.

어휘   服 옷 できる 만들어지다 肌触り 감촉 柔らかい 부드럽다

해석   이 옷은 비단으로 만들어져 있어 감촉이 아주 부드럽다.

104

今日彼が出場する試合は<u>雨天中止</u>になってしまった。

✓ (A) うてんちゅうし   (B) うてんちゅうじ

(C) あめてんちゅうし   (D) あめてんちゅうじ

해설   밑줄의 사자성어 「雨天中止」는 '비 때문에 중지됨'이라는 의미로, 「うてんちゅうし」라고 읽는다. 따라서 올바른 발음은 (A)가 된다.

어휘   出場 출장 試合 시합

해석   오늘 그 사람이 출장하는 시합은 비 때문에 중지되고 말았다.

105

○ 私ももう80歳を過ぎたので、店を息子に任せて<u>隠居</u>することにした。

(A) いんきょ   (B) おんきょ   (C) いんじょ   (D) おんじょ

해설   밑줄의 「隠居」는 「いんきょ」라고 읽으며, '은거, 은퇴'라는 의미이다. 따라서 올바른 발음은 (A)가 된다.

어휘   過ぎる 지나다, 넘다   店 가게   息子 아들   任せる 맡기다   ～ことにする ～하기로 하다

해석   나도 이제 80세를 넘겼으니까, 가게를 아들에게 맡기고 은퇴하기로 했다.

106

○ 薬を飲んだら、やっとお腹の痛みが<u>治まった</u>ようだ。

(A) きまった   (B) なおまった   (C) あつまった   (D) おさまった

해설   「治まる」는 「おさまる」라고 읽으며, '진정되다, 가라앉다'라는 의미이다. 따라서 올바른 발음은 (D)가 된다.

어휘   薬を飲む 약을 먹다   やっと 겨우, 간신히   お腹 배   痛み 고통, 통증   決まる 결정되다   集まる 모이다

해석   약을 먹었더니 겨우 복통이 진정된 것 같다.

107

○ <u>稲妻</u>が光ってかなり後に遠くで雷が落ちた。

(A) いねずま   (B) いねづま   (C) いなずま   (D) いなづま

해설   「稲妻」는 '번개'라는 의미로, 「いなずま」라고 읽는다. 따라서 올바른 발음은 (C)가 된다.

어휘   光る 빛나다   かなり 꽤, 상당히   遠く 먼 곳   雷が落ちる 벼락이 떨어지다

해석   번개가 번쩍 빛나고 꽤 나중에 멀리서 벼락이 떨어졌다.

108

この資料は一人当たり三部ずつ<u>くばって</u>ください。

(A) 与って   (B) 配って   (C) 受って   (D) 譲って

해설 밑줄의「くばる」는 '나누어 주다, 분배하다'라는 의미로, 한자로는「配る」라고 쓴다. 따라서 올바른 한자는 (B)가 된다.

어휘 資料 자료 　~当たり ~당 　~ずつ ~씩 　譲る 양보하다

해석 이 자료는 한 사람당 세 부씩 나누어 주세요.

109

普通、組織で<u>おんけん</u>な意見を持っている人たちをハト派という。

(A) 温順   (B) 健全   (C) 穏和   (D) 穏健

해설 「おんけん」은 '온건'이라는 의미로, 한자로는「穏健」이라고 쓴다. 따라서 올바른 한자는 (D)가 된다.

어휘 普通 보통 　組織 조직 　意見 의견 　ハト 비둘기 　温順 온순 　健全 건전 　穏和 온화

해석 보통 조직에서 온건한 의견을 가진 사람들을 비둘기파라고 한다.

110

こんなにまな板が<u>そって</u>いては切りづらい。

(A) 背って   (B) 沿って   (C) 反って   (D) 剃って

해설 동사「そる」는「反る(휘다)」와「剃る(깎다)」의 두 가지 한자가 있는데, 문제의 전체 내용으로 보아 '휘다'라는 의미로 사용되고 있다. 따라서 올바른 한자는 (C)가 된다.

어휘 まな板 도마 　切る 자르다 　동사의 ます형 + づらい ~하기 힘들다

해석 이렇게 도마가 휘어 있으면 자르기 힘들다.

111

友達と遊んでいたら、母に早く<u>帰って来なさい</u>と言われた。

  (A) 帰って来るな   (B) 帰って来たら   (C) 帰らないうちに   (D) 帰って来るように

해설 밑줄 부분의「帰って来なさい」는 '돌아오거라'라는 의미이므로, 보기 중에서 동일한 의미의 표현은 (D)의「帰って来るように」가 된다.

어휘 友達 친구 遊ぶ 놀다 母 어머니 〜ないうちに 〜하기 전에

해석 친구와 놀고 있는데, 어머니께서 빨리 돌아오라고 하셨다.

112

嬉しいことに、昨日久しぶりに鈴木さんとご飯を<u>食べられました</u>。

  (A) 食べされました   (B) お食べになりました

  (C) 食べることができました   (D) 食べるしかありませんでした

해설 전체 내용으로 보아 밑줄의「食べられる」는 '먹을 수 있다'라는 가능의 의미를 나타낸다. 따라서 동일한 의미의 표현은 (C)의「食べることができました」가 된다.

어휘 嬉しい 기쁘다 〜ことに 〜하게도 久しぶりに 오랜만에 お + 동사의 ます형 + になる 〜하시다

해석 기쁘게도 어제 오랜만에 스즈키 씨와 밥을 먹을 수 있었습니다.

113

一人前の大人なら、<u>約束したからには</u>何があっても守るべきだ。

  (A) 約束した以上は   (B) 約束はさておいて

  (C) 約束して以来   (D) 約束をするや否や

해설 「〜からには」는 '〜한 이상은'이라는 의미의 문법 표현이므로, 보기 중에서 동일한 의미의 표현은 (A)의「以上は」가 된다.

어휘 一人前 일 인분, 성인이 됨 大人 어른 約束 약속 守る 지키다 〜べきだ 〜해야 한다

     〜はさておいて 〜은 제쳐두고 〜て以来 〜한 이래로 〜や否や 〜하자마자

해석 제대로 된 성인이라면, 약속한 이상은 무슨 일이 있어도 지켜야 한다.

114

うちの子はいつも服を<u>脱ぎっぱなし</u>でゲームばかりしていて片付けようとしない。

(A) 脱いでから

(B) 脱いだまま

(C) 脱がないうちに

(D) 脱いでからというもの

해설 「동사의 ます형 + っぱなし」는 '~한 채로임'이라는 의미로, 상태가 계속 지속됨을 나타낼 때 사용하는 표현이다. 따라서 보기 중에서 동일한 의미의 표현은 (B)의 「脱いだまま(벗은 채로)」가 된다.

어휘 服 옷　片付ける 치우다, 정리하다　~てから ~하고 나서　~ないうちに ~하기 전에
~てからというもの ~한 후

해석 우리 아이는 항상 옷을 벗어둔 채로 게임만 하고 있고, 치우려 하지 않는다.

115

利益ばかり求める彼のやり方はいつも<u>後ろ指を指される</u>。

(A) 評判がいい

(B) 褒められている

(C) 人に批判される

(D) 高い利益を上げている

해설 「後ろ指を指される」는 '뒷손가락질을 받다, 뒤에서 욕하다'라는 의미의 관용 표현인데, 이것과 동일한 의미의 문장은 보기 (C)의 「人に批判される(다른 사람에게 비판받다)」가 된다.

어휘 利益 이익　求める 추구하다　やり方 방식　評判 평판　褒める 칭찬하다　高い 높다　上げる 올리다

해석 이익만 추구하는 그 사람의 방식은 항상 뒷손가락질을 받는다.

116

部長は少数派の意見を<u>ないがしろにする</u>きらいがある。

(A) 軽んじる

(B) 参考する

(C) 聞き入れる

(D) 重んじる

해설 밑줄 부분의 「ないがしろ」는 '업신여김, 소홀히 함'이라는 의미의 표현이므로, 보기 중에서 동일한 의미의 동사는 (A)의 「軽んじる」가 된다.

어휘 部長 부장(님)　少数派 소수파　意見 의견　~きらいがある ~인 경향이 있다　参考 참고
聞き入れる 받아들이다　重んじる 중시하다

해석 부장님은 소수파의 의견을 소홀히 하는 경향이 있다.

117

ここにお金を入れると、自動的に切符が出てくる。

(A) 卒業して以来、彼とは会っていない。

(B) 私がそこへ行こうといくまいと、君には関係ないことだ。

(C) 彼にとって友達というのは今まで一体どんな存在だったのか。

(D) 春になると花が咲くように、季節の変化はいつも着実にやってくる。

해설 문제에서 사용된 「と」는 '~라면'이라는 가정법의 의미로 사용되고 있다. (A)는 대상, (B)는 문법 표현, (C)는 인용, (D)는 가정법의 용법으로 사용되고 있으므로, 따라서 정답은 (D)가 된다.

어휘 お金を入れる 돈을 넣다　自動的に 자동적으로　切符 표　卒業 졸업　～て以来 ~한 이래로　会う 만나다　～(よ)うと～まいと ~하든 ~하지 않든　関係 관계　～にとって ~에 있어서　一体 도대체　存在 존재　春 봄　花が咲く 꽃이 피다　季節 계절　変化 변화　着実に 착실하게

해석 여기에 돈을 넣으면 자동적으로 표가 나온다.
(A) 졸업한 이래로 그 사람과는 만나지 못했다.
(B) 내가 그곳에 가든 가지 않든 당신에게는 관계없는 일이다.
(C) 그 사람에게 있어 친구라고 하는 것은 도대체 어떤 존재였을까?
(D) 봄이 되면 꽃이 피듯이, 계절의 변화는 언제나 착실하게 다가온다.

118

小さい時は、あの空き地で友達とよく遊んだものだ。

(A) 人の心はなかなかわからないものだ。

(B) 頑張ったものの、結果がよくなくて残念だ。

(C) 週末になると、犬を連れて公園に散歩に行ったものだ。

(D) 彼女は勉強もできるし、水泳も上手だから、本当に羨ましいものだ。

해설 동사의 た형 다음에 「ものだ」가 오면 '~하곤 했다'라는 의미로, 과거에 했던 일이 그리워 생각날 때 사용하는 표현이 된다. (A)는 '~인 법이다', (B)는 「~ものの」의 형태가 되어 '~이지만', (C)는 '~하곤 했다', (D)는 '~일 따름이다'라는 감탄의 의미를 나타내므로, 따라서 정답은 (C)가 된다.

어휘 小さい 작다, 어리다　空き地 공터　よく 잘, 자주　遊ぶ 놀다　心 마음　なかなか 좀처럼　頑張る 노력하다, 분발하다　結果 결과　残念だ 유감이다　週末 주말　犬 개　連れる 데리고가다　公園 공원　散歩 산책　できる 잘하다　水泳 수영　上手だ 잘하다, 능숙하다　羨ましい 부럽다

해석 어릴 때는 저 공터에서 친구와 자주 놀곤 했다.
(A) 사람의 마음은 좀처럼 알 수 없는 법이다.
(B) 분발했지만 결과가 좋지 않아서 유감이다.
(C) 주말이 되면 개를 데리고 공원에 산책하러 가곤 했다.
(D) 그녀는 공부도 잘하고 수영도 잘하기 때문에, 정말로 부러울 따름이다.

119

今、スーパーに行きますが、何か<u>いる</u>物はありませんか。

(A) 窓際に座って<u>いる</u>人は誰ですか。

(B) 今持って<u>いる</u>現金では足りないので、カードでお願いします。

(C) 出無精な彼のことだから、たぶん今日も家に<u>いる</u>と思います。

(D) どんな分野であれ、成功するには大変な努力が<u>いる</u>と思います。

해설 문제에서 사용된 「いる」는 한자로 「要る」라고 쓰며, '필요하다'라는 의미를 나타낸다. (A)와 (B)는 「〜ている」의 형태로 사용된 문법 표현이고, (C)는 한자로 「居る」라고 쓰고 '있다', (D)는 '필요하다'라는 의미이므로 정답은 (D)가 된다.

어휘 窓際 창가　座る 앉다　現金 현금　足りない 부족하다　出無精 외출하기를 싫어하는 사람　たぶん 아마　分野 분야　成功 성공　努力 노력

해석 지금 슈퍼마켓에 가는데, 뭔가 <u>필요한</u> 물건은 없나요?
(A) 창가에 앉아 있는 사람은 누구입니까?
(B) 지금 가지고 있는 현금으로는 부족하니까, 카드로 부탁합니다.
(C) 외출하기를 싫어하는 그 사람이니까, 아마 오늘도 집에 있을 겁니다.
(D) 어떤 분야던지 성공하기 위해서는 대단한 노력이 <u>필요합니다</u>.

120

地震の恐ろしさを身を<u>もって</u>体験しました。

(A) その事件については確信を<u>もって</u>証言します。

(B) この店は今日を<u>もって</u>閉店させていただきます。

(C) 書類の受付は今日の午後を<u>もって</u>締め切ります。

(D) 君の能力を<u>もって</u>すればできないものでもないと思います。

해설 문제에서 사용된 「もって」는 「〜をもって」의 형태로, 수단이나 방법을 나타내는 용법으로 사용되고 있다. (A)는 동사의 기본 의미인 '가지다', (B)와 (C)는 기한, (D)는 수단이나 방법을 나타내는 용법이므로 정답은 (D)가 된다.

어휘 地震 지진　恐ろしさ 무서움　身をもって 몸소　体験 체험　事件 사건　確信 확신　証言 증언　店 가게　閉店 폐점　書類 서류　受付 접수(처)　午後 오후　締め切る 마감하다　能力 능력

해석 지진의 무서움을 <u>몸소</u> 체험했습니다.
(A) 그 사건에 대해서는 확신을 가지고 증언하겠습니다.
(B) 이 가게는 오늘로서 폐점합니다.
(C) 서류 접수는 오늘 오후로 마감합니다.
(D) 당신의 <u>능력으로</u> 한다면 불가능한 것도 아니라고 생각합니다.

121

今年は<u>暑かった</u> そうですが、<u>去年</u>よりは<u>ひどくない</u>そうです。
   (A)   (B)   (C)   (D)

해설 (A) 앞부분에 「今年(ことし)」라는 단어가 나오고 (B) 부분에는 '~라고 한다'는 전문의 표현이 있으므로, (A)의 시제는 た형이 아닌 「暑(あつ)い」가 되어야 한다. 따라서 (A)가 틀린 부분이다.

어휘 暑(あつ)い 덥다　기본형 + そうだ ~라고 한다　ひどい 심하다

해석 올해는 덥다고 합니다만, 작년보다는 심하지 않다고 합니다.

정답 (A) 暑かった → 暑い

122

この茶色<u>な</u>かばんは私のですが、あの<u>赤い</u>かばんは<u>誰の</u>ですか。
(A)   (B)   (C)   (D)

해설 「茶色(ちゃいろ)(갈색)」라는 단어가 「かばん(가방)」이라는 명사를 수식할 경우에는 「の」가 와야 한다. 따라서 정답은 (B)가 된다.

어휘 赤(あか)い 빨갛다　誰(だれ) 누구

해석 이 갈색 가방은 제 것입니다만, 저 빨간 가방은 누구의 것입니까?

정답 (B) な → の

123

<u>色々</u>食べてお腹が<u>いっぱい</u>です。もう<u>それ</u>以上は<u>食べられません</u>。
(A)   (B)   (C)   (D)

해설 표현에 대한 정확한 이해를 묻는 문제로, '더는'이라는 의미의 표현은 「これ以上(いじょう)」라고 나타낸다. 따라서 틀린 부분은 (C)가 된다.

어휘 食(た)べる 먹다　お腹(なか)がいっぱいだ 배가 부르다　もう 이제, 이미

해석 여러 가지 많이 먹어서 배가 부릅니다. 이제 더는 못 먹겠습니다.

정답 (C) それ → これ

124

> その国は一年<u>に</u>通して雨の多い国<u>として</u>よく<u>知られている</u>。
> 　　　　　(A)　　　　　(B)　　　　(C)　　　　(D)

해설　'~을 통해서'는 일본어로 「~を通して」라는 표현을 사용하므로, (A)는 「を」가 되어야 한다. 따라서 (A)가 틀린 부분이다.

어휘　国 나라　多い 많다　知られる 알려지다

해석　그 나라는 일년내내 비가 많은 나라로 잘 알려져 있다.

정답　(A) に → を

125

> 財布を<u>落とした</u>ので、部屋の<u>内</u>をくまなく<u>探してみた</u>が、まだ<u>見つからない</u>。
> 　　　　(A)　　　　　　　　　(B)　　　　　　(C)　　　　　　　　(D)

해설　표현의 정확한 이해를 묻는 문제로, 입체적으로 둘러싸인 공간의 내부는 「内」가 아니라 「中」를 사용해야 한다. 따라서 틀린 부분은 (B)가 된다.

어휘　財布を落とす 지갑을 잃어버리다　部屋 방　くまなく 샅샅이, 구석구석까지　探す 찾다
　　　見つかる 발견되다

해석　지갑을 잃어버려서 방 안을 샅샅이 찾아 봤지만, 아직 발견되지 않았다.

정답　(B) 内 → 中

126

> 彼<u>ほど</u>の実力者なら、今度の<u>オリンピク</u>でわけなく <u>優勝する</u>だろう。
> 　(A)　　　　　　　　　　　　(B)　　　　　(C)　　　(D)

해설　カタカナ의 정확한 표기를 묻는 문제로 '올림픽'은 일본어로 「オリンピック」라고 나타내므로, 틀린 부분은 (B)가 된다. 참고로, 신문이나 뉴스 등에서는 「五輪」이라는 표현을 사용하기도 한다.

어휘　実力者 실력자　わけない 간단하다, 손쉽다　優勝 우승

해석　그 사람 정도의 실력자라면, 이번 올림픽에서 간단히 우승할 것이다.

정답　(B) オリンピク → オリンピック

127

祖母は今回<u>初めに</u>飛行機に<u>乗った</u>ので、少し<u>緊張</u><u>気味</u>だった。
    (A)      (C)   (D)

해설 보기 (B)의「初めに」는 '처음'이라는 의미로 일의 시작을 나타낼 때 사용하므로, 문장의 흐름과는 맞지 않는 표현이다. 전체 내용으로 보아 (B)부분에는 '최초로, 처음으로'라는 의미로 경험의 유무를 나타내는 표현이 오는 것이 자연스러우므로, 정답은 (B)를「初めて」로 바꿔야 한다.

어휘 祖母 할머니 飛行機 비행기 乗る 타다 緊張 긴장 〜気味 〜한 기운, 〜한 기색

해석 할머니는 이번에 처음으로 비행기를 탔기 때문에, 조금 긴장한 기색이었다.

정답 (B) 初めに → 初めて

128

日本を<u>襲った</u>今回の洪水<u>で</u>大きな被害を<u>もらって</u>いるのは大阪や京都<u>など</u>の関西地方である。
      (A)   (B)      (D)

해설 「もらう」와「受ける」의 구분 문제이다.「もらう」는 실제로 무언가를 받는 경우에 주로 사용하는 반면,「受ける」는 추상적인 작용을 받는 경우에 사용하는 동사이다. (C) 앞에 '피해'라는 추상적인 작용을 나타내는 단어가 온 것으로 보아 (C)는「受けて」가 되어야 한다. 또한, '피해를 입다'를「被害を受ける」로 암기해 두는 것도 한 가지 방법이다.

어휘 襲う 습격하다, 덮치다 洪水 홍수 被害 피해 地方 지방

해석 일본을 덮친 이번 홍수로 큰 피해를 입은 곳은 오사카나 교토 등의 관서지방이다.

정답 (C) もらって → 受けて

129

歴史は私も<u>あまり</u>得意ではなく、高校時代に苦労して<u>覚えた</u>記憶があった<u>だけに</u>、彼の暗記
         (A)   (B)   (C)

力には舌を<u>出して</u>しまった。

해설 「舌を出す」는 '멋쩍어하다'라는 의미의 관용 표현인데, 문장의 내용과는 전혀 맞지 않는 표현이다. 전체 내용으로 보아 (D)에는 '감탄하다, 혀를 내두르다'라는 의미의 관용 표현이 와야 한다는 것을 알 수 있는데, 일본어로는「舌を巻く」라는 표현을 사용한다. 따라서 (D)를「巻いて」로 바꿔야 올바른 표현이 된다.

어휘 歴史 역사 あまり 그다지 得意だ 잘하다 高校時代 고등학교 시절 苦労 고생 覚える 외우다
      記憶 기억 〜だけに 〜인 만큼 暗記力 암기력

해석 역사는 나도 그다지 잘하지 못하고 고등학교 시절에 고생하며 외웠던 기억이 있는 만큼, 그 사람의 암기력에는 감탄하고 말았다.

정답 (D) 出して → 巻いて

130

天気予報を信じて<u>て</u><u>っきり</u>雨が降ると<u>思って</u>いたが、予想<u>に沿って</u>雨は降らなかった。
      (A)   (B)   (C)   

해설 「～に沿って」는 '～을 따라서'라는 의미의 문법 표현으로, 문장의 흐름과는 전혀 맞지 않는 표현이다. 전체 내용으로 보아 (D) 부분에는 '～와는 반대로, ～에 반해서'라는 의미의 문법 표현이 필요하므로, 정답은 (D)를 「～に反して」로 바꿔야 한다.

어휘 天気予報 일기예보　信じる 믿다　てっきり 꼭, 틀림없이　雨が降る 비가 내리다　予想 예상

해석 일기예보를 믿고 틀림없이 비가 올 거라고 생각하고 있었는데, 예상과는 반대로 비는 내리지 않았다.

정답 (D) に沿って → に反して

131

まだ十分に使える物なのに、何の<u>惜し気もなく</u>捨てて<u>ある</u>人たちが<u>意外と</u>多い。
           (A)   (B)      (D)

해설 타동사 다음에 「～ている」가 오면 '～하고 있다'는 진행의 의미를 나타내고, 「～てある」가 오면 '～해져 있다'는 상태의 의미를 나타낸다. 문제의 (C) 부분은 '버리고 있다'는 진행의 의미를 나타내어야 하므로, 정답은 (C)를 「いる」로 바꿔야 한다.

어휘 十分に 충분히　使う 사용하다　惜し気もなく 아깝지도 않은 듯이　捨てる 버리다　意外と 의외로　多い 많다

해석 아직 충분히 사용할 수 있는 물건인데도, 전혀 아깝지도 않은 듯이 버리고 있는 사람들이 의외로 많다.

정답 (C) ある → いる

132

真面目で仕事<u>好き</u>なのは分かるが、そんなに仕事<u>ばかり</u>しているといずれ体を<u>壊れて</u>しまうよ。
        (A)   (B)   (C)   

해설 '건강을 해치다'라는 관용 표현을 알고 있는지를 묻는 문제로, 일본어로는 「体を壊す」라고 한다. 따라서 틀린 부분은 (D)가 되는데, 이 문제는 (D) 앞에 조사 「を」가 있으므로 뒤에는 타동사가 와야 한다는 것으로도 풀 수 있다.

어휘 真面目だ 성실하다　～好き ～을 좋아함　いずれ 곧, 머지않아

해석 성실하고 일을 좋아하는 건 알지만, 그렇게 일만 하다 보면 머지않아 건강을 해치고 말 거야.

정답 (D) 壊れて → 壊して

133

> わが社の<u>ダム</u>建設は、工事が順調に<u>いって</u>も年末までに<u>完成</u>する<u>お見通し</u>が立たない。
> 　　　　(A)　　　　　　　　　　　　(B)　　　　　　　　(C)　　　

해설　보기 (D)의「見通し」는 '전망, 예상'이라는 의미로 문장의 흐름으로는 이상이 없는 표현이지만, 앞에 접두어
　　　「お」는 붙이지 않는다. 따라서 (D)에서「お」를 빼야만 올바른 표현이 된다.

어휘　ダム 댐　建設 건설　工事 공사　順調に 순조롭게　年末 연말　完成 완성　見通しが立つ 전망이 서다

해석　우리 회사의 댐 건설은 공사가 순조롭게 진행되어도, 연말까지 완공될 전망은 불투명해 보인다.

정답　(D) お見通し → 見通し

134

> 私が<u>持って</u>いるお金など、彼に<u>比べ</u>たら<u>本当</u>に<u>猫の涙</u>だ。
> 　　　(A)　　　　　　　(B)　　　　(C)　　　

해설　'새발의 피'라는 표현을 알고 있는지를 묻는 문제로, 일본어로는「雀の涙」또는「蚊の涙」라고 한다. 따라서 틀린
　　　부분은 (D)가 된다.

어휘　持つ 가지다, 들다　お金 돈　比べる 비교하다　本当に 정말로

해석　내가 가지고 있는 돈은 그 사람에 비하면 정말로 새발의 피다.

정답　(D) 猫の涙 → 雀の涙

135

> 人間は誰で<u>あれ</u>、<u>切羽詰まって</u>精神的に<u>余地</u>がないと、とんでもないことをしてしまい<u>がち</u>
> 　　　　(A)　　　　　　(B)　　　　　　(C)　　　　　　　　　　　　　　　　　　　　　　(D)
> である。

해설　「余地」는 '여지'라는 의미의 한자어로, 문장의 흐름과는 전혀 맞지 않는 표현이다. 전체 내용으로 보아 (C) 부분
　　　은 '여유'라는 의미의 한자어「余裕」로 바꿔야 한다.

어휘　人間 인간　切羽詰まる 궁지에 몰리다, 다급해지다　精神的 정신적
　　　とんでもない 당치도 않다, 터무니없다　동사의 ます형 + がちだ ～하기 쉽다

해석　인간은 누구든지 궁지에 몰려 정신적으로 여유가 없으면, 터무니없는 일을 해 버리기 쉽다.

정답　(C) 余地 → 余裕

136

彼<u>と</u>きたら、取引先の接待<u>を</u>託けて<u>上等</u>なお酒を<u>たらふく</u>飲んできたそうだ。
   (A)      (C)   (D)

해설 「託ける」는 '구실로 삼다'라는 의미의 동사로, 앞에는 조사 「に」가 와야 한다. 따라서 틀린 부분은 (B)가 되는데, 이처럼 동사를 암기할 때 항상 앞에 오는 조사가 있는 경우에는 붙여서 함께 암기하도록 하자.

어휘 〜ときたら 〜로 말하자면　取引先 거래처　接待 접대　上等 상등, 뛰어남　たらふく 배불리, 실컷

해석 그 사람으로 말하자면 거래처의 접대를 구실로 삼아, 비싼 술을 마음껏 마시고 왔다고 한다.

정답 (B) を → に

137

仕事には全然<u>身を入れ</u>ず、<u>怠けて</u>ばかりいる彼に私は<u>一言</u>言わずには<u>いけなかった</u>。
             (A)   (B)   (C)   

해설 '〜하지 않고는 있을 수 없다, 〜하지 않을 수 없다'라는 문법 표현을 묻는 문제로, 일본어로는 「〜ずにはすまない」라고 나타낸다. 따라서 틀린 부분은 (D)가 된다.

어휘 全然 전혀　身を入れる 정성을 쏟다　怠ける 게으름피우다　〜てばかりいる 〜하고만 있다
一言 한 마디

해석 일에는 전혀 정성을 쏟지 않고 게으름만 피우고 있는 그 사람에게 나는 한 마디 하지 않을 수 없었다.

정답 (D) いけなかった → すまなかった

138

凍っていた米ソの関係が両国の<u>歩み寄せ</u>で、一挙に<u>雪解け</u>のムードが<u>漂った</u>。
   (A)      (C)   (D)

해설 표현에 대한 정확한 이해를 묻는 문제로, 보기 (B)의 「歩み寄せ」는 일본어에 없는 표현이다. 전체 내용으로 보아 (B) 부분에는 '양보'라는 의미의 표현이 와야 하므로, 정답은 (B)를 「歩み寄り」로 바꿔야 자연스러운 표현이 된다.

어휘 凍る 얼다　関係 관계　両国 양국　一挙に 일거에, 단숨에　雪解け 대립이나 긴장 등이 완화됨
ムード 분위기　漂う 감돌다

해석 얼어 있던 미국과 소련의 관계는 양국의 양보로 단숨에 긴장 완화의 분위기가 감돌았다.

정답 (B) 歩み寄せ → 歩み寄り

古今東西を問わず、男女の純愛を取り上げた小説は<u>枚挙にゆとりがない</u>。
(A) 　　　(B) 　　　　　　　　(C) 　　　　　　　

해설 표현의 오용을 묻는 문제로 '너무 많아서 일일이 셀 수가 없다'라는 표현의 정확한 형태를 묻는 문제이다. 「枚挙」라는 한자어는 '하나하나 셈'이라는 의미인데, 「枚挙にいとまがない」라고 하면 '하나하나씩 셀 여유가 없다', 즉 '너무 많아서 일일이 셀 수가 없다'라는 의미가 된다. 따라서 (D)의 「ゆとり」를 「いとま」로 바꿔야 올바른 표현이 된다.

어휘 古今東西 동서고금　　〜を問わず 〜을 불문하고　　男女 남녀　　純愛 순애, 순수한 사랑
　　　取り上げる 다루다　　小説 소설

해석 동서고금을 불문하고, 남녀의 순수한 사랑을 다룬 소설은 너무 많아서 일일이 셀 수가 없다.

정답 (D) 枚挙にゆとりがない → 枚挙にいとまがない

彼は真剣な顔付きで骨董品を<u>手のひら</u>に乗せて<u>持ちつ持たれつ</u>して<u>品定め</u>をしていた。
(A) 　　　　　　　　　　　(B) 　　　　　　(C) 　　　　　　(D)

해설 보기 (C)의 「持ちつ持たれつ」는 '서로 도와가며'라는 의미로, 문장의 흐름과는 전혀 맞지 않는 표현이다. 전체 내용으로 보아 (C) 부분에는 여러 방향에서 꼼꼼히 보는 모양을 나타내는 표현인 「矯めつ眇めつ」가 오는 것이 자연스럽다.

어휘 真剣だ 진지하다　　顔付き 표정　　骨董品 골동품　　手のひら 손바닥　　乗せる 올리다　　品定め 품평

해석 그 사람은 진지한 표정으로 골동품을 손바닥 위에 올려놓고 이리저리 보면서 품평을 하고 있었다.

정답 (C) 持ちつ持たれつ → 矯めつ眇めつ

141

〇 ＿＿＿＿＿時間は十分ありますから、そんなに焦らないでください。

(A) まだ　　　　(B) いくら　　　　(C) たくさん　　　　(D) きゅうに

해설　공란 다음의 내용으로 보아 공란 부분에는 '아직'이라는 의미의 부사가 필요하다는 것을 알 수 있다. 따라서 정답은 (A)의 「まだ」가 된다.

어휘　時間 시간　焦る 안달하다, 초조하게 굴다　いくら 아무리　たくさん 많이　急に 갑자기

해석　아직 시간은 충분히 있으니까, 그렇게 초조해하지 마세요.

142

〇 昨日、八百屋に行って＿＿＿＿＿を買いました。

(A) さかな　　　　(B) おかし　　　　(C) やさい　　　　(D) かばん

해설　「八百屋(채소 가게)」라는 단어로 보아 공란 부분에는 '채소'라는 의미인 보기 (C)의 「野菜」가 와야 한다는 것을 알 수 있다. 따라서 정답은 (C)가 된다.

어휘　買う 사다　魚 생선　お菓子 과자　鞄 가방

해석　어제 채소 가게에 가서 채소를 샀습니다.

143

〇 もう11時だから、今から＿＿＿＿＿しても終電に間に合うはずがない。

(A) 出発　　　　(B) 出張　　　　(C) 出入　　　　(D) 出勤

해설　보기에 나오는 한자어의 의미만 알고 있다면 정답이 쉽게 나오는 문제이다. 각각의 보기를 살펴 보면 (A)는 「出発(출발)」, (B)는 「出張(출장)」, (C)는 「出入(출입)」, (D)는 「出勤(출근)」이라는 의미이므로, 정답은 (A)가 된다.

어휘　もう 이제, 벌써　終電 마지막 전철, 막차　間に合う 시간에 맞추다　～はずがない ～일 리가 없다

해석　벌써 11시라서 지금부터 출발해도 막차 시간에 맞추지 못할 것이다.

144

今、晩ご飯が＿＿＿＿＿ところですから、食べて行きませんか。

(A) できた　　　(B) しまった　　　(C) つくった　　　(D) なおった

해설　「동사의 た형 + ところだ」는 '막 ~했다'라는 의미의 문법 표현인데, 공란 앞에 「晩ご飯(저녁밥)」이라는 단어가 있는 것으로 보아 '다 되다, 완성되다'라는 의미인 (A)의 「できた」가 오는 것이 가장 자연스럽다. 따라서 정답은 (A)가 된다.

어휘　しまう 끝나다　作る 만들다　治る 낫다

해석　지금 저녁밥이 막 다 되었으니까, 먹고 가지 않겠습니까?

145

私は今朝弟の宿題を手伝ってやって、部屋の掃除をして＿＿＿＿＿友達に会って映画を見に行った。

(A) それから　　　(B) それに　　　(C) それで　　　(D) それとも

해설　공란 전후의 의미로 보아 공란 부분에는 '그리고 나서, 그 다음에'라는 의미의 접속사가 필요하다는 것을 알 수 있다. 따라서 정답은 (A)의 「それから」가 된다.

어휘　弟 남동생　宿題 숙제　手伝う 돕다　掃除 청소　会う 만나다　동사의 ます형 + に ~하러

　　　それに 게다가　それで 그래서　それとも 그렇지 않으면

해석　나는 오늘 아침에 남동생의 숙제를 도와 주고 방 청소를 하고, 그리고 나서 친구를 만나 영화를 보러 갔다.

146

この辺は店が多くてとても＿＿＿＿＿なところです。

(A) にぎやか　　　(B) あざやか　　　(C) ほがらか　　　(D) きよらか

해설　공란 앞에 가게가 많다는 표현이 있는 것으로 보아, 공란 부분에는 '떠들썩하다'라는 의미인 「賑やか」가 오는 것이 가장 자연스럽다. 따라서 정답은 (A)가 된다.

어휘　店 가게　多い 많다　鮮やかだ 선명하다　朗らかだ 명랑하다　清らかだ 맑다

해석　이 근처는 가게가 많아서 매우 떠들썩한 곳입니다.

147

______彼が試験に落ちるとは、想像もできなかった。

(A) まさか   (B) さぞかし   (C) ようやく   (D) 一概に

해설   문장 뒷부분의 '상상도 못했다'라는 내용으로 보아, 공란 부분에는 '설마'라는 의미의 부사가 들어가면 자연스러울
것이다. 따라서 정답은 (A)가 된다.

어휘   試験 시험   落ちる 떨어지다   ～とは ～라니   想像 상상   さぞかし 아마, 필시   ようやく 겨우, 간신히
  一概に 일괄적으로, 일률적으로

해석   설마 그 사람이 시험에 떨어지다니, 상상도 못했다.

148

週末には本を読んだり昼寝を______します。

(A) 寝たり   (B) したり   (C) 待ったり   (D) きたり

해설   '낮잠을 자다'라는 의미인 「昼寝をする」라는 표현을 알고 있다면 정답이 쉽게 나오는 문제이다. 정답은 (B)가 된다.

어휘   週末 주말   本を読む 책을 읽다   待つ 기다리다

해석   주말에는 책을 읽거나 낮잠을 자거나 합니다.

149

よろしかったら、もう少し______になりませんか。

(A) 飲ませ   (B) お飲み   (C) 飲まれ   (D) 飲んで

해설   존경 표현 만드는 공식을 알고 있는지를 묻는 문제이다. '～하시다'라는 의미의 존경 표현은 「お + 동사의 ます형
+ になる」라는 공식을 사용하므로, 정답은 (B)의 「お飲み」가 된다.

어휘   よろしい 괜찮다   もう少し 좀 더   飲む 마시다

해석   괜찮다면 좀 더 마시지 않겠습니까?

150

彼女はおしゃれで、＿＿＿＿＿＿の先端を行っている人です。

(A) 技術　　　　　(B) 流行　　　　　(C) 時期　　　　　(D) 潮流

해설　밑줄 앞에「おしゃれ(멋짐)」라는 단어가 나오고 뒷부분에「先端(첨단)」이라는 단어가 나와 있으므로, 공란 부분에는 (B)의「流行(유행)」가 들어가는 것이 가장 자연스럽다. 따라서 정답은 (B)가 된다.

어휘　技術 기술　時期 시기　潮流 조류

해석　그녀는 멋지고, 유행의 첨단을 걷고 있는 사람입니다.

151

では、あなたがおっしゃった＿＿＿＿＿＿に致します。

(A) 通り　　　　　(B) まま　　　　　(C) らしく　　　　　(D) そうに

해설　문장의 의미만 정확하게 이해하고 있다면 정답이 쉽게 나오는 문제이다. 공란 앞부분의 내용으로 보아 공란 부분에는 '〜대로'라는 의미의 표현이 들어가야 하므로, 정답은 (A)의「通り」가 된다.

어휘　おっしゃる 말씀하시다　동사의 た형 + まま 〜한 채로

해석　그럼, 당신이 말씀하신 대로 하겠습니다.

152

まだまだ使える物を捨てるなんて、資源の＿＿＿＿＿＿遣いだよ。

(A) 無理　　　　　(B) 無駄　　　　　(C) 無意識　　　　　(D) 無頓着

해설　공란 다음에 나오는「〜遣い」라는 표현과 함께 사용할 수 있는 한자어를 찾으면 정답이 쉽게 나오는 문제이다. 따라서 정답은 (B)의「無駄」이며,「無駄遣い」라고 하면 '낭비'라는 의미가 된다.

어휘　使う 사용하다　捨てる 버리다　資源 자원　無理 무리　無意識 무의식　無頓着 무관심

해석　아직까지 사용할 수 있는 물건을 버리다니, 자원 낭비야.

153

画家になるのは＿＿＿＿諦めたと思っていた。

(A) とっさに    (B) とっくに   (C) どうしても   (D) とうてい

해설 보기에 나오는 표현의 정확한 의미만 알고 있다면 정답이 쉽게 나오는 문제이다. (A)의 「とっさに」는 '순식간에', (B)의 「とっくに」는 '훨씬 전에', (C)의 「どうしても」는 '도저히', (D)의 「到底」는 '도저히'라는 의미이므로, 정답은 (B)가 된다.

어휘 画家 화가   諦める 포기하다

해석 화가가 되는 건 훨씬 전에 포기했다고 생각하고 있었다.

154

一般的に日本人は時間に＿＿＿＿人が多いとよく言われている。

(A) かなしい    (B) うるさい   (C) つらい   (D) ほそい

해설 문장 전체 내용으로 보아 공란 부분에는 '까다롭다'라는 의미의 い형용사가 필요하다는 것을 알 수 있다. 따라서 정답은 (B)의 「うるさい」가 된다.

어휘 一般的に 일반적으로   時間 시간   多い 많다   悲しい 슬프다   つらい 괴롭다   細い 가늘다

해석 일반적으로 일본인은 시간에 까다로운 사람이 많다고 자주 일컬어진다.

155

彼女はすべての困難を＿＿＿＿、希望していた大学に入ることができた。

(A) 切り詰めて    (B) 乗り越えて   (C) 立て替えて   (D) 取り組んで

해설 공란 바로 앞에 「困難(곤란, 어려움을 겪음)」이라는 한자어가 있는 것으로 보아 공란 부분에는 '극복하다'라는 의미의 복합 동사가 들어가는 것이 가장 자연스러울 것이다. 따라서 정답은 (B)의 「乗り越えて」가 된다.

어휘 すべて 모든   希望 희망   大学 대학   切り詰める 절약하다, 줄이다   立て替える 대신 지불하다   取り組む 몰두하다

해석 그녀는 모든 어려움을 극복하고, 희망하던 대학에 들어갈 수 있었다.

156

◉ 試合後、両チームの観客は殴り合いになり＿＿＿＿＿険しい雰囲気だった。

(A) やすい   (B) がたい   (C) かねる   (D) かねない

해설 전후의 내용으로 보아 공란 부분에는 동사의 ます형에 접속하면서 '〜할지도 모른다'라는 의미의 문법 표현이 들어가야 하므로, 정답은 (D)의「かねない」가 된다.

어휘 試合 시합　観客 관객　殴り合う 서로 때리다　険しい 험악하다　雰囲気 분위기

동사의 ます형 + やすい 〜하기 쉽다, 〜하기 편하다　동사의 ます형 + がたい 〜하기 힘들다

동사의 ます형 + かねる 〜하기 힘들다

해석 시합 후, 양 팀의 관객은 서로 때릴지도 모르는 험악한 분위기였다.

157

◉ 両社は＿＿＿＿＿この条件に合意した。

(A) せめて   (B) 主として   (C) 少なくとも   (D) 大筋で

해설 공란 다음에 이 조건에 합의했다고 나오므로, 공란 부분에는 '대략적으로'라는 의미의 표현이 들어가는 것이 가장 자연스러울 것이다. 따라서 정답은 (D)의「大筋で」가 된다.

어휘 条件 조건　合意 합의　せめて 하다못해　主として 주로　少なくとも 적어도

해석 두 회사는 대략적으로 이 조건에 합의했다.

158

◉ 昨日は久しぶりに彼が腕を＿＿＿＿＿美味しい料理を作ってくれた。

(A) 揮って   (B) 動いて   (C) 作って   (D) 巻いて

해설 공란 앞「腕(팔, 솜씨)」라는 단어로 보아, 공란 부분에는 '발휘하다'라는 의미의 동사가 필요하다는 것을 알 수 있다. 따라서 정답은 (A)의「揮って」가 된다.

어휘 久しぶりに 오랜만에　美味しい 맛있다　料理 요리　作る 만들다　動く 움직이다　巻く 감다

해석 어제는 오랜만에 그 사람이 솜씨를 발휘해, 맛있는 요리를 만들어 주었다.

159

タバコを＿＿＿＿＿＿からというもの、食欲が出てきた。

(A) 止める   (B) 止めて   (C) 止めた   (D) 止めよう

해설 '~한 후, ~하고 나서'라는 의미를 갖는 문법 표현의 적절한 접속 형태를 찾는 문제로, 일본어로는 「~てからというもの」라는 표현을 사용한다. 따라서 정답은 (B)의 「止めて」가 된다.

어휘 タバコを止める 담배를 끊다   食欲 식욕

해석 담배를 끊고 나서, 식욕이 생겼다.

160

二人の育った環境が全く違うと、意見の＿＿＿＿＿＿はいつでも起こりうる。

(A) 麻痺   (B) 摩擦   (C) 衝撃   (D) 崩壊

해설 공란 전후의 내용으로 보아 공란 부분에는 '마찰'이라는 의미의 한자어가 들어가는 것이 가장 자연스러우므로, 정답은 (B)의 「摩擦」가 된다.

어휘 育つ 자라다   環境 환경   全く 정말, 전혀   違う 다르다   意見 의견   起こる 일어나다
동사의 ます형 + うる ~할 수 있다   麻痺 마비   衝撃 충격   崩壊 붕괴

해석 두 사람의 자란 환경이 전혀 다르면, 의견 마찰은 언제든지 일어날 수 있다.

161

鈴木君なら今度の仕事を任せる＿＿＿＿＿＿足る人物だと思う。

(A) で   (B) に   (C) も   (D) から

해설 공란 다음에 나오는 「足る」라는 동사와 함께 사용할 수 있는 조사를 찾는 문제이다. 정답은 (B)의 「に」가 되는데, 참고로 「~に足る」는 '~하기에 충분한'이라는 의미의 문법 표현이다.

어휘 任せる 맡기다   人物 인물

해석 스즈키 군이라면 이번 일을 맡기기에 충분한 인물이라고 생각한다.

162

● 規則______で不自由な寮生活に嫌気がさした。

(A) まみれ　　　(B) あまり　　　(C) いたり　　　 (D) ずくめ

해설　문제는 '규칙 투성이이고 부자유스러운 기숙사 생활에 싫증이 났다'라는 의미의 문장이므로, 공란 부분에는 '~투성이'라는 표현이 오면 된다. 보기 중에서 '~투성이'라는 의미로 사용되는 표현은 (A)와 (D)인데, (A)의「まみれ」는 주로 진흙이나 피, 땀 등에 쓰이는 표현이므로 정답은 (D)의「ずくめ」가 된다.

어휘　規則 규칙　不自由 부자유　寮 기숙사　生活 생활　嫌気がさす 싫증이 나다

해석　규칙 투성이이고 부자유스러운 기숙사 생활에 싫증이 났다.

163

● 鳥の鳴き声を聞きながら迎える山の朝の______は格別だ。

(A) うっとうしさ　　(B) あくどさ　　(C) もどかしさ　　(D) すがすがしさ

해설　새 우는 소리를 들으며 맞이하는 산에서의 아침은 상쾌한 기분이 들 것이다. 따라서 공란 부분에는 '상쾌함'이라는 명사가 필요하다는 것을 알 수 있는데, 보기 중에서 그런 의미로 사용되는 표현은 (D)의「すがすがしさ」이다.

어휘　鳥 새　鳴き声 우는 소리　迎える 맞이하다　格別 각별　うっとうしさ 우울함　あくどさ 악랄함
　　　もどかしさ 안타까움

해석　새 우는 소리를 들으며 맞이하는 산에서의 아침의 상쾌함은 각별하다.

164

● そんなに______詰めると、袋が破れるよ。

(A) すらすら　　　(B) ぎゅうぎゅう　　(C) くらくら　　　(D) じゃぶじゃぶ

해설　공란 다음에「詰める(채워 넣다)」라는 동사가 오는 것으로 보아 공란 부분에는 '꽉 채우거나 하는 모양, 꽉꽉'이라는 의미의 의태어가 필요하다는 것을 알 수 있다. 따라서 정답은 (B)의「ぎゅうぎゅう」가 된다.

어휘　袋 봉투　破れる 찢어지다　すらすら 막힘없이 원활히 진행되는 모양, 술술
　　　くらくら 현기증이 나는 모양, 어질어질　じゃぶじゃぶ 첨벙첨벙

해석　그렇게 꽉꽉 채워 넣으면 봉투가 찢어져.

165

韓国には英語だけではなく、その他の外国語も＿＿＿＿＿な人がたくさんいる。

(A) 有能　　　　(B) 機能　　　　(C) 堪能　　　　(D) 性能

해설　보기에 나오는 한자어의 의미를 정확하게 알고 있어야만 정답을 찾을 수 있는 문제이다. 문장의 내용으로 보아 공란
　　　에는 '뛰어남'이라는 의미의 어휘가 필요하므로, 정답은 (C)의「堪能(たんのう)」가 된다.

어휘　～だけではなく ～뿐만 아니라　外国語(がいこくご) 외국어　有能(ゆうのう) 유능　機能(きのう) 기능　性能(せいのう) 성능

해석　한국에는 영어뿐만 아니라, 그 외의 외국어도 뛰어난 사람이 많이 있다.

166

旧友の頼み＿＿＿＿＿断れないので手伝いに行った。

(A) としては　　　(B) によっては　　　(C) とあっては　　　(D) においては

해설　부탁을 거절할 수 없는 것은 대학시절부터의 옛 친구이기 때문일 것이다. 따라서 공란 부분에는 원인이나 이유를 나
　　　타내는 표현이 필요함을 알 수 있는데, 보기 중에서 그러한 의미로 사용되는 문법 표현은 '～라서, ～이기 때문에'
　　　라는 의미를 나타내는 (C)의「とあっては」가 된다.

어휘　旧友(きゅうゆう) 옛 친구　頼み(たの) 부탁　断(ことわ)る 거절하다　手伝(てつだ)う 돕다　～として ～로서
　　　～によって ～에 의해, ～에 따라　～において ～에 있어서

해석　옛 친구의 부탁이라 거절할 수 없어서 도와주러 갔다.

167

中国は韓国より一段レベルが上だったが、決して歯が＿＿＿＿＿相手ではない。

(A) いかない　　　(B) たたない　　　(C) きらない　　　(D) すかない

해설　'당해낼 수 없다, 감당할 수 없다'라는 의미의 관용 표현은「歯(は)が立(た)たない」이므로, 정답은 (B)가 된다.

어휘　中国(ちゅうごく) 중국　一段(いちだん) 한층, 더욱　決(けっ)して 결코　相手(あいて) 상대

해석　중국은 한국보다 레벨이 한층 위였지만, 결코 당해낼 수 없는 상대는 아니다.

168

○ 私は父に＿＿＿＿＿＿を利いてもらって今の会社に就職することができた。

(A) 口　　　　　(B) 顔　　　　　(C) 手　　　　　(D) 頭

해설　공란 다음에 나오는 「利く」와 함께 사용할 수 있는 표현을 찾으면 정답이 쉽게 나오는 문제이다. 정답은 (A)가 되는데, 참고로 「口を利く」는 '주선하다, 중개하다'라는 의미의 관용 표현이다.

어휘　会社 회사　就職 취직　顔 얼굴　手 손　頭 머리

해석　나는 아버지께서 소개해 주셔서 지금의 회사에 취직할 수 있었다.

169

○ 女性の社会進出の拡大で、晩婚化に＿＿＿＿＿＿がかかっているそうだ。

(A) 圧力　　　　　(B) 催促　　　　　(C) 可憐　　　　　(D) 拍車

해설　문장 전체의 의미나 공란 다음에 나오는 동사 「かかる」로 보아, 공란 부분에는 '박차가 가해지다'라는 관용 표현이 필요하다는 것을 알 수 있다. 따라서 정답은 (D)의 「拍車」가 된다.

어휘　女性 여성　進出 진출　拡大 확대　晩婚化 결혼을 늦게 하는 현상　圧力 압력　催促 재촉　可憐 가련

해석　여성의 사회 진출 확대로, 만혼화에 박차가 가해지고 있다고 한다.

170

○ 始めの合図が出るまで問題用紙は＿＿＿＿＿＿おいてください。

(A) 背いて　　　　　(B) 伏せて　　　　　(C) 被って　　　　　(D) 吹いて

해설　시작 신호가 있을 때까지 문제용지를 펼치지 말고 뒤집어 놓으라는 의미의 문장이므로, 공란 부분에는 '뒤집어 놓다'라는 의미의 동사가 오는 것이 자연스러울 것이다. 따라서 정답은 (B)의 「伏せて」가 된다.

어휘　合図 신호　問題用紙 문제용지　背く 반하다, 어긋나다　被る 뒤집어쓰다　吹く 불다

해석　시작 신호가 있을 때까지 문제용지는 뒤집어 놓으세요.

[171 ～ 174]

　幼い頃からそうだったが、私には使った物をすぐ捨てられない癖がある。経済的に困っているわけでもないのに、どうして捨てられないのか、自分が考えてみても(1)________である。貧しい家庭に生まれた私は5人姉妹の長女だった。それで、私が使った物は妹たちがお下がりとして使っていたから、私はいつも母に物を大切にするようにと教えられた。その頃の癖がまだ残っているのか、今も私は壊れた物がすぐ捨てられず、直せるようだったら直してもう一度使うようにしている。こんな私に家族たちはいつも「長い間使って古くなった物はもう捨ててもいいんじゃない? 新しい物でも買ったら?」とうるさく言うけれど、この癖はなかなか治りそうもないのだ。

해석　어릴 때부터 그랬지만, 나에게는 사용한 물건을 바로 버리지 못하는 버릇이 있다. 경제적으로 곤란한 것도 아닌데, 왜 못 버리는지 스스로 생각해 봐도 이상하다. 가난한 가정에서 태어난 나는 다섯 자매 중의 장녀였다. 그래서 내가 사용한 물건은 여동생들이 물려받아 사용했기 때문에 나는 항상 어머니에게 물건을 소중하게 사용하라고 배웠다. 그때의 버릇이 아직 남아 있는지, 지금도 나는 부서진 물건을 바로 버리지 못하고 고칠 수 있을 것 같으면 고쳐서 다시 한 번 사용하려 하고 있다. 이런 나에게 가족들은 항상 '오랫동안 사용해서 낡은 물건은 이제 버려도 되잖아? 새로운 걸로 사는 게 어때?'라고 시끄럽게 말을 하지만, 이 버릇은 좀처럼 고쳐질 것 같지 않다.

어휘　幼い 어리다　使う 사용하다　捨てる 버리다　癖 버릇　経済的に 경제적으로　困る 곤란하다
貧しい 가난하다　家庭 가정　生まれる 태어나다　姉妹 자매　長女 장녀　妹 여동생
お下がり 후 물림　母 어머니　教える 가르치다　残る 남다　壊れる 부서지다, 고장나다　直す 고치다
家族 가족　長い間 오랫동안　古い 낡다, 오래되다　新しい 새롭다　うるさい 시끄럽다　治る 낫다

171 物が捨てられないこの人に対して、家族たちは何と言いますか。

(A) 結局全然使わないから、早く捨ててほしい。

(B) 時間の無駄遣いだから、早く止めてほしい。

✓(C) 古くなった物は捨てて新しい物を買ってほしい。

(D) 物を大切にする習慣はいいことだから、これからも続けてほしい。

해설　물건을 버리지 못하는 이 사람에 대해 가족들은 오래된 물건은 버리고 새로운 물건을 사 주었으면 좋겠다고 생각하고 있다. 따라서 정답은 (C)가 된다.

어휘　結局 결국　捨てる 버리다　無駄遣い 낭비　習慣 습관

질문　물건을 버리지 못하는 이 사람에 대해서 가족들은 뭐라고 말합니까?

정답　(C) 오래된 물건은 버리고 새로운 물건을 사 주었으면 좋겠다.

172 本文の内容からみて、(1)＿＿に入るもっとも適当な言葉は
どれですか。

(A) 納得
(B) 不思議
(C) 無邪気
(D) 当たり前

173 この人はどうして幼い時から物を大切にするようにと母に
教えられましたか。

(A) よく忘れ物をする子供だったから
(B) 故障した物を直す時間がなかったから
(C) リサイクル運動が活発に行われていたから
(D) 自分が使った物を妹たちにあげなければならなかった
から

174 この人は故障した物をどうしますか。

(A) すぐ捨てる。
(B) 他の人にあげる。
(C) そのままずっと保管しておく。
(D) 直せる物だったら、直してまた使う。

[175 ～ 178]

今朝、起きて朝刊を広げると、おめでたい記事が目に付いた。今まで十分な教育が受けられなかった開発途上国の子供向けのコンピューターが開発されたそうだ。最初、このコンピューターの開発にはドイツやスペインなどのヨーロッパの様々な国が力を入れたが、採算が合わないとのことで、結局発売を中止したそうだ。それをアメリカのある中小企業が採算性は合わなくても教育的な効果は高いと判断し、開発を急いだ結果、今回発売されることになったそうだ。このコンピューターの最大の特徴と言えば、やはり(1)______である。普通のコンピューターの価格の半分を切ると言うから、途上国にとってはありがたい限りだ。それに、学校や先生が足りなかった地域に集中的に普及すれば教育的な効果はもっと高まるはずだ。これからも開発途上国に対するこのような支援が広がってほしいものだ。

해석　오늘 아침에 일어나서 조간신문을 펼치니 축하할만한 기사가 눈에 띄었다. 지금까지 충분한 교육을 받을 수 없었던 개발도상국가 아이용으로 컴퓨터가 개발되었다고 한다. 처음에 이 컴퓨터 개발에는 독일이나 스페인 등 유럽의 여러 나라가 힘을 쏟았지만, 채산이 맞지 않아서 결국 발매를 중지했다고 한다. 그것을 미국의 어느 중소기업이 채산성은 맞지 않아도 교육적인 효과는 높다고 판단해 개발을 서두른 결과, 이번에 발매하게 되었다고 한다. 이 컴퓨터의 최대 특징이라고 하면 역시 가격이다. 보통 컴퓨터 가격의 절반도 안 된다고 하니, 개발도상국에게는 고마울 따름이다. 게다가, 학교나 선생님이 부족한 지역에 집중적으로 보급한다면 교육적인 효과는 더욱 높아질 것이다. 앞으로도 개발도상국가에 대한 이와 같은 지원이 확대되었으면 좋겠다.

어휘　起きる 일어나다　朝刊 조간　広げる 펼치다　おめでたい 경사스럽다　記事 기사　目に付く 눈에 띄다　教育 교육　開発 개발　途上国 도상국　～向け ~용　国 나라　力を入れる 힘을 쏟다　採算 채산　合う 맞다　発売 발매　中止 중지　中小企業 중소기업　教育的 교육적　効果 효과　判断 판단　急ぐ 서두르다　結果 결과　最大 최대　特徴 특징　価格 가격　普通 보통　半分 절반　～限りだ ~일 따름이다　足りない 모자라다, 부족하다　地域 지역　集中的に 집중적으로　普及 보급　高まる 높아지다　～に対する ~에 대한　支援 지원　広がる 확대되다

175 本文に出ているコンピューターは誰を対象にして作られましたか。

(A) おもちゃが足りない子供たち
(B) 文字が全然読めない子供たち
(C) 学校に行きたがらない子供たち
(D) 十分な教育が受けられない子供たち

해설　본문에 나오는 컴퓨터는 충분한 교육을 받을 수 없는 아이용으로 개발된 것이다. 따라서 정답은 (D)가 된다.

어휘　おもちゃ 장난감　文字 문자

질문　본문에 나오는 컴퓨터는 누구를 대상으로 하여 만들어졌습니까?

정답　(D) 충분한 교육을 받을 수 없는 아이들

176 本文に出ているコンピューターを発売した国はどこですか。

(A) ドイツ

(B) スペイン

(C) アメリカ ✓

(D) アフリカ

어휘　発売 발매　国 나라

질문　본문에 나오는 컴퓨터를 발매한 나라는 어디입니까?

정답　(C) 미국

---

177 本文の内容からみて、(1)______に入るもっとも適当な言葉はどれですか。

(A) 価格 ✓

(B) 軽さ

(C) 機能

(D) 安全性

해설　공란 다음의 내용으로 보아 공란 부분에는 ‘가격’이라는 한자어가 들어가야 한다는 것을 알 수 있다. 따라서 정답은 (A)의 「価格」가 된다.

어휘　軽さ 가벼움　機能 기능
安全性 안전성

질문　본문의 내용으로 보아 (1)____에 들어갈 가장 적당한 말은 어느 것입니까?

정답　(A) 가격

---

178 本文に出ているコンピューターが普通のコンピューターと違うところは何ですか。

(A) 価格が半分以下である。 ✓

(B) 小さいし、軽くてどこにでも持ち運べる。

(C) 教育ソフトをいつでもダウンロードできる。

(D) 処理能力が普通のコンピューターの2倍以上である。

해설　본문에 나오는 컴퓨터가 보통의 컴퓨터와 다른 점은 가격이 절반 이하라는 것이다. 따라서 정답은 (A)가 된다.

어휘　軽い 가볍다
持ち運ぶ 들고 가다
処理能力 처리능력

질문　본문에 나오는 컴퓨터가 보통의 컴퓨터와 다른 점은 무엇입니까?

정답　(A) 가격이 절반 이하이다.

[179 ～ 181]

　最近、言葉の乱れに対して敏感な人が多いような気がするが、私はそんなに神経を尖らせるほどのことではないと思っている。確かに日本語には昔からの美しい言葉が多かった。しかし、(1)＿＿＿＿＿そのような言葉が今でも全部使われているだろうか。言葉というのは長い歴史の中でそれぞれの時代に応じ、様々に変化し続けてきたはずだ。だから、美しい言葉だからといって、必ず残すべきだとは言えないだろう。もっと大きな心で時代を見つめてみたらどうだろうか。時代にそぐわない言葉は自然と消滅してしまうのだから、言葉の変化を言葉の乱れだとは思わず、もっと(2)＿＿＿＿＿目で見てほしいものである。

해석　최근 말의 흐트러짐에 대해서 민감한 사람이 많은 듯한 느낌이 드는데, 나는 그렇게 신경을 곤두세울 만큼의 일은 아니라고 생각하고 있다. 확실히 일본어에는 옛날부터 사용하던 아름다운 말들이 많았다. 그러나, 과연 그와 같은 말이 지금도 전부 사용되고 있는 것일까? 말이라고 하는 것은 긴 역사 속에서 제각각 시대에 따라 여러 가지로 계속 변화해 왔다. 따라서 아름다운 말이라고 해서 반드시 남겨야만 한다고는 말할 수 없을 것이다. 좀 더 넓은 마음으로 시대를 바라보는 건 어떨까? 시대에 맞지 않는 말은 자연스럽게 소멸되어 버리는 것이니까 말의 변화를 말의 흐트러짐이라고 생각하지 말고, 좀 더 긴 안목으로 봐 주었으면 한다.

어휘　乱れ 흐트러짐　敏感 민감　多い 많다　気がする 느낌이 들다, 생각이 들다　神経 신경
尖る 날카롭다, 뾰족하다　確かに 확실히　昔 옛날　美しい 아름답다　全部 전부　使う 사용하다
長い 길다　歴史 역사　時代 시대　応じる 따르다, 응하다　変化 변화
동사의 ます형＋続ける 계속 ～하다　必ず 반드시　残す 남기다　心 마음　見つめる 지켜보다
そぐわない 어울리지 않다　自然と 자연스럽게　消滅 소멸　長い目で見る 긴 안목으로 보다
～てほしい ～해 주길 바란다, ～해 주었으면 한다

179 本文の流れからみて、(1)______に入るもっとも適当な表現はどれですか。

(A) まさか
(B) 果たして ✓
(C) 取り敢えず
(D) 少なくとも

해설 전후의 내용으로 보아 공란 부분에는 '과연'이라는 의미의 부사가 들어가는 것이 자연스러우므로, 정답은 (B)가 된다.

어휘 まさか 설마
取り敢えず 일단, 우선
少なくとも 적어도

질문 본문의 흐름으로 보아 (1)____에 들어갈 가장 적당한 표현은 어느 것입니까?

정답 (B) 과연

---

180 本文の流れからみて、(2)______に入るもっとも適当な表現はどれですか。

(A) 長い ✓
(B) 細い
(C) 短い
(D) 遠い

해설 '긴 안목으로 보다'라는 관용 표현을 알고 있는지를 묻는 문제로, 일본어로는 「長い目で見る」라고 나타낸다. 따라서 정답은 (A)가 된다.

어휘 細い 가늘다　短い 짧다
遠い 멀다

질문 본문의 흐름으로 보아 (2)____에 들어갈 가장 적당한 표현은 어느 것입니까?

정답 (A) 긴

---

181 本文のタイトルとしてもっとも相応しいものはどれですか。

(A) 美しい言葉をどう残すか。
(B) 言葉の乱れを受け入れよう。 ✓
(C) 今の言葉は生き残れるのだろうか。
(D) 昔の言葉は果たして今も使えるのだろうか。

해설 독해문 전체 내용을 포괄할 수 있는 제목을 찾는 문제로, 전체 내용으로 보아 제목은 '말의 흐트러짐을 받아들이자' 정도가 될 것이다. 따라서 정답은 (B)가 된다.

어휘 相応しい 어울리다, 상응하다
残す 남기다
生き残る 살아남다

질문 본문의 제목으로 가장 어울리는 것은 어느 것입니까?

정답 (B) 말의 흐트러짐을 받아들이자.

[182 ～ 184]

　今時の高校生は一人暮らしに必要な食費や交際費などへの金銭感覚が乏しい一方で、意外にも貯金への意識は高いことが、NPO法人「育て上げ」ネットとGEコンシューマー・ファイナンスが実施した「一人暮らしに必要な生活費」調査で分かった。高校生が実際にいくら必要かを理解しているのは携帯電話を含む通信費や交通費など一部で、例えば食費は全国平均の2万4,263円に対し、高校生の62％が2万円以下と回答。自宅に住む高校生は、冷蔵庫の食べ物は「ただ」との感覚を持っているように、自宅の食事にもお金がかかっているという意識が低かった。国民年金や所得税など税金については、支払額(1)________、言葉の意味を理解できないことも多かった。ただ、貯金への意識は高く、月額給与20万円の中から8,000円以上を貯金が66％、このうち1万6,000円以上が42％を占めた。貯蓄のために生活費の(2)______を工夫する様子も見られ、意外と堅実な一面も覗かせる結果となった。

해석　요즘 고등학생은 혼자 살아가는 데에 필요한 식비나 교제비 등에 대한 금전 감각이 부족한 반면, 의외로 저금에 대한 의식은 높은 것이 NPO법인 소다테아게넷과 GE 컨슈머・파이낸스가 실시한 '혼자 살아가는 데에 필요한 생활비'조사에서 밝혀졌다. 고등학생이 실제로 얼마가 필요한지를 이해하고 있는 것은 휴대전화를 포함한 통신비나 교통비 등의 일부분으로, 예를 들어 식비는 전국 평균 2만 4,263엔에 비해 고등학생의 62퍼센트가 2만 엔 이하라고 대답했다. 자택에 사는 고등학생은 냉장고의 음식물은 '공짜'라고 여기는 듯, 자택의 식사에도 돈이 든다는 의식이 낮았다. 국민 연금이나 소득세 등의 세금에 대해서는 지급액은커녕 말의 의미를 이해하지 못하는 경우도 많았다. 다만 저금에 대한 의식은 높아 (나중에) 월액 급여 20만 엔 중에서 8천 엔 이상을 저금하겠다는 사람이 66퍼센트, 이 중에서 만 6천 엔 이상이 42퍼센트를 차지했다. 저축을 위해서 생활비 할당을 궁리하는 모습도 보여, 의외로 견실한 면도 엿볼 수 있는 결과였다.

어휘　今時 요즘　高校生 고등학생　一人暮らし 독신 생활, 혼자 살아감　食費 식비　交際費 교제비
金銭感覚 금전 감각　乏しい 모자라다, 부족하다　～一方で ～하는 한편으로　意外にも 의외로
貯金 저금　意識 의식　実施 실시　生活費 생활비　調査 조사　理解 이해　携帯電話 휴대전화
含む 포함하다　通信費 통신비　交通費 교통비　例えば 예를 들면　食費 식비　全国 전국　平均 평균
回答 회답　自宅 자택　住む 살다　冷蔵庫 냉장고　感覚 감각　低い 낮다　国民年金 국민 연금
所得税 소득세　税金 세금　支払額 지급액　多い 많다　給与 급여　占める 점하다, 차지하다
貯蓄 저축　工夫 궁리　様子 모습　堅実 견실　一面 일면　覗く 엿보다　結果 결과

182 今度の調査でどんなことが分かりましたか。

(A) 最近の高校生はお金にあまり興味がない。

(B) 最近の高校生はお金に卑しい学生が多い。

(C) 最近の高校生は明確な金銭感覚を持っている。

(D) 最近の高校生は貯金への意識が意外と高い。

해설　이번 조사에서 알 수 있었던 것은 최근의 고등학생은 저금에 대한 의식이 의외로 높다는 것이다. 따라서 정답은 (D)가 된다.

어휘　興味 흥미
　　　お金に卑しい 돈에 쩨쩨하다
　　　金銭 금전　感覚 감각

질문　이번 조사에서 어떤 것을 알 수 있었습니까?

정답　(D) 최근의 고등학생은 저금에 대한 의식이 의외로 높다.

183 本文の内容からみて、(1)＿＿＿＿に入るもっとも適当な言葉はどれですか。

(A) が故に

(B) とはいえ

(C) どころか

(D) はいざ知らず

해설　공란 전후의 내용으로 보아 공란 부분에는 '~은커녕'이라는 의미의 문법 표현이 들어가는 것이 가장 자연스러우므로, 정답은 (C)의 「どころか」가 된다.

어휘　~とはいえ ~라고는 해도
　　　~はいざ知らず ~은 어떨지
　　　　　　　　　모르겠지만

질문　본문의 내용으로 보아 (1)＿＿＿에 들어갈 가장 적당한 말은 어느 것입니까?

정답　(C) ~은커녕

184 本文の内容からみて、(2)＿＿＿＿に入るもっとも適当な言葉はどれですか。

(A) 割り切り

(B) 割り増し

(C) 割り込み

(D) 割り振り

해설　공란 다음에 나오는 내용으로 보아 공란 부분에는 '할당, 분담'이라는 의미의 단어가 들어가는 것이 가장 자연스러우므로, 정답은 (D)의 「割り振り」가 된다.

어휘　割り切り 명쾌하게 결론을 냄
　　　割り増し 할증
　　　割り込み 새치기

질문　본문의 내용으로 보아 (2)＿＿＿에 들어갈 가장 적당한 말은 어느 것입니까?

정답　(D) 할당

[185 ~ 188]

人との会話で共通する心構えは「聞くこと」である。相手の話を聞けない人は絶対に話し上手にはなれない。そもそも、相手に話をするということは、自分の考えを相手に伝えるということである。だから、相手が話をしている時は、話が終わるまでしっかりと聞くべきである。相づちを(1)________しっかりと聞いてあげれば、相手も満足し、今度はこちら側の話を聞くようになる。途中で遮って話をしてしまうと、相手はとても腹が立つし、こちら側の話は聞かない。実は極めて基本的なことであるが、改めて見てみると出来ていない人が多い。(2)________、人間というのは、「自分がいつも正しい」という自惚れがある。そのため、相手の意見に対して、すぐに否定しようとしてしまうきらいがある。だから、意識しなければこの癖は治らない。していないようで、実は誰もがよくしてしまっているのだ。

해석 다른 사람과의 대화에서 공통된 마음가짐은 '듣는 것'이다. 상대방의 이야기를 들을 수 없는 사람은 절대로 말을 잘하는 사람이 될 수 없다. 애초에 상대방에게 이야기를 한다는 것은 자신의 생각을 전달하는 것이다. 따라서 상대방이 이야기를 할 때는 이야기가 끝날 때까지 확실하게 들어야만 한다. 맞장구를 치면서 확실히 들어 주면 상대방도 만족하여, 이번에는 내 이야기를 듣게 된다. 도중에 가로막고 이야기를 해 버리면 상대방은 아주 화가 날 테고, 내 이야기는 듣지 않을 것이다. 실은 아주 기본적인 일이지만, 돌이켜 보면 제대로 안 되는 사람이 많다. 애초에 인간이란 '자신이 항상 올바르다'고 자만한다. 그 때문에 상대방의 의견에 대해서 바로 부정하려 해 버리는 경향이 있다. 그래서 의식하지 않으면 이 버릇은 고쳐지지 않는다. 하고 있지 않은 것 같으면서도 실은 누구나가 자주 이렇게 하고 마는 것이다.

어휘 会話 대화　心構え 마음가짐　相手 상대　絶対に 절대로　そもそも 애초에　伝える 전하다　終わる 끝나다　しっかりと 확실하게　相づちを打つ 맞장구를 치다　満足 만족　途中 도중　遮る 가로막다　腹が立つ 화가 나다　極めて 극히, 아주　基本的 기본적　改めて 재차, 다시　多い 많다　人間 인간　正しい 올바르다　自惚れ 자부, 자만　意見 의견　～に対して ～에 대해서　否定 부정　意識 의식　癖 버릇　治る 낫다, 치유되다

---

185 次の例の中で、会話での注意点としてこの人が言っているものはどれですか。

(A) 同意を求める時以外は全く話さなくてもいい。

(B) 自分が言いたいところは何度も繰り返して強調しておく。

✓(C) 相手が話をしている時は、最後までしっかりと聞いてあげる。

(D) 話が脇道にそれた場合は、途中で話を遮ってもかまわない。

해설 대화에서 주의할 점으로 필자가 말하고 있는 것은 상대방이 이야기를 하고 있을 때는 끝까지 확실하게 들어 주는 것이다. 따라서 정답은 (C)가 된다.

어휘 同意 동의　繰り返す 되풀이하다　脇道にそれる 옆길로 새다

질문 다음의 예 중에서 대화에서의 주의점으로 이 사람이 말하고 있는 것은 어느 것입니까?

정답 (C) 상대방이 이야기를 하고 있을 때는 끝까지 확실하게 들어 준다.

186 本文の内容からみて、(1)______に入るもっとも適当な言葉はどれですか。

(A) 打ちながら
(B) 叩きながら
(C) 切りながら
(D) 壊しながら

187 本文の内容からみて、(2)______に入るもっとも適当な言葉はどれですか。

(A) そもそも
(B) ただし
(C) いきなり
(D) すなわち

188 本文の内容にもっとも相応しいタイトルはどれですか。

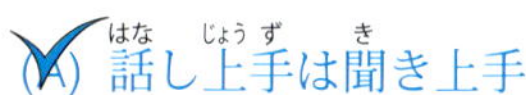
(A) 話し上手は聞き上手
(B) 聞く耳を持たない人
(C) 巧みな話し方とは何か
(D) 会話の達人になるためには

[189 ~ 192]

　インターネットの掲示板に「JR新潟駅に放火し、無差別殺人を起こす」などと書き込んだとして、新潟県警新潟東署は15日、新潟市内の男子中学生を補導した。東京・秋葉原の無差別殺傷事件の報道をテレビで見て「(犯罪予告の)書き込みをすれば人が騒ぐと思った。実行する気はなかった」と反省の態度を示しているという。
　調べでは、少年は10日午後7時半頃、自宅のパソコンからインターネットの掲示板「2ちゃんねる」上に「6月30日月曜日、19時30分に、新潟駅に放火する。放火した後、新潟駅周辺で無差別殺人を起こします。みなさんさようなら」と書き込んだ疑い。少年は、殺人や強盗などの犯罪を繰り返してポイントを稼ぐという設定のゲームソフトの名を挙げ、「ゲームをやっていたら(犯罪を)やりたくなった。それが(1)＿＿＿＿＿だった。」と供述しているという。書き込みを見た複数の人が警察やJRなどに通報。11日に警察庁から連絡を受けた新潟県警が脅迫容疑で捜査していた。近く児童相談所に通告する方針だ。

해석　인터넷 게시판에 'JR 니가타역에 방화를 해 무차별 살인을 일으키겠다'는 등의 내용을 올린 혐의로 니가타현 경찰 니가타히가시서는 15일, 니가타 시내의 남자 중학생을 훈육 지도했다. 도쿄·아키하바라의 무차별 살상 사건의 보도를 텔레비전으로 보고 '(범죄 예고를) 적어 놓으면 소동이 일어날 것이라고 생각했다. 실행할 마음은 없었다'며 반성의 태도를 보이고 있다고 한다. 조사에 따르면 소년은 10일 오후 7시 반쯤 자택의 컴퓨터로 인터넷 게시판 '2채널'에 '6월 30일 월요일, 19시 30분에 니가타역에 방화를 할 겁니다. 방화한 후, 니가타역 주변에서 무차별 살인을 일으킬 겁니다. 여러분 안녕'이라고 적은 혐의다. 소년은 살인이나 강도 등의 범죄를 반복해서 포인트를 따는 설정의 게임소프트의 이름을 들며 '게임을 하고 있자니 (범죄를) 하고 싶어졌다. 그것이 결정적인 계기였다'고 진술했다고 한다. 게시판의 글을 본 여러 사람들이 경찰이나 JR 등에 통보해, 11일에 경찰청으로부터 연락을 받은 니가타현 경찰이 협박 용의로 조사하고 있다. 곧 아동 상담소에 통보할 방침이다.

어휘　掲示板 게시판　放火 방화　無差別 무차별　殺人 살인　書き込む 적어 넣다　市内 시내　補導 훈육 지도
殺傷 살상　事件 사건　報道 보도　犯罪 범죄　予告 예고　騒ぐ 떠들다　実行 실행　反省 반성
態度 태도　示す 보여주다　少年 소년　自宅 자택　周辺 주변　疑い 혐의　強盗 강도
繰り返す 되풀이하다　稼ぐ 벌다　設定 설정　挙げる 들다　供述 진술　複数 복수　通報 통보
脅迫 협박　容疑 용의　捜査 수사　児童 아동　相談所 상담소　通告 통고　方針 방침

189 本文に出ている少年が今度の騒ぎを起こした理由は何ですか。

(A) 本当に殺人を起こしたいと思ったから

(B) 普段社会に対する反感が強かったから

(C) つまらない日常に刺激を与えたかったから

(D) 犯罪予告の書き込みをすれば人が騒ぐと思ったから

解説 본문에 나오는 소년이 이번 소동을 일으킨 이유는 범죄 예고를 게시판에 적으면 소동이 일어날 것이라고 생각했기 때문이다. 따라서 정답은 (D)가 된다.

어휘 反感 반감　日常 일상
刺激 자극

질문 본문에 나오는 소년이 이번 소동을 일으킨 이유는 무엇입니까?

정답 (D) 범죄 예고를 적으면 소동이 일어날 것이라고 생각했기 때문에

---

190 本文に出ている少年が今度の騒ぎを起こしたくなった決定的なきっかけは何ですか。

(A) 学校でのいじめ

(B) インターネットの掲示板の文章

(C) 東京・秋葉原の無差別殺傷事件の報道

(D) 殺人や強盗などの犯罪を繰り返してポイントを稼ぐゲームソフト

解説 본문에 나오는 소년이 이번 소동을 일으키고 싶어진 결정적인 계기는 살인이나 강도 등의 범죄를 반복해서 포인트를 따는 게임소프트의 영향이다. 따라서 정답은 (D)가 된다.

어휘 文章 문장　報道 보도
強盗 강도

질문 본문에 나오는 소년이 이번 소동을 일으키고 싶어진 결정적인 계기는 무엇입니까?

정답 (D) 살인이나 강도 등의 범죄를 반복해서 포인트를 따는 게임소프트

---

191 本文の内容からみて、(1)______に入るもっとも適当な言葉はどれですか。

(A) 決め手

(B) 締め切り

(C) 土壇場

(D) 踏み切り

解説 본문의 내용 흐름으로 보아 공란 부분에는 '결정적인 수단, 방법'이라는 의미의 어휘가 들어가는 것이 자연스럽다는 것을 알 수 있다. 따라서 정답은 (A)가 된다.

어휘 締め切り 마감
土壇場 막다른 판국, 막판
踏み切り 철도건널목

질문 본문의 내용으로 보아 (1)______에 들어갈 가장 적당한 말은 어느 것입니까?

정답 (A) 결정적인 계기

---

192 本文に出ている少年についての説明の中で、正しいものはどれですか。

(A) この少年は犯行を実行する気が最初からなかった。

(B) この少年にゲームソフトの影響は全くないと言い切れる。

(C) この少年は秋葉原の無差別殺傷事件を新聞で読んで知った。

(D) この少年は学校のパソコンからインターネットの掲示板に犯行予告の書き込みをした。

解説 본문 내용에 대한 정확한 이해를 묻는 문제로, 정답은 이 소년은 범행을 실행할 마음이 처음부터 없었다고 한 (A)가 된다.

어휘 影響 영향　言い切る 단언하다
予告 예고

질문 본문에 나오는 소년에 대한 설명 중에서 올바른 것은 어느 것입니까?

정답 (A) 이 소년은 범행을 실행할 마음이 처음부터 없었다.

[193 ~ 196]

　派手か地味かと聞かれたら自分は地味な方である。派手な自分をイメージしてみたりそんな感じの服を買ってみようかと思ったこともあるが、結局地味なものを買ってしまう。別に自分に自信がないわけではないが、一歩下がってしまうような性格が服装にも表れているのだろうか、(1)________地味なものを選んでいる。人には派手か地味かは別としてそれぞれ好みがあるはずだ。周りの人から見ても何となくその人らしさを感じることがあるようだ。でも、それは特別に意識しているわけではなく、やはり知らぬ間に「こんな感じの服が多いなあ」と自分でも不思議だと思ってしまうほど無意識なものではないのだろうか。たぶんそれがその人らしさを醸し出しているのだろう。そこで無理に自分が変化を求めたりしたら、きっと自分に違和感や不信感を抱いてしまうだろう。やはり(2)________というのは大切にするべきものなのかもしれない。

해석　화려한지 수수한지 묻는다면 나는 수수한 편이다. 화려한 자신을 이미지 해 보거나 그런 느낌의 옷을 사 보려고 생각한 적도 있지만, 결국 수수한 옷을 사고 만다. 특별히 스스로에게 자신감이 없는 것은 아니지만, 한 걸음 물러나 버리는 성격이 복장에도 나타나는지 부지불식간에 수수한 옷을 고르게 된다. 사람에게는 화려한지 수수한지는 제쳐두고 제각각 기호라는 것이 있다. 주위 사람들이 봐도 왠지 그 사람다움을 느끼는 것이 있는 것 같다. 하지만 그것은 특별히 의식하고 있는 것이 아니라, 역시 모르는 사이에 '이런 느낌의 옷이 많네'라고 스스로도 이상하다고 생각해 버릴 만큼 무의식적인 것은 아닐까? 아마도 그것이 그 사람다움을 나타내고 있을 것이다. 그래서 무리하게 변화를 추구하거나 하면 틀림없이 자신에게 위화감이나 불신감을 가지게 될 것이다. 역시 자신다움이라는 것은 소중히 해야 하는 것인지도 모르겠다.

어휘　派手だ 화려하다　地味だ 수수하다　服 옷　結局 결국　別に 특별히　自信 자신감
　～わけではない ～인 것은 아니다　下がる 물러나다　性格 성격　服装 복장　表れる 나타나다
　選ぶ 고르다　それぞれ 제각각　好み 기호　周り 주위　特別 특별　意識 의식　やはり 역시
　知らぬ間に 모르는 사이에　多い 많다　不思議だ 이상하다, 불가사의하다　無意識 무의식
　醸し出す 자아내다, 조성하다　無理に 무리하게　変化 변화　求める 구하다, 원하다　違和感 위화감
　不信感 불신감　抱く 품다　大切だ 소중하다

193 本文の内容からみて、(1)＿＿＿＿に入るもっとも適当な表現はどれですか。

(A) まんざら

(B) とりわけ

(C) こころなしか

(D) 知らず知らずのうちに

194 本文の内容からみて、(2)＿＿＿＿に入るもっとも適当な表現はどれですか。

(A) こだわり

(B) 自分らしさ

(C) おしゃれ

(D) 几帳面な性格

195 本文の内容からみて、筆者が一番言いたいのはどれですか。

(A) 服装を見ればその人の性格がわかる。

(B) 人はいつも変化を求めなければならない。

(C) 自分らしさというのは大切にするべきものだ。

(D) いつも自分らしさを意識しながら生活するべきだ。

196 本文のタイトルとしてもっとも相応しいものはどれですか。

(A) 地味な生き方

(B) いつも変化を求めている自分

(C) 人間の性格は変えられないのか

(D) 派手な生き方に憧れてしまう理由

[197 ～ 200]

共働き家庭や一人親家庭の子供を預かる放課後児童クラブ(学童保育)が、全国の小学校の3割で実施されていないことが、厚生労働省の調べでわかった。実施しない主な理由は「需要がない」(37％)だが、利用者側の「まだ足りない」という認識とのギャップが(1)＿＿＿＿＿になった。放課後児童クラブは、働く親に代わって子供たちの(2)＿＿＿＿＿小学生向けの保育所のようなところで、午後6時頃まで過ごす生活の場である。都市部を中心に約1万4千人の待機児童がいる。都道府県や市区町村に、小学生の放課後対策の実施状況を聞いた。全国約2万1、900小学校のうち、学童保育未実施は6、881小学校。未実施の理由は、需要の他、場所や指導員、予算の確保が難しい点を挙げている。一方、学童保育を利用する保護者らで作る全国学童保育連絡協議会は「学童保育はまだまだ足りない」と指摘している。保育所に通っていた子供の多くは、小学校でも学童保育が必要になると考えられるが、学童保育を利用する1年生は6割に止まっているという。利用児童の増加で学童保育の大規模化が進み、きめ細かな対応が難しくなっていることなども問題点としている。

해석 맞벌이 가정이나 편부모 가정의 아이를 돌봐주는 방과 후 아동클럽(아동보육)이 전국 30퍼센트의 초등학교에서 실시되고 있지 않은 것이 후생노동성의 조사에서 밝혀졌다. 실시하지 않는 주된 이유로는 '수요가 없다'(37퍼센트)는 것인데, 이용자 측의 '아직 부족하다'는 인식과는 차이가 부각되었다. 방과 후 아동클럽은 일하는 부모를 대신해 아이들을 돌보는 초등학생 대상의 보육원 같은 곳으로, 오후 6시 정도까지 지내는 생활의 터전이다. 도시부를 중심으로 약 만 4천 명의 대기 아동이 있다. 도도후현이나 시구초손에 초등학생의 방과 후 대책 실시 상황을 물었더니, 전국의 약 2만 천 900개 초등학교 중에서 아동보육을 실시하지 않는 곳은 6,881개 초등학교였다. 실시하지 않는 이유로는 수요 이외에 장소나 지도원, 예산 확보가 어렵다는 점을 들고 있다. 한편 아동보육을 이용하는 보호자들이 만든 전국아동보육연락협의회는 '아동보육은 아직 부족하다'고 지적하고 있다. 보육원에 다녔던 아이들의 대부분은 초등학교에서도 아동보육이 필요하다고 생각하지만, 아동보육을 이용하는 1학년생은 60퍼센트에 그치고 있다고 한다. 이용 아동의 증가로 아동보육의 대규모화가 진행되어 치밀한 대응이 어려워지고 있는 것 등도 문제점으로 지적되고 있다.

어휘 共働き 맞벌이　家庭 가정　預かる 맡다　放課 방과　児童 아동　保育 보육　全国 전국　実施 실시
厚生労働省 후생노동성　調べ 조사　主な 주된　理由 이유　需要 수요　利用者 이용자
足りない 모자라다, 부족하다　認識 인식　ギャップ 갭, 차이　～に代わって ～을 대신해
世話をする 돌보다　～向け ～용, ～대상　保育所 보육원, 탁아소　午後 오후　過ごす 지내다
生活 생활　都市部 도시부　～を中心に ～을 중심으로　待機 대기　場所 장소　指導員 지도원
予算 예산　確保 확보　難しい 어렵다　挙げる 들다　作る 만들다　指摘 지적　通う 다니다
止まる 그치다　増加 증가　大規模化 대규모화　進む 진행되다　きめ細かだ 세밀하다, 치밀하다

197	本文の内容からみて、(1)______に入るもっとも適当な表現はどれですか。 (A) 月並み (B) 浮き彫り ✔ (C) 根回し (D) 天下り	해설 공란 전후의 내용으로 보아 공란 부분에는 '부각'이라는 한자어가 들어가는 것이 가장 자연스러우므로, 정답은 (B)가 된다. 어휘 月並み 평범함 根回し 사전 교섭 天下り 낙하산 인사 질문 본문의 내용으로 보아 (1)______에 들어갈 가장 적당한 표현은 어느 것입니까? 정답 (B) 부각
198	本文の内容からみて、(2)______に入るもっとも適当な表現はどれですか。 (A) 世話をする ✔ (B) お茶を濁す (C) 仇を討つ (D) 手を抜く	해설 공란 전후의 내용으로 보아 공란 부분에는 '돌보다'라는 의미의 관용 표현이 필요하다는 것을 알 수 있다. 따라서 정답은 (A)가 된다. 어휘 お茶を濁す 말을 얼버무리다 仇を討つ 원수를 갚다 手を抜く 일을 건성으로 하다 질문 본문의 내용으로 보아 (2)______에 들어갈 가장 적당한 표현은 어느 것입니까? 정답 (A) 돌보는
199	放課後児童クラブについての説明の中で、正しくないものはどれですか。 (A) 午後6時頃まで過ごすことができる。 (B) 都市より田舎での待機児童の数が多い。 ✔ (C) 小学生向けの保育所のようなところである。 (D) 働く親に代わって子供たちの世話をするところである。	해설 독해문의 내용에 대한 정확한 이해를 묻는 문제이다. 지문에서는 도시부의 대기 아동에 대한 언급은 있지만 시골의 대기 아동에 대한 것은 전혀 없으므로, 정답은 (B)가 된다. 어휘 過ごす 지내다 待機 대기 〜向け 〜용, 〜대상 질문 방과 후 아동클럽에 대한 설명 중에서 올바르지 않은 것은 어느 것입니까? 정답 (B) 도시보다 시골에서의 대기 아동 수가 많다.
200	学童保育を実施していない理由として本文に出ていないものはどれですか。 (A) 需要がない。 (B) 予算の確保が難しい。 (C) 場所や指導員が足りない。 (D) 児童が興味を持たない。 ✔	해설 많은 초등학교에서 아동보육을 실시하지 않는 이유는 수요가 없는 것과, 예산 확보 및 장소나 지도원이 부족하기 때문이다. 따라서 정답은 (D)가 된다. 어휘 需要 수요 興味を持つ 흥미를 가지다 질문 아동보육을 실시하지 않는 이유로서 본문에 나와 있지 않은 것은 어느 것입니까? 정답 (D) 아동이 흥미를 가지지 않는다.

JPT 공략 모의테스트 1회

受驗番号
Examinee Registration Number

名前
Name

聽解

番號	ANSWER				番號	ANSWER				番號	ANSWER				番號	ANSWER				番號	ANSWER			
	A	B	C	D		A	B	C	D		A	B	C	D		A	B	C	D		A	B	C	D
1	ⓐ	ⓑ	ⓒ	ⓓ	21	ⓐ	ⓑ	ⓒ	ⓓ	41	ⓐ	ⓑ	ⓒ	ⓓ	61	ⓐ	ⓑ	ⓒ	ⓓ	81	ⓐ	ⓑ	ⓒ	ⓓ
2	ⓐ	ⓑ	ⓒ	ⓓ	22	ⓐ	ⓑ	ⓒ	ⓓ	42	ⓐ	ⓑ	ⓒ	ⓓ	62	ⓐ	ⓑ	ⓒ	ⓓ	82	ⓐ	ⓑ	ⓒ	ⓓ
3	ⓐ	ⓑ	ⓒ	ⓓ	23	ⓐ	ⓑ	ⓒ	ⓓ	43	ⓐ	ⓑ	ⓒ	ⓓ	63	ⓐ	ⓑ	ⓒ	ⓓ	83	ⓐ	ⓑ	ⓒ	ⓓ
4	ⓐ	ⓑ	ⓒ	ⓓ	24	ⓐ	ⓑ	ⓒ	ⓓ	44	ⓐ	ⓑ	ⓒ	ⓓ	64	ⓐ	ⓑ	ⓒ	ⓓ	84	ⓐ	ⓑ	ⓒ	ⓓ
5	ⓐ	ⓑ	ⓒ	ⓓ	25	ⓐ	ⓑ	ⓒ	ⓓ	45	ⓐ	ⓑ	ⓒ	ⓓ	65	ⓐ	ⓑ	ⓒ	ⓓ	85	ⓐ	ⓑ	ⓒ	ⓓ
6	ⓐ	ⓑ	ⓒ	ⓓ	26	ⓐ	ⓑ	ⓒ	ⓓ	46	ⓐ	ⓑ	ⓒ	ⓓ	66	ⓐ	ⓑ	ⓒ	ⓓ	86	ⓐ	ⓑ	ⓒ	ⓓ
7	ⓐ	ⓑ	ⓒ	ⓓ	27	ⓐ	ⓑ	ⓒ	ⓓ	47	ⓐ	ⓑ	ⓒ	ⓓ	67	ⓐ	ⓑ	ⓒ	ⓓ	87	ⓐ	ⓑ	ⓒ	ⓓ
8	ⓐ	ⓑ	ⓒ	ⓓ	28	ⓐ	ⓑ	ⓒ	ⓓ	48	ⓐ	ⓑ	ⓒ	ⓓ	68	ⓐ	ⓑ	ⓒ	ⓓ	88	ⓐ	ⓑ	ⓒ	ⓓ
9	ⓐ	ⓑ	ⓒ	ⓓ	29	ⓐ	ⓑ	ⓒ	ⓓ	49	ⓐ	ⓑ	ⓒ	ⓓ	69	ⓐ	ⓑ	ⓒ	ⓓ	89	ⓐ	ⓑ	ⓒ	ⓓ
10	ⓐ	ⓑ	ⓒ	ⓓ	30	ⓐ	ⓑ	ⓒ	ⓓ	50	ⓐ	ⓑ	ⓒ	ⓓ	70	ⓐ	ⓑ	ⓒ	ⓓ	90	ⓐ	ⓑ	ⓒ	ⓓ
11	ⓐ	ⓑ	ⓒ	ⓓ	31	ⓐ	ⓑ	ⓒ	ⓓ	51	ⓐ	ⓑ	ⓒ	ⓓ	71	ⓐ	ⓑ	ⓒ	ⓓ	91	ⓐ	ⓑ	ⓒ	ⓓ
12	ⓐ	ⓑ	ⓒ	ⓓ	32	ⓐ	ⓑ	ⓒ	ⓓ	52	ⓐ	ⓑ	ⓒ	ⓓ	72	ⓐ	ⓑ	ⓒ	ⓓ	92	ⓐ	ⓑ	ⓒ	ⓓ
13	ⓐ	ⓑ	ⓒ	ⓓ	33	ⓐ	ⓑ	ⓒ	ⓓ	53	ⓐ	ⓑ	ⓒ	ⓓ	73	ⓐ	ⓑ	ⓒ	ⓓ	93	ⓐ	ⓑ	ⓒ	ⓓ
14	ⓐ	ⓑ	ⓒ	ⓓ	34	ⓐ	ⓑ	ⓒ	ⓓ	54	ⓐ	ⓑ	ⓒ	ⓓ	74	ⓐ	ⓑ	ⓒ	ⓓ	94	ⓐ	ⓑ	ⓒ	ⓓ
15	ⓐ	ⓑ	ⓒ	ⓓ	35	ⓐ	ⓑ	ⓒ	ⓓ	55	ⓐ	ⓑ	ⓒ	ⓓ	75	ⓐ	ⓑ	ⓒ	ⓓ	95	ⓐ	ⓑ	ⓒ	ⓓ
16	ⓐ	ⓑ	ⓒ	ⓓ	36	ⓐ	ⓑ	ⓒ	ⓓ	56	ⓐ	ⓑ	ⓒ	ⓓ	76	ⓐ	ⓑ	ⓒ	ⓓ	96	ⓐ	ⓑ	ⓒ	ⓓ
17	ⓐ	ⓑ	ⓒ	ⓓ	37	ⓐ	ⓑ	ⓒ	ⓓ	57	ⓐ	ⓑ	ⓒ	ⓓ	77	ⓐ	ⓑ	ⓒ	ⓓ	97	ⓐ	ⓑ	ⓒ	ⓓ
18	ⓐ	ⓑ	ⓒ	ⓓ	38	ⓐ	ⓑ	ⓒ	ⓓ	58	ⓐ	ⓑ	ⓒ	ⓓ	78	ⓐ	ⓑ	ⓒ	ⓓ	98	ⓐ	ⓑ	ⓒ	ⓓ
19	ⓐ	ⓑ	ⓒ	ⓓ	39	ⓐ	ⓑ	ⓒ	ⓓ	59	ⓐ	ⓑ	ⓒ	ⓓ	79	ⓐ	ⓑ	ⓒ	ⓓ	99	ⓐ	ⓑ	ⓒ	ⓓ
20	ⓐ	ⓑ	ⓒ	ⓓ	40	ⓐ	ⓑ	ⓒ	ⓓ	60	ⓐ	ⓑ	ⓒ	ⓓ	80	ⓐ	ⓑ	ⓒ	ⓓ	100	ⓐ	ⓑ	ⓒ	ⓓ

讀解

番號	ANSWER				番號	ANSWER				番號	ANSWER				番號	ANSWER				番號	ANSWER			
	A	B	C	D		A	B	C	D		A	B	C	D		A	B	C	D		A	B	C	D
101	ⓐ	ⓑ	ⓒ	ⓓ	121	ⓐ	ⓑ	ⓒ	ⓓ	141	ⓐ	ⓑ	ⓒ	ⓓ	161	ⓐ	ⓑ	ⓒ	ⓓ	181	ⓐ	ⓑ	ⓒ	ⓓ
102	ⓐ	ⓑ	ⓒ	ⓓ	122	ⓐ	ⓑ	ⓒ	ⓓ	142	ⓐ	ⓑ	ⓒ	ⓓ	162	ⓐ	ⓑ	ⓒ	ⓓ	182	ⓐ	ⓑ	ⓒ	ⓓ
103	ⓐ	ⓑ	ⓒ	ⓓ	123	ⓐ	ⓑ	ⓒ	ⓓ	143	ⓐ	ⓑ	ⓒ	ⓓ	163	ⓐ	ⓑ	ⓒ	ⓓ	183	ⓐ	ⓑ	ⓒ	ⓓ
104	ⓐ	ⓑ	ⓒ	ⓓ	124	ⓐ	ⓑ	ⓒ	ⓓ	144	ⓐ	ⓑ	ⓒ	ⓓ	164	ⓐ	ⓑ	ⓒ	ⓓ	184	ⓐ	ⓑ	ⓒ	ⓓ
105	ⓐ	ⓑ	ⓒ	ⓓ	125	ⓐ	ⓑ	ⓒ	ⓓ	145	ⓐ	ⓑ	ⓒ	ⓓ	165	ⓐ	ⓑ	ⓒ	ⓓ	185	ⓐ	ⓑ	ⓒ	ⓓ
106	ⓐ	ⓑ	ⓒ	ⓓ	126	ⓐ	ⓑ	ⓒ	ⓓ	146	ⓐ	ⓑ	ⓒ	ⓓ	166	ⓐ	ⓑ	ⓒ	ⓓ	186	ⓐ	ⓑ	ⓒ	ⓓ
107	ⓐ	ⓑ	ⓒ	ⓓ	127	ⓐ	ⓑ	ⓒ	ⓓ	147	ⓐ	ⓑ	ⓒ	ⓓ	167	ⓐ	ⓑ	ⓒ	ⓓ	187	ⓐ	ⓑ	ⓒ	ⓓ
108	ⓐ	ⓑ	ⓒ	ⓓ	128	ⓐ	ⓑ	ⓒ	ⓓ	148	ⓐ	ⓑ	ⓒ	ⓓ	168	ⓐ	ⓑ	ⓒ	ⓓ	188	ⓐ	ⓑ	ⓒ	ⓓ
109	ⓐ	ⓑ	ⓒ	ⓓ	129	ⓐ	ⓑ	ⓒ	ⓓ	149	ⓐ	ⓑ	ⓒ	ⓓ	169	ⓐ	ⓑ	ⓒ	ⓓ	189	ⓐ	ⓑ	ⓒ	ⓓ
110	ⓐ	ⓑ	ⓒ	ⓓ	130	ⓐ	ⓑ	ⓒ	ⓓ	150	ⓐ	ⓑ	ⓒ	ⓓ	170	ⓐ	ⓑ	ⓒ	ⓓ	190	ⓐ	ⓑ	ⓒ	ⓓ
111	ⓐ	ⓑ	ⓒ	ⓓ	131	ⓐ	ⓑ	ⓒ	ⓓ	151	ⓐ	ⓑ	ⓒ	ⓓ	171	ⓐ	ⓑ	ⓒ	ⓓ	191	ⓐ	ⓑ	ⓒ	ⓓ
112	ⓐ	ⓑ	ⓒ	ⓓ	132	ⓐ	ⓑ	ⓒ	ⓓ	152	ⓐ	ⓑ	ⓒ	ⓓ	172	ⓐ	ⓑ	ⓒ	ⓓ	192	ⓐ	ⓑ	ⓒ	ⓓ
113	ⓐ	ⓑ	ⓒ	ⓓ	133	ⓐ	ⓑ	ⓒ	ⓓ	153	ⓐ	ⓑ	ⓒ	ⓓ	173	ⓐ	ⓑ	ⓒ	ⓓ	193	ⓐ	ⓑ	ⓒ	ⓓ
114	ⓐ	ⓑ	ⓒ	ⓓ	134	ⓐ	ⓑ	ⓒ	ⓓ	154	ⓐ	ⓑ	ⓒ	ⓓ	174	ⓐ	ⓑ	ⓒ	ⓓ	194	ⓐ	ⓑ	ⓒ	ⓓ
115	ⓐ	ⓑ	ⓒ	ⓓ	135	ⓐ	ⓑ	ⓒ	ⓓ	155	ⓐ	ⓑ	ⓒ	ⓓ	175	ⓐ	ⓑ	ⓒ	ⓓ	195	ⓐ	ⓑ	ⓒ	ⓓ
116	ⓐ	ⓑ	ⓒ	ⓓ	136	ⓐ	ⓑ	ⓒ	ⓓ	156	ⓐ	ⓑ	ⓒ	ⓓ	176	ⓐ	ⓑ	ⓒ	ⓓ	196	ⓐ	ⓑ	ⓒ	ⓓ
117	ⓐ	ⓑ	ⓒ	ⓓ	137	ⓐ	ⓑ	ⓒ	ⓓ	157	ⓐ	ⓑ	ⓒ	ⓓ	177	ⓐ	ⓑ	ⓒ	ⓓ	197	ⓐ	ⓑ	ⓒ	ⓓ
118	ⓐ	ⓑ	ⓒ	ⓓ	138	ⓐ	ⓑ	ⓒ	ⓓ	158	ⓐ	ⓑ	ⓒ	ⓓ	178	ⓐ	ⓑ	ⓒ	ⓓ	198	ⓐ	ⓑ	ⓒ	ⓓ
119	ⓐ	ⓑ	ⓒ	ⓓ	139	ⓐ	ⓑ	ⓒ	ⓓ	159	ⓐ	ⓑ	ⓒ	ⓓ	179	ⓐ	ⓑ	ⓒ	ⓓ	199	ⓐ	ⓑ	ⓒ	ⓓ
120	ⓐ	ⓑ	ⓒ	ⓓ	140	ⓐ	ⓑ	ⓒ	ⓓ	160	ⓐ	ⓑ	ⓒ	ⓓ	180	ⓐ	ⓑ	ⓒ	ⓓ	200	ⓐ	ⓑ	ⓒ	ⓓ

JPT 공략 모의테스트 2회

受験番号
Examinee Registration Number

名前
Name

聽解

解答番号	ANSWER				解答番号	ANSWER				解答番号	ANSWER				解答番号	ANSWER			
	A	B	C	D		A	B	C	D		A	B	C	D		A	B	C	D
1					21					41					61				
2					22					42					62				
3					23					43					63				
4					24					44					64				
5					25					45					65				
6					26					46					66				
7					27					47					67				
8					28					48					68				
9					29					49					69				
10					30					50					70				
11					31					51					71				
12					32					52					72				
13					33					53					73				
14					34					54					74				
15					35					55					75				
16					36					56					76				
17					37					57					77				
18					38					58					78				
19					39					59					79				
20					40					60					80				

解答番号	ANSWER			
	A	B	C	D
81				
82				
83				
84				
85				
86				
87				
88				
89				
90				
91				
92				
93				
94				
95				
96				
97				
98				
99				
100				

読解

解答番号	ANSWER				解答番号	ANSWER				解答番号	ANSWER				解答番号	ANSWER			
	A	B	C	D		A	B	C	D		A	B	C	D		A	B	C	D
101					121					141					161				
102					122					142					162				
103					123					143					163				
104					124					144					164				
105					125					145					165				
106					126					146					166				
107					127					147					167				
108					128					148					168				
109					129					149					169				
110					130					150					170				
111					131					151					171				
112					132					152					172				
113					133					153					173				
114					134					154					174				
115					135					155					175				
116					136					156					176				
117					137					157					177				
118					138					158					178				
119					139					159					179				
120					140					160					180				

解答番号	ANSWER			
	A	B	C	D
181				
182				
183				
184				
185				
186				
187				
188				
189				
190				
191				
192				
193				
194				
195				
196				
197				
198				
199				
200				

저자 서 경 원

주요 경력

現 시사일본어학원 TESTMATE(종로별관) JPT 강사로 강의 중

現 EBS Radio "서경원의 JPT" 진행 중

現 EBS lang JPT 후기 특강 진행 중

現 YBM Sisa "4주완성 서경원의 JPT 뿌리뽑기" 인터넷 강의 중

現 YBM Sisa "서경원의 5초 JPT 청해" 인터넷 강의 중

現 시사일본어사 "JPT 점수를 확 올려주는 5가지 시험요령 & 30가지 급소포인트" 인터넷 강의 중

1996.3	영남대학교 일어교육과 입학
00.7.25 ~ 00.8.13	TBC 대구·경북방송 8.15 특별 다큐 "재일 사학자 신기수" 번역
00.8.9 ~ 00.8.13	"전국 농업경영인 대회" 통역
00.10.1 ~ 00.11.15	"애니어그램(성격유형 분석 프로그램)" 번역
00.11.4	부산 영사관 주최 "제17회 일본어 변론대회" 입상
00.11.15 ~ 01.1.6	"미국의 산업 카운슬링" 번역
00.12.15 ~ 00.12.20	일본 미야자키 대학 영남대학교 방문단 "한국 문화 강의" 통역
00.12.17 ~ 01.1.6	TBC 대구·경북방송 "장례문화가 바뀐다" 번역
01.5.24	JC ASPAC 대구 대회 통역
01.10.21	제1회 전국 관광통역경진대회 일본어 부문 장려상 수상
01.11.11	제21회 전국 대학생 외국어경시대회 일본어 부문 장려상 수상
02.2.19	제1회 전국 대학생 일본어경시대회 금상 수상
03.2.28	"JPT 점수를 확 올려주는 5가지 시험요령 & 30가지 급소포인트" 출판
02.10.2 ~ 03. 9.15	일본 나라(奈良)교육대학 문부성 국비 유학
04.4.25	"JPT 점수를 확 올려주는 1800 실전문제 & 콕콕급소풀이" 출판
05. 6. 15	"서경원의 5초 JPT 독해" 출판
05. 12. 23	"서경원의 5초 JPT 청해" 출판
07. 2. 5	"서경원쌤의 JPT PART 5 정답찾기" 출판
08. 6. 30	"JPT 점수를 확 올려주는 31가지 급소포인트 & 독해적중 종합문제집" 출판
08. 7. 08	"JPT 점수를 확 올려주는 실전모의테스트 1회" 출판
09. 1. 15	"점수를 확 올려주는 JPT 800 단번에 공략하기" 출판
09. 2. 20	"JPT 점수를 확 올려주는 실전모의테스트 2회" 출판

점수를 확
올려주는 **JPT** 600 단번에
공 략 하 기

초판발행	2009년 9월 20일
1판 5쇄	2018년 10월 30일

저자	서경원
펴낸이	엄태상
책임 편집	조은형, 신명숙, 무라야마 토시오
제작	조성근, 전태준
마케팅	이승욱, 오원택, 전한나, 왕성석
온라인 마케팅	김마선, 유근혜, 김제이
경영지원	마정인, 김영희, 김예원

펴낸곳	(주)시사일본어사
주소	서울시 종로구 자하문로 300 시사빌딩
주문 및 교재 문의	1588-1582
팩스	(02)3671-0500
홈페이지	www.sisabooks.com
이메일	sisa_book@naver.com
등록일자	1977년 12월 24일
등록번호	제300 - 1977 - 31호

ISBN 978-89-402-4074-8 18730